# Fabulations nocturnes

## Écologie, vitalité et opacité dans le cinéma d'Apichatpong Weerasethakul

## *Immediations*

Éditeurs de la collection: SenseLab

> « La philosophie commence avec l'étonnement. Et à la fin, lorsque la pensée philosophique a fait son œuvre, l'étonnement demeure. »
> – A.N. Whitehead

Le but de la collection Immediations est de porter l'étonnement qui anime la pensée philosophique vers des rencontres transdisciplinaires. Sa prémisse est que les concepts doivent être mis en œuvre: ils doivent être éprouvés. La pensée est vécue, faute de quoi elle dépérit. Elle se vit d'autant mieux à la croisée des pratiques, dans l'entre-deux des individus et de leurs efforts singuliers : vivifiée par ce qui se trame dans le tissu relationnel. Co-composition.

> « Le sourire s'étend sur le visage, de la même manière que le visage s'adapte au sourire. »
> – A. N. Whitehead

Quant à savoir quelles pratiques entreront en co-composition, c'est une question que nous laissons délibérément ouverte et à laquelle chaque auteur apportera sa propre réponse. Pratiques artistiques, théorie esthétique, pensée politique, arts de la performance, théorie des média, études scientifiques, mouvements d'autodétermination, architecture, philosophie... l'éventail est large. Nous vous invitons à le parcourir librement.

# Fabulations nocturnes

## Écologie, vitalité et opacité dans le cinéma d'Apichatpong Weerasethakul

Érik Bordeleau, Toni Pape, Ronald Rose-Antoinette et Adam Szymanski

Avec une introduction par Erin Manning

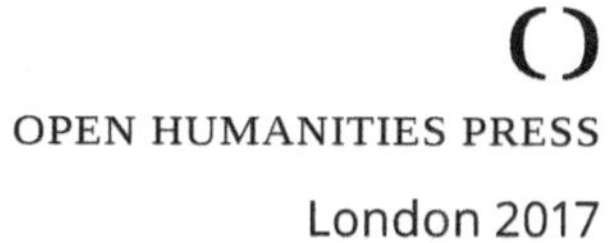

OPEN HUMANITIES PRESS
London 2017

Première édition publiée par Open Humanities Press 2017

Design de la couverture par Leslie Plumb

Police de caractère Open Sans, une police en accès libre. Voir http://www.google.com/fonts/specimen/Open+Sans

Print ISBN 978-1-78542-042-9
PDF ISBN 978-1-78542-043-6

Une version en ligne est gratuitement mise à disposition à l'adresse: http://openhumanitiespress.org/books/titles/fabulations-nocturnes

OPEN HUMANITIES PRESS

Open Humanities Press est un collectif international et académique de publication en accès libre dont la mission est de rendre accessible gratuitement et dans le monde entier des ouvrages de premier plan dans le domaine de la pensée critique contemporaine. Pour plus d'informations : http://openhumanitiespress.org

*Une version illustrée de ce livre, en format pdf, est téléchargeable gratuitement à l'adresse suivante:*
*http://openhumanitiespress.org/books/titles/fabulations-nocturnes*

Erin Manning

# Introduction

> Ce qui est essentiel, c'est les intercesseurs. La création, c'est les intercesseurs. Sans eux, il n'y a pas d'œuvre.
> *Gilles Deleuze (2003 : 171)*

Lorsque nous avons lancé la collection de livres Immediations aux éditions Open Humanities Press, nous avions le concept deleuzien d'intercession[1] en tête. Nous étions à la recherche d'une manière de donner voix à des collaborations qui se trameraient à l'intersection de la recherche et de l'écriture, des collaborations qui donneraient texture à une voix (ou à une multiplicité de voix) pour une conversation à venir. Une conversation à venir, c'est une conversation qui invente des interlocuteurs et qui se refuse à connaître à l'avance la destination de leur rencontre. Deleuze appelle cela un discours minoritaire : « Ce qu'il faut, c'est saisir quelqu'un d'autre en train de "légender", en "flagrant délit de légender". Alors se forme, à deux ou à plusieurs, un discours de minorité. [...] prendre les gens en flagrant délit de légender, c'est saisir le mouvement de constitution d'un peuple. Les peuples ne préexistent pas » (Deleuze 2003 : 171).

*Fabulations nocturnes : Écologie, vitalité et opacité dans le cinéma d'Apichatpong Weerasethakul* est un livre à huit mains et quatre corps composé par Érik Bordeleau, Ronald Rose-Antoinette, Toni

Pape and Adam Szymanski. C'est aussi un essai d'intercession. Ce n'est pas simplement un livre à propos du cinéaste Apichatpong Weerasethakul, bien qu'il se penche de près sur son œuvre. C'est plutôt un livre qui interroge en profondeur *quoi d'autre* pourrait être en cause dans la mise en place des conditions de collaboration entre deux genres – le cinéma et l'écriture. C'est un livre qui demande à *quoi d'autre* pourrait ressembler le fragile interstice image-pensée lorsqu'il est transféré sur la page. Ce penser-avec peut être compris comme un engagement envers la manière dont les films d'Apichatpong eux-mêmes proposent des écologies collectives de pensée ainsi qu'envers la façon dont ces écologies mettent de l'avant de nouvelles façons de voir l'image comme mouvement de la pensée. Ce geste de penser avec (et au travers de) l'image et le texte se laisse prendre au jeu d'une œuvre qui intercède deux processus perceptifs définis mais entrelacés. Développant un vocabulaire qui ne cherche pas tant à « expliquer » l'œuvre qu'à la réactiver par d'autres moyens, ce geste propose un tout autre ethos d'engagement. En effet, en refusant de se positionner en dehors du travail d'Apichatpong afin de le situer objectivement et définitivement au sein d'un genre ou d'une période historique, ou encore de le déterminer selon une méthode théorique, *Fabulations nocturnes* vise plutôt un rapport direct avec les forces de pensée qui traversent l'œuvre et la mettent en mouvement. C'est une tentative, par les moyens de l'écrit, de découvrir où ces forces peuvent mener. Apichatpong Weerasethakul est le candidat tout désigné pour un tel projet : lorsqu'on regarde ses films, on a toujours l'impression qu'il participe à un processus qui n'est jamais complètement déployé et que son œuvre est, d'abord et avant tout, dédiée à un peuple (et une conversation) encore à venir.

Apichatpong dit de son cinéma qu'il est « ouvert », et il semble souvent en désaccord avec certains de ses interviewers lorsqu'il est question d'intrigue ou d'intentionnalité filmique : « Des fois il n'est pas nécessaire de tout comprendre pour apprécier une certaine beauté, dit-il en entrevue. Et je pense que les films opèrent de la même façon. C'est comme se syntoniser avec l'esprit de quelqu'un. Le schéma de pensée est assez aléatoire, qui saute ici et là comme un singe » (Rose 2010). Ou encore, dans une autre entrevue : « Je pense que le cinéma vit d'une vie propre. » Et lorsque l'interviewer insiste encore un peu : « Oui, mais plus j'explique, plus le film perd en mystère et je crois que je devrais m'en tenir là! » « C'est l'ambiance et la teneur affective qui m'importent » (Peranson 2010).

Chez certains cinéastes, ces remarques pourraient avoir l'air de tentatives anti-intellectuelles pour ne pas avoir à prendre position – « il faut le sentir – je ne peux pas l'expliquer », une manière d'éviter le sujet du type « l'intuition de l'artiste dépasse l'expérience quotidienne et défie toute explication ». Mais ce n'est pas le cas chez Apichatpong parce que ses films prennent position et qu'il ne se défile pas devant des enjeux conceptuels ou esthétiques complexes. Mais il trouble effectivement le langage, spécialement le genre de langage qui voudrait encadrer l'expérience, car son effort s'oriente vers la complexité et les effets d'un sentir aux limites de l'ineffable. Le sentir ne se tient pas tant hors du langage qu'*auprès* de la précarité du dire, l'intrigue n'étant pas portée par une émotion qui orienterait l'image, mais par la tonalité affective d'un penser-sentir qui résiste aux signatures temporelles stables. Le langage est mis en difficulté précisément parce qu'il ne parle pas aisément dans la cacophonie d'un temps qui a largué ses amarres. Ce qui est ressenti dans l'œuvre d'Apichatpong, ce qui importe dans le sentir, est mis de l'avant par une image qui ne peut être tout à fait laissée de côté dans l'explication. Expliquer l'œuvre ou la catégoriser séquentiellement comme les interviewers (et les critiques) ont l'habitude de le faire, c'est mécomprendre comment ses mouvements sapent toute forme de récit linéaire. C'est sous-estimer ce qu'une image peut faire.

Il y a une grande richesse portée à l'avant-plan dans le travail d'Apichatpong, et c'est à la mise en lumière de celle-ci que les textes qui suivent se sont attachés. En ce sens, ils peuvent être envisagés comme une sorte de travail archéologique futuriste, un geste spéculatif qui n'est pas de ce temps et qui touche aux limites de ce que l'image peut faire d'*autre,* s'interrogeant, avec Apichatpong, sur ce que pourrait vouloir dire « penser comme un singe saute ».

Être un intercesseur, c'est porter attention aux qualités des seuils de rencontre entre forces et formes de pensée, et investiguer, chaque fois à nouveau, comment le seuil est porteur d'une forme naissante qui passe de l'image à l'expérience et de l'expérience à l'image. Car la manière de percevoir est un élément essentiel des films d'Apichatpong : « [...] tout est important [...] nous ne sommes pas vraiment dans l'expectative de l'œuvre achevée, nous attendons chaque instant; nous jouissons de chacun d'eux. » Cependant, ce sentiment d'importance ne s'oriente pas vers l'intérieur : le penser-sentir de l'image ne commence ni ne se termine là, dans cette séquence cinématographique, dans cette mise en intrigue.

> Avant, j'avais tendance à penser à un film comme si ce n'était peut-être qu'un seul projet. Et le processus consistait à l'achever pièce par pièce, avant de me lancer vers d'autres thèmes ou intérêts. Mais récemment, j'envisage mes films davantage comme des satellites : ils entourent mon univers; ils le construisent même. Ainsi donc, quand j'ai terminé *Cemetery of Splendours,* il n'était pas vraiment terminé. C'est presque comme une plateforme, pour m'élancer vers une nouvelle œuvre qui pourra être élaborée à partir d'elle. Et tout ça mis ensemble finit par ne faire qu'un seul morceau. (Elphick 2015)

Le cinéma ouvert consiste en une singularité exprimée ponctuellement dans une série qui ne peut être réduite à la somme de ses parties. C'est une plateforme relationnelle ouverte à travers les temps d'un faire-œuvre cinématographique.

Devenir un intercesseur, c'est *participer* de cette plateforme relationnelle, et non la *médiatiser*. C'est reconnaître comment l'immédiateté d'une rencontre avec une image, avec un mouvement de la pensée ou, mieux encore, avec les intervalles d'images-pensées encore à venir, affecte intimement ce que signifie percevoir. Les intercesseurs changent les normes du contact. Changer les normes du contact représente toujours un geste créatif : aucun intercesseur n'existe une fois pour toutes, et aucun acte créatif ne peut se déployer sans intercession. « Fictifs ou réels, animés ou inanimés, il faut fabriquer ses intercesseurs. C'est une série. Si on ne forme pas une série, même complètement imaginaire, on est perdu. J'ai besoin de mes intercesseurs pour m'exprimer, et eux ne s'exprimeraient jamais sans moi : on travaille toujours à plusieurs, même quand ça ne se voit pas » (Deleuze 2003 : 171). Agir, c'est toujours avoir été intercédé, avoir été mû par des conditions qui dépassent le cadre d'une rencontre prédéterminée. Un acte créatif, il faut le souligner, n'est pas quelque chose qui nous appartient en propre : l'œuvre est activée dans un champ de relations toujours vibrant d'intercessions. Et dès lors, chercher à connaître une œuvre, c'est s'intéresser à comment elle a été intercédée.

Les intercessions se produisent à tous les niveaux : l'artiste est un intercesseur, l'écrivain est un intercesseur, les écologies qui orientent leur rencontre sont intercessionnelles. Dans le cas d'Apichatpong, les intercessions sont disposées sauvagement : des histoires qui refusent d'être tues, des récits racontés dans des conditions trop étranges pour valoir comme simples positionnements idéologiques, des personnages (ré)émergeant de futurs-passés, hantant l'image qui elle-même refuse de rester immobile. C'est la complexité de l'intercession qui garde l'image en mouvement : l'impulsion créative ne se limite plus à ce qui s'échappe de l'écran pour se retrouver aujourd'hui au cinéma ou demain dans une analyse textuelle. Les intercessions traversent les films d'Apichatpong, activant le potentiel d'intervention du cinéma dans des temps encore inexplorés.

Toni Pape, Ronald Rose-Antoinette, Adam Szymanski et Érik Bordeleau entretiennent cette perception-en-acte. « Le ressenti d'une histoire excède le fait brut de l'intrigue : il s'étend par-delà le présent de la narration », écrit Toni Pape (voir plus loin, p. 21). Qu'est-ce qu'une image peut faire d'autre, se demande-t-il, dans les intervalles de son propre devenir – un temps qu'il appelle le « dorénavant-plus-pas-encore : dorénavant plus vendeuse, pas encore conteuse; dorénavant plus documentaire, et pas encore fiction » (23)? Quelles fabulations, demande Pape, peuvent opérer dans la sérialité d'une image-temps qui défie la chronologie tout en résistant aux moments forts de la représentation, un temps de consistance plutôt que de cohérence? *Quoi d'autre* peut peupler l'écran vivant quand « le cinéma crée une ouverture dans la vie et nous donne la chance de fabuler un détour, d'errer sur les voies indirectes de la vie » (30)?

Ces questions ouvertes sont partout présentes dans ce livre qui s'engage dans une lecture attentive de l'œuvre d'Apichatpong sans jamais perdre de vue qu'une analyse trop pointilleuse risquerait d'affaiblir la collaboration intercessoriale. Car connaître n'est pas intercéder, mais fixer sur place. Comment l'écriture, semblent se demander les auteurs, pourrait-elle altérer ce qui arrive d'autre ici? Comment pourrait-elle suivre les détours auxquels invitent les images? Comment l'écriture pourrait-elle prolonger le penser-sentir qui ouvre l'image – le cinéma – à son dehors à chaque instant? Comment pourrait-elle créer des enchevêtrements qui deviendraient eux-mêmes des invitations pour des intercessions à venir? Comment une conversation pourrait-elle avoir lieu *autrement* entre des médiums potentiellement incompatibles, entre la temporalité de l'image se défaisant sans cesse et les mots toujours en train de lacer et de re-nouer? Mais les écrits de nos auteurs interrogent aussi de façon suggestive : ne serait-il pas erroné de sous-estimer le pouvoir des mots, et par là de rater la force de ce qu'un geste d'intercession qui se meut entre le langage et l'image peut composer?

Dans ce livre rédigé en français et en anglais – un livre qui s'est articulé à la rencontre de ces deux langues, lu et relu par ses auteurs avec une attention particulière à la singularité de chaque contribution au seuil d'une pratique d'écriture collective –, les potentiels sont nombreux, y compris celui du langage d'activer la force de ce qu'une image peut faire lorsqu'elle se laisse prendre par le texte. Une écriture collective n'a pas à impliquer constamment les corps des quatre auteurs. Comme le devenir-image, comme le mouvement de la pensée, elle peut consister dans l'entre-au-travers, un geste ponctuel vers un projet collectif qui refuse de succomber à l'unicité de la perspective. Ce geste est similaire à ceux qu'Adam Szymanski perçoit dans les films d'Apichatpong quand il discute leur portée écologique, en ce qu'écologique ne signifie pas seulement une forme de révérence envers la nature, mais aussi et surtout un souci pour la cohabitation d'une multiplicité d'êtres différents trop souvent tenus séparés par des divisions telles que celles qui distinguent les humains et les non-humains, ou encore les vivants et les morts.

S'engager dans une approche écologique de l'image-pensée, ce que Szymanski appelle une « esthétique écosophique », c'est reconnaître les connections tendues et élastiques entre tendances dans un environnement en évolution. Une esthétique écosophique affine des techniques pour percevoir plus en détail les forces qui composent et dissolvent une communauté, ces forces qui font sentir les courants souterrains de l'existence telle qu'on la connaît. Elles sont partout présentes dans l'œuvre d'Apichatpong – ce sont elles qui font dévier le cours d'une histoire ou défont l'intrigue, et la soustrayant ainsi à la curiosité journalistique.

Ces forces, aimerais-je suggérer, sont aussi actives dans l'écoute-qui-traverse ces quatre textes. Tout comme le sont les détours. La collectivité de l'écriture est plus écologique, plus écosophiquement esthétique qu'elle n'est univoque. Il y a des résonances, mais elles figurent comme forces plutôt que comme formes : ces quatre textes ne se citent pas les uns les autres et ne traitent pas nécessairement des mêmes films. Parfois leurs perspectives se démarquent par une qualité de divergence qui ne se révèle pas nécessairement dans le seul langage. Quelque chose de plus complexe qu'un accord est en jeu – une curiosité, peut-être, pour ce qui voyage avec les mots, pour les non-dits et leur puissance d'articulation. Car, comme dans le cas des images d'Apichatpong, les mots qui intercèdent doivent aussi faire valoir une certaine résistance à la reconnaissance. Ils doivent aussi troubler notre tendance à vouloir les maintenir en place.

Mais comment commencer quand les forces sont partout actives, dans une esthétique écosophique? Telle est la question que pose Ronald Rose-Antoinette; tel est le refrain qui met son texte en mouvement. La réponse en est simple : par le milieu. Ce n'est toutefois pas une tâche facile, contraints que nous sommes par le langage et sa tendance à suivre l'ordre sujet-verbe-objet. Le langage doit se briser, il doit viser à son absolue limite pour que de là, peut-être, puisse être éprouvé le plein potentiel de l'image. Ce potentiel, suggère Rose-Antoinette, transforme ce qu'une mémoire peut être. Dans l'œuvre d'Apichatpong, l'élaboration d'une mémoire trouble les comptes rendus de la récognition. Ce n'est pas une mémoire de ce qui est connu, d'un passé contenu. C'est la mémoire d'une futurité, la mémoire d'une trace. « Un futur, inoubliable » (118).

Une image du futur. Avec ses singes rôdeurs qui déstabilisent pensée et image, qui poussent le langage à sa limite. Et c'est bien ça, l'idée : que l'image refuse de rester sage et immobile, même là où elle est le plus immobile, comme lorsque la caméra rencontre le regard fixé droit sur nous d'un singe-fantôme aux yeux rouges.

L'image : une machine temporelle construite pour traverser un temps inexploré. Pour Rose-Antoinette, il s'agit de « canaliser ce temps fou qui, pour devenir visible, "cherche des corps et, partout où il les rencontre, s'en empare pour montrer sur eux sa lanterne magique"[2]. »

Nous sommes hantés par les yeux rouges, hantés par la lanterne magique qui nous maintient dans l'atemporalité d'une image qui refuse de se poser. Nous sommes, tel que l'écrit Rose-Antoinette, appelés à errer dans un futur qui est davantage orientation que visée d'un but ou d'un contenu prédéfini. Aucun des films d'Apichatpong ne nous laisse l'impression de savoir ce qui s'en vient (ou même ce qui vient de se passer). Le temps erre et nous prend dans cette errance.

Une allure se fait sentir, un style. Érik Bordeleau aborde cette question. « Car dans le mot allure, il faut bien sûr entendre cet élan qui traverse un être et le caractérise, cette sorte de signature évanescente – un style – chargée d'une force de propulsion affective qui invite à librement s'y lier » (73). L'image nous séduit, mais elle est aussi source d'inquiétude. Elle bouge lentement, le plan s'étirant parfois en longueur, les effets visuels se révélant étrangement plus que réels. Ici même, et pourtant déjà au-delà. Un léger inconfort s'immisce même quand nous nous sentons pris et emportés, qui agit comme un appât pour le sentir et nous désoriente, nous appelle vers lui d'une manière qui excède nos attentes. Nous voyons comme nous n'avons jamais vu auparavant. Nous sommes troublés par les modes d'errance de l'image, et nous sommes mus par cette errance.

Quand Deleuze écrit que nous devons inventer nos propres intercesseurs, il veut aussi dire que nous ne sommes jamais entièrement nous-mêmes. Apichatpong ouvre la voie vers cette incongruité constitutive et nous invite à y demeurer, à entrer en matière par le biais de l'image et de la lanterne magique – l'histoire de la Thaïlande, de sa répression, la place de la mort dans l'expérience, le rôle de la maladie et des rêves, la relation entre les mondes humains et animaux, la crise environnementale –, sans jamais nous indiquer la personne que nous devrions être et le lieu vers où nous devrions nous diriger. Car tel n'est pas le rôle de l'image. Ce n'est pas à l'image de raconter là où le processus doit mener. Le film est une plateforme et, en tant que telle, il ne pourra être que l'égal de ses intercesseurs. Ce que l'image peut faire importe, mais son importance va bien au-delà de l'image-comme-contenu. L'image-qui-importe doit convoquer ses intercesseurs dans l'acte.

C'est aussi vrai de l'écriture. L'écriture avec l'œuvre ne fait œuvre que si elle propose des opérations qui outrepassent ses limites. La condition d'un peuple à venir, comme Deleuze le dirait peut-être, c'est que l'œuvre doit demeurer un faire-œuvre.

Le cinéma d'Apichatpong Weerasethakul requiert d'être agi. Il doit être rêvé. « Ainsi le cinéma peut être un fantôme en ce sens : car c'est vraiment quelque chose qui doit être rêvé. Le cinéma est un véhicule que nous produisons pour nous-mêmes et qui fait partie de nous. C'est comme une extension de notre âme qui se manifeste » (Kim 2011 : 52; voir plus loin, p. 83). Il doit être rêvé non pas pour en démêler le contenu, mais pour engendrer plus de puissance rêvante, pour explorer ce que Bordeleau appelle des « degrés de défocalisation inédits » par lesquels « opérer directement sur l'élément subtil » qu'est le cinéma (83).

Les films d'Apichatpong font de nous des visionnaires. C'est là peut-être leur premier acte d'intercession. Ce faisant, ils nous forcent à nous questionner sur ce que nous n'avons pas encore été capables de voir davantage que sur ce que nous avons vu.

Et ils nous invitent ainsi à voir avec les yeux d'un autre, plus que réel, plus qu'humain.

## Notes

1. Notons que la traduction anglaise parle de « médiateurs » là où Deleuze écrit « intercesseurs ». Les intercesseurs sont le contraire des médiateurs. Ils ne se meuvent pas entre des termes déjà identifiés; ils créent les termes de leur intercession éventuelle. Ce sont des immédiateurs.
2. Rose-Antoinette cite Gilles Deleuze, lequel s'appuie sur un passage du *Temps retrouvé*, Tome I, de Marcel Proust. Cf. Gilles Deleuze, *Proust et les signes*, Paris : PUF, 1964 : 26.

## Bibliographie

Deleuze, Gilles. *Pourparlers*. 1972-1990. Paris : Éditions de Minuit, 2003.

Elphick, Jeremy. « Cemetery of Splendour – An Interview with Apichatpong Weerasethakul. » *4:3 Film*. Publié le 22 octobre 2015. http://fourthreefilm.com/2015/10/cemetery-of-splendour-an-interview-with-apichatpong-weerasethakul/. Consulté le 17 juin 2016.

Rose, Steve. « 'You don't have to understand everything' : Apichatpong Weerasethakul. » *The Guardian*. Publié le 11 novembre 2010. https://www.theguardian.com/film/2010/nov/11/apichatpong-weerasethakul-director-uncle-boonmee-interview/. Consulté le 17 juin 2016.

Peranson, Mark. « Ghost in the Machine : Apichatpong Weerasethakul's Letter to Cinema. » *CinemaScope* 43 (2010). http://cinema-scope.com/spotlight/spotlight-ghost-in-the-machine-apichatpong-weerasethakuls-letter-to-cinema/. Consulté le 17 juin 2016.

*Qu'est-ce qu'un mode de vie? Une première tentative, plutôt technique, pour concevoir cette notion pourrait nous porter à aborder le terme « mode » à partir de son acception grammaticale. Il faudrait alors penser le mode comme un trait qui exprime la manière dont on considère un énoncé, l'attitude qu'on adopte envers lui. Est-ce un fait, un ordre, une possibilité, un désir? Dépendamment de la réponse, nous parlerions (au moins dans les quelques langues indo-européennes que nous connaissons) à l'indicatif, à l'impératif, au conditionnel ou encore au subjonctif. Et on peut en effet vivre selon les faits et mots d'ordre. Ou encore selon des potentiels et désirs.*

*Une telle approche technique permet d'estomper quelque peu la grandeur que l'on pourrait associer à l'expression « mode de vie ». Pour commencer, personne ne vit dans un seul mode, tout comme personne ne s'exprime exclusivement dans un seul mode. La potentialité du « peut-être » dans sa forme pure est aussi invivable que la détermination opprimante d'un impératif perpétuel. Une vie se compose à travers l'agencement d'une variété de modes. (En d'autres mots, il ne s'agit pas ici de penser les modes de vie comme des styles de vie ou* lifestyles*.) Dans le contexte du cinéma d'Apichatpong, cela signifie qu'il n'y a pas qu'un seul mode de vie, définitif, que l'on pourrait lui assigner comme la marque de l'« auteur ». Notons plutôt que ces films créent des ambiances (*moods*) et des tonalités qui infusent notre expérience vécue et infléchissent nos lignes de vie.*

*Deuxième chose à retenir : les modes de vie sont des forces mineures qui agissent temporairement. Si nous nous attendons à ce qu'un film « change complètement notre vie », nous serons certainement déçus. Si, par contre, nous arrivons à penser le changement sur une échelle microscopique, alors nous serons capables d'apercevoir les inflexions mineures qu'un film peut effectuer. La force de* Mysterious Object at Noon *consiste précisément à injecter un très modeste « et si... » fabulateur dans le quotidien des participants, frayant ainsi un chemin pour autant d'autres « peut-être ». Quelque chose du même ordre se passe lorsqu'en regardant* The Adventure of Iron Pussy, *nous co-performons de nouveaux sexes mineurs avec l'image. Cela est pour nous un mode de vie. Et conçu de cette manière, le cinéma d'Apichatpong ouvre effectivement sur la création de nouveaux modes de vie.*

*Une dernière remarque concernant la « nouveauté » de ces modes, puisque c'est un autre grand mot. Plusieurs des films d'Apichatpong s'occupent d'une manière ou d'une autre de l'histoire de la Thaïlande. Or, sur quel mode le cinéma met-il habituellement en scène la rencontre avec l'histoire? C'est surtout sur le mode factuel de l'indicatif. Pensons aux drames historiques hollywoodiens et à leur obsession pour le réalisme ainsi qu'à leur conception très conservatrice de l'interprétation d'un rôle (selon la Méthode). Ou pensons encore aux innombrables documentaires qui, même lorsqu'ils réécrivent l'histoire, nous racontent « comment ça s'est vraiment passé ». (Évidemment, il existe de nombreuses exceptions intéressantes.) C'est dans ce contexte que le cinéma d'Apichatpong fait une différence, proposant une rencontre au conditionnel et au subjonctif avec l'histoire; explorant non seulement ce qui aurait pu se passer, mais aussi comment le passé pourrait toujours agir aujourd'hui; posant la question de ce que désire le passé. L'un des effets curieux de cette approche, c'est que le temps cesse d'être linéaire. C'est justement ce que le chapitre sur* Mysterious Object at Noon *et* The Adventure of Iron Pussy *suggère en explorant les différentes versions et révisions du passé qu'offrent ces films. Quelqu'un qui dit : « Ah, laisse-*moi *raconter cette histoire. Tu ne l'as pas du tout! » recrée effectivement une ambiance du passé qui ne peut que finir par moduler le présent. Alors le passé, tel qu'il est expérimenté rétrospectivement, était vraiment différent. De la même manière, les films d'Apichatpong se falsifient les uns les autres à travers le temps, rendant le concept de chronologie assez inutile. L'œuvre d'Apichatpong n'a ni début ni fin chronologique. Il n'y a de début que dans le sens d'émergence cosmique ou d'éternel retour que nous donnons à ce terme (en suivant Nietzsche et Guattari). Un début qui est toujours dans le présent.*

Toni Pape

# La vitalité de la fabulation : Improvisation et clichés dans *Mysterious Object at Noon* et *The Adventure of Iron Pussy*

## Le ressenti d'une histoire

Commençons par un cliché: *tout le monde aime les bonnes histoires*.

À partir de là, on pourrait se demander en quoi consiste une *histoire*. Ou encore discuter les critères litigieux qui déterminent ce qu'est une *bonne* histoire. Dans les deux cas, on se retrouve déjà en fin de phrase. Qu'en serait-il si nous nous attardions à la proposition elle-même, aussi générale soit-elle? Ainsi se révélerait peut-être un souci, un intérêt pour la question de la *joie*. Nous y découvririons peut-être même une collectivité déguisée en « tout le monde ». L'art de la narration, même pour l'auteur solitaire, est affaire de plusieurs : c'est une expérience du multiple. La narration d'une histoire, de *n'importe quelle* histoire, de la légende familiale aux mythologies partagées, est une force qui, parmi bien d'autres effets, a le pouvoir de lier ou de dissoudre une communauté. On l'observe dans le partage des histoires en famille ou entre amis : « Comment vous êtes-vous rencontrés? », « Tu te rappelles du mauvais tour que nous avions joué à notre professeure d'histoire? Comment s'appelait-elle déjà? » Et l'histoire poursuit son cours... Le fil qui se déprend de cette pelote de laine n'est pas simplement une séquence d'événements relatés, mais un *ressenti* (*feeling*) de la vie passée qui teinte le présent. Le ressenti d'une histoire excède le fait brut de l'intrigue : il s'étend par-delà le présent de la narration. Qu'on pense à un roman ou à un film qui nous a marqués durant notre adolescence... Nous en rappelons-nous l'histoire? En partie oui, mais pas tant que ça. Ce qui en reste est de l'ordre du ressenti : une tonalité affective dont, à strictement parler, il ne s'agit pas de se remémorer parce qu'elle s'assimile plutôt à une réminiscence, qui nous revient en entier et par elle-même, sans effort. Le récit d'une histoire, que celle-ci soit remémorée, inventée ou un peu des deux à la fois, ouvre la voie à un rêve collectif dans lequel la vie-*telle-quelle* s'adoucit et se sensibilise à son propre potentiel : c'est la vie en mode « et si... » . Ce mode du « et si... » suspend l'évident-ialité du quotidien, les routines du *tel quel,* pour faire affluer, dans l'instant, la joie de la spéculation. « Que ferais-tu si tu gagnais à la loto? » L'excitation générée par cette question apparemment sans conséquence jaillit de la brèche qu'elle entrouvre : pour un instant, rien ne va plus de soi, tout pourrait être autrement. Même chose pour le passé. « Ah, laisse-*moi* raconter cette histoire. Tu ne l'as pas du tout! » Le passé aurait pu être différent. La narration laisse place à la spéculation joyeuse parce qu'il devient momentanément possible de réinventer la vie. Ce sentiment collectif déborde de la narration elle-même et résonne dans la vie-qui-vit[1]. Le « tout le monde » du cliché est en fait un qui-conque en devenir.

## Fabulation et joie

*Mysterious Object at Noon* est une histoire inventée par différentes personnes à travers la Thaïlande sur une durée de trois ans. Le film a été tourné en noir et blanc, et en 16mm, ce qui lui donne une facture esthétique documentaire lo-fi. Inspiré de la technique surréaliste du *cadavre exquis,* Apichatpong Weerasethakul – qui n'est crédité ici que d'un rôle de « superviseur du scénario » (*story editor*) – déambule du nord au sud de la Thaïlande et, au hasard de ses rencontres, demande à des vendeurs de rue, à des fermiers, à des troupes de théâtre locales et à des enfants, de raconter collectivement une histoire. Chaque narrateur doit reprendre l'histoire là où elle a été laissée. Ensemble, ils transforment peu à peu une présentation claire et directe en un récit intriqué peuplé d'humains, d'animaux et d'extraterrestres.

Le premier plan du film est pris de l'intérieur d'un véhicule, un camion de vente de fruits de mer engagé sur des rues achalandées. Pendant plusieurs minutes nous traversons le paysage urbain; nous entendons une chanson issue d'un feuilleton radio, puis la voix du narrateur racontant une histoire d'amour et de deuil. Les vendeurs ont une visée, mais pas de destination précise : ils errent dans les quartiers pour vendre leur marchandise à tel ou tel coin de rue. Errance et musique planante donnent le ton à l'heure et demie qui suit. Ce momentum ne sera jamais perdu, alors que la caméra passe d'un conteur à un autre ou qu'elle reste immobile afin d'enregistrer d'autres bouts d'histoire. Lors d'une des nombreuses haltes du camion, nous rencontrons l'une de ces vendeuses, laquelle s'avère être la première narratrice du film. Elle nous raconte sa propre histoire : vendue par ses parents pour l'équivalent de deux billets de retour dans leur village, elle survit comme elle le peut dans les rues de Bangkok. Elle a à peine terminé son histoire que le « superviseur » derrière la caméra lui demande : « Et maintenant, avez-vous une autre histoire à nous raconter? Elle peut être vraie ou fictive. [...] n'importe qu'elle histoire, tirée d'un livre ou pas. » Raconte-nous n'importe quelle histoire sauf la tienne. Ou plutôt : maintenant que nous avons entendu ton histoire, raconte-nous quelque chose d'autre, quelque chose d'autre que toi. Toi + *n*. C'est ainsi que *Mysterious Object at Noon* passe du personnel à l'impersonnel, dans la continuation d'un geste familier vers l'inconnu. Poursuis la narration et fais-la entrer dans l'inconnu. La vendeuse hésite. Elle hésite plus longtemps que la caméra. Avant qu'elle ne se lance dans sa fabulation, l'image présente déjà la scène : un garçon dans une chaise roulante, faisant ses devoirs à son bureau. Une femme se tient debout à la fenêtre, dos à la caméra.

La trame sonore est toujours celle du coin de rue achalandé : « Le gros thon arrive... le thon. » Qu'est-ce que ces images qui *flashent* à l'écran sans crier gare, directement issues de la rumeur affairée? Nous pourrions dire que, structurellement, l'image précède simplement l'acte de langage qui la produira quelques secondes plus tard – un choix stylistique, en somme. Mais la relation spécifique entre son et image procure autre chose à notre sensation, quelque chose que j'appellerais *l'amorce de la fabulation,* qui est aussi le sentiment d'un potentiel. Car l'image du garçon et de son professeur ne *signifie* pas encore l'histoire de la vendeuse; elle signale plutôt la force de l'histoire en train de se former, prête à s'élancer dans le langage. L'écart entre le son et l'image nous donne la sensation de la plénitude d'un intervalle dans lequel tout peut différer de soi-même, créativement. Durant ces quelques secondes de suspension, la vendeuse excède son rôle d'« actrice sociale » dans un devenir-conteuse, mais non sans emporter le réalisateur en un devenir-illustrateur et le documentaire en un devenir-fabulation. En d'autres mots, cette séquence pointe vers la multiplicité des devenirs activés par *Mysterious Object at Noon*. L'image peut précéder sa propre invention verbale parce que les chronologies de l'avant-et-après n'opèrent pas dans cet intervalle de devenir. Le temps du devenir est un dorénavant-plus-pas-encore : dorénavant plus vendeuse, pas encore conteuse; désormais plus documentaire, et pas encore fiction.

Éventuellement, l'histoire vient au langage, en voix off :

> Disons qu'il y avait une maison. Il y avait un enfant handicapé et une professeure qui venait lui enseigner tous les jours. Il n'avait pas la chance de voir le monde extérieur. Alors elle lui apportait beaucoup de photos. Le garçon était content d'avoir la chance d'étudier

> comme les autres. Ses parents ont engagé sa tutrice mais ils n'étaient jamais à la maison. Je suis contente de le voir entre de bonnes mains.

Puis la vendeuse se tait. Les interactions subséquentes entre le garçon et la tutrice sont rendues par des images et des intertitres. Il lui demande : « Qu'as-tu fait dans le monde extérieur aujourd'hui? » Nous la voyons négocier des prix au marché. Intertitre : « Puis je me suis fait coiffer les cheveux », dit l'enseignante. Par le biais des intertitres, le film gagne une nouvelle consistance esthétique, qui n'est pas tant celle de l'époque des films muets que celle du mot écrit, impersonnel. Encore une fois, et pour un bref instant, le langage n'appartient à personne. Bien sûr, nous pouvons considérer que c'est toujours la vendeuse de rue qui raconte l'histoire. Et nul doute que c'est bien la tutrice qui dit : « je me suis fait coiffer les cheveux ». Mais dans les deux cas, sur les deux plans de la narration, le récit de l'histoire s'est détaché du corps humain pour apparaître comme pur acte énonciatif, comme pure expérience. Cette intensité est difficile à soutenir. Et en effet, *Mysterious Object at Noon* reviendra bien vite au personnel, au plus tard, à la rencontre du prochain conteur-fermier-performeur. Mais l'impersonnalité en tant que telle n'est pas un but. *Mysterious Object at Noon* tisse dans une même étoffe la narration en tant que création personnelle et en tant qu'expérience pure et impersonnelle, dans le but de déchaîner le potentiel de la narration comme invention collective vers une ré-invention du collectif même dans le processus.

Ainsi en est-il de la fabulation. Par elle, il s'agit de

> [...] se donner des intercesseurs, c'est-à-dire de prendre des personnages réels et non fictifs, mais en les mettant eux-mêmes en état de « fictionner », de « légender », de « fabuler ». L'auteur fait un pas vers ses personnages, mais les personnages font un pas

> vers l'auteur : double devenir. La fabulation n'est pas un mythe impersonnel, mais ce n'est pas non plus une fiction personnelle : c'est une parole en acte, un acte de parole par lequel le personnage ne cesse de franchir la frontière qui séparerait son affaire privée de la politique, *et produit lui-même des énoncés collectifs*. (Deleuze 1985 : 289)

Ni personnel ni impersonnel. *Collectif*. On ne diffère pas de soi-même sans un intercesseur – un humain, une caméra, une histoire – qui déchire le cadre habituel du sujet et l'attire dans une autodifférenciation. Par l'entremise de ces rencontres créatrices de mondes, la fabulation agit comme un mode de vie. Elle ouvre la vie à l'inconnu et se compose à tâtons, en vue d'une nouvelle constellation temporaire et habitable. En ce sens, la fabulation agit comme catalyseur d'autodifférenciation.

Comment, dès lors, peut-on qualifier la vie en mode fabulatoire? Elle est certainement improvisée plutôt que scénarisée. Les fabulateurs de *Mysterious Object at Noon* reprennent les fils d'une histoire là où ils ont été abandonnés par quelqu'un d'autre. Il est impossible pour eux de savoir quelle forme leur récit finira par prendre. Le conteur suivant en reprendra peut-être le fil et, avec plus ou moins de délicatesse et d'attention, en fera quelque chose de complètement différent. Si les films d'Apichatpong résonnent avec les cadavres exquis surréalistes, c'est par l'indétermination de leur forme. Qu'on prenne le cadavre exquis *Nu,* dessiné collectivement par Yves Tanguy, Joan Miró, Max Morise et Man Ray, en 1926 et 1927.

L'expérimentation produit un corps qui n'est pas encore inorganisé – un escargot-humain enfeuillé –, un corps qui ne connaît pas encore comment ses différentes parties se coordonneront. Et pourtant il est là, sur la page, agissant comme appât pour l'imagination. Cet appel à la fabulation est éprouvé d'autant plus fortement si l'on en envisage le processus plutôt que le produit final. En effet, l'aspect le plus important du cadavre exquis ne consiste pas dans son résultat fabuleux, mais dans l'expérimentation collective qui y a mené. Nous ne pouvons pas voir Tanguy, Miró, Morise et Man Ray dessiner cet impossible corps, mais nous pouvons tout de même les imaginer. Ou nous rappeler une occasion où nous nous sommes prêtés à ce jeu avec des amis. On enchaîne littéralement au bout des quelques lignes, avec un minimum d'information – la distance entre les lignes et leur direction –, et on doit continuer le dessin. C'est un défi qui implique doutes et hésitations en regard du contenu figuratif qui s'esquisse. Tout ce qu'on peut faire, c'est avancer sur un mode spéculatif, c'est-à-dire poursuivre sans savoir ce qui aura pris forme. Mais il y a aussi une joie dans une continuation divergente, dans la connaissance qu'on va tout à la fois connecter et couper. Ici comme dans toute improvisation, la règle première est toujours de dire « oui, et... ». L'improvisation harnache l'indétermination de la forme de manière affirmative, confiante que le saut de la foi en l'expérience atterrira dans un filet de sécurité maillé de soins collectifs, pour ensuite rebondir dans un autre moment de suspension.

*Mysterious Object at Noon* se compose d'une série d'actes affirmatifs de ce genre, chacun d'eux exprimant le joyeux suspens du relais. Le premier exemple, dans le film, va comme suit. Après qu'Apichatpong, le « superviseur de scénario », ait illustré le début de l'histoire, la voix de la vendeuse de rue se fait entendre à nouveau :

> Pendant qu'ils étudiaient, l'enseignante, son nom est Dogfahr, partit aux toilettes. [...] Puis, le garçon est devenu suspicieux. Pourquoi n'entendions-nous plus rien du côté de la tutrice? Il entra dans la pièce et vit l'enseignante étendue sur le plancher. [...] Il essaya d'ouvrir la porte. Il voulait désespérément lui venir en aide. Il la tira dans la pièce, vers le lit. Il... Il a vu... Il a vu un objet rouler sous sa jupe. ... C'était très étrange.

Et coupez. Nous voilà de retour dans la voiture. L'histoire – suspendue au dramatique moment où l'objet mystérieux roule sous la jupe – déambule vers la campagne, faisant halte dans un petit cottage pour donner la parole à une fermière. Elle :

> Grand-papa, que dis-tu? Ils viennent de nous arriver avec ça... Cet objet doit être de forme ronde. Pourrait-il... pourrait-il se transformer en enfant? Je ne crois pas qu'il le pourrait.
>
> Oui. Tout ce que tu veux.
>
> Cet objet était comme... il ressemblait à une étoile. Il est tombé du ciel et s'est transformé en humain. Il résidait dans un corps de garçon. Après une semaine ou deux, le garçon en question se réveilla. Il a dit : « Je vais bien, je vais bien. J'étais juste seul avec moi-même. Je peux tout prévoir. Je connais mon frère et ma sœur mais pour l'instant je ne suis qu'un enfant. Je ne peux pas rester avec ma mère, mon père ou personne d'autre. Alors je me suis réfugié dans cet objet flottant. »

L'hésitation – se pourrait-il que...? – est suivie d'un acte emphatique de fabulation. La fermière explore la marge de manœuvre qui lui est offerte et, une fois qu'elle est certaine que l'histoire est effectivement libre, ouverte, elle opère une coupure et en extrait le futur segment, assez magique, de l'histoire. Dans les vingt minutes suivantes, l'histoire aura voyagé jusqu'à un groupe d'adolescents qui, eh oui, vont transformer le garçon en sosie de l'enseignante. Elle et son double, eh oui, rivaliseront pour occuper une place dans la vie du garçon handicapé – une histoire qui est jouée par une troupe de théâtre. Et, oui, le garçon se transformera en géant... et la pelote de laine continue de dévaler.

Deux choses se démarquent dans ce mouvement de suspensions et de coupes. D'abord, *Mysterious Object at Noon* met en évidence la plénitude de l'intervalle entre les conteurs. En passant d'un intercesseur à l'autre, le film s'assure de nous fournir suffisamment de temps pour envisager l'histoire-jusqu'à-maintenant et pour apprécier la façon dont elle s'est développée. Cette appréciation coïncide avec un flottement momentané de son potentiel. Dans ces instants où l'intrigue est suspendue, nous éprouvons le moment présent *et* tout ce qui pourrait en émerger. Nous éprouvons tout cela d'autant plus vivement parce que nous savons aussi que quelqu'un, *quiconque* vraiment, se joindra au processus et fera coupure. C'est la certitude de la prochaine coupe qui fait vibrer l'intervalle de tout son potentiel. Il en sort par ailleurs qu'il n'y a pas de continuation possible de l'histoire sans coupure. Il n'y a ni invention ni nouveauté possible sans *actualisation* de la virtualité. Peut-être un des conteuses de *Mysterious Object at Noon* est-il au fait de cette duplicité, quand il entame son histoire en disant : « Mon histoire n'est pas vraiment connectée. » « Pas vraiment », mais en fait, c'est d'autant plus, car la continuation *dépend* de la disjonction. La coupure *est* la connexion.

On trouve, comme je l'ai dit au commencement de ce texte, quelque chose de joyeux dans ce processus. Chaque nouveau conteur nous fait trembler d'une étourdissante anxiété à la perspective de sa brutale intervention dans l'histoire de Dogfahr et du garçon. Cette captivante commotion se construit au fur et à mesure du film pour atteindre son climax vers la fin, quand l'histoire passe aux mains d'un groupe d'écoliers. Quel risque! C'est comme mettre entre les mains de gamins sa plus fine porcelaine afin qu'ils s'amusent à prendre le thé. Difficile que ça tourne bien. Mais bon, quelle excitation! En quelques instants, Dogfahr a été dévorée par un tigre et le garçon a été poignardé par l'enfant des étoiles. « C'est la fin. » Et puis : « Il a une idée », dit un garçon en en pointant un autre. Et ils recommencent. Après tout, ce n'est qu'une histoire; on peut revenir en arrière et la réécrire. Renouvelée encore et encore, l'invention s'assimile au hasard et opère la coupure nécessaire. Création par accident. Peut-être le fait que *Mysterious Object at Noon* se termine avec un groupe d'enfants constitue-t-il un tel accident chanceux. Le Zarathoustra de Nietzsche chante : « Laissez venir à moi le hasard, il est innocent comme un petit enfant » (Nietzsche 1983 : 232). Le jeu de l'enfant est à la fois hasardeux et efficace, comme un lancer de dés : le lancer ouvre simultanément un éventail de possibilités et les réduit nécessairement à un seul résultat. « Les dés qu'on lance une fois sont l'affirmation du hasard, la combinaison qu'ils forment en tombant est l'affirmation de la nécessité » (Deleuze 1962 : 29). Nous avons déjà rencontré le duo inséparable du hasard et de la nécessité sous les augures de la suspension-du-potentiel et de la coupe. Ce que met en évidence la fabulation désinhibée des enfants est la double affirmation à la fois du hasard et de la nécessité. « Quoi? L'enseignante est morte? » demande un Apichatpong surpris, derrière la caméra. La réponse est un « oui et » résolu qui en finit avec le garçon aussi. Mais, comme nous l'avons vu, la fin est un autre commencement. Ce qui revient à chaque affirmation est la joie d'inventer en collusion avec le hasard. Dans l'improvisation, il faut apprécier sans faire le précieux : soutenir le potentiel, faire coupure. *Enjoy.*

## Ballade et clichés

Si c'est cette joie sans but qui, malgré ses décors et conteurs disparates et la longue durée du tournage, tient ensemble *Mysterious Object at Noon,* elle donne aussi au film la forme d'une ballade rigoureusement vague, ballade assez rare tant dans la vie qu'au cinéma. Pensez-y bien : c'est rare qu'on a l'occasion de faire une bonne ballade. Il faut vraiment vouloir se mouvoir *sans* autre destination à l'esprit, satisfaits de ne pas savoir vers où tourner au prochain coin de rue. Le cinéma devrait être le lieu tout désigné pour ce genre de ballade. Après tout, on y consacre un temps considérable alors qu'il n'entretient à peu près aucun lien avec nos soucis quotidiens et pragmatiques. Pendant un peu plus ou un peu moins d'une heure et demie, le cinéma crée une ouverture dans la vie et nous donne la chance de fabuler un détour, d'errer sur les voies indirectes de la vie. Et pourtant nous préférons souvent à cette fabulation un film plus « cohérent », qui va droit vers la fin, qui nous raconte une histoire bien ficelée. Mais même dans ces conditions, « il y a toujours un moment où le cinéma rencontre l'imprévisible ou l'improvisation, l'irréductibilité d'un présent vivant sous le présent de narration, et la caméra ne peut même pas commencer son travail sans engendrer ses propres improvisations, à la fois comme obstacles et comme moyens indispensables » (Deleuze 1983 : 278). Le cinéma d'Apichatpong nous offre des moments semblables, qui sont à la fois défi et condition de son style. Dans *Mysterious Object at Noon,* l'obstacle indispensable tient dans l'histoire de Dogfahr et du garçon, laquelle connecte vaguement les différents actes de fabulation et crée des occasions, pour chaque narrateur, d'improviser avec la caméra, mais aussi pose un défi au superviseur du scénario. Comment illustrera-t-il le dédoublement de Dogfahr? Comment rendra-t-il la transformation du garçon extraterrestre en géant? Et les illustrations d'Apichatpong sont aussi hétérogènes que l'histoire elle-même : elles sont dites, écrites, chantées, signées et actées (chaque personnage par plusieurs acteurs différents). La cohérence importe moins ici que la *consistance,* le tenir-ensemble d'éléments hétérogènes dans un agencement. Cette question de la consistance est cruciale pour penser avec Apichatpong parce que ses films sont souvent incohérents. On a dit bien des choses à propos de la façon dont ses films – la plupart segmentés en deux ou trois parties – tiennent effectivement ensemble. C'est souvent par un dédoublement qui s'éprouve comme intensification affective (comme c'est certainement le cas dans *Tropical Malady,* voir chapitre 4). Dans *Mysterious Object at Noon,* la procédure du cadavre exquis agit comme contrainte encapacitante (« l'obstacle indispensable ») en ce qu'elle constitue la consistance d'un intérêt partagé, intérêt qui réunit les coordonnées spatiales et temporelles éparses du film. De plus, il importe de souligner que les inventions des narrateurs, aussi hasardeuses et surprenantes soient-elles, ne sont pas pour autant inédites. Les dédoublements, transformations et « dévorements » sont en fait des clichés de contes de fées. Ce sont les refrains des narrations populaires qui atteignent à un passé impersonnel et lient la communauté, là même où le cliché interrompt toute progression du récit. Cela correspond à ce que décrit Gilles Deleuze quand il définit le film comme « la promenade, la balade, et l'aller-retour continuel » : « Elle se fait dans un espace quelconque [...] par opposition à l'action qui se déroulait le plus souvent dans les espace-temps qualifiés de l'ancien réalisme. [...] Or, ce qui cimente tout cela, ce sont les clichés courants d'une époque ou d'un moment, slogans sonores et visuels [...] » (Deleuze 1983 : 281). À la lumière de cet extrait, on peut dire qu'Apichatpong a, en fait, développé une série de slogans audiovisuels par lesquels on peut se balader dans l'ensemble de son œuvre. Il produit des « images flottantes » qui « maintien[nent] un ensemble dans ce monde sans totalité ni enchaînement » (281). Outre la segmentation de la plupart de ses films en différentes parties (souvent deux), pensons aux nombreux plans longs filmés de l'intérieur d'une voiture roulant sur un chemin de campagne ou traversant un paysage urbain. Ce cliché nous permet de transiter de *Mysterious Object at Noon* à *Oncle Boonmee* via *Blissfully Yours* et, avec quelques légères variations, *Tropical Malady*. Ou considérons encore, à cet effet, toutes les scènes tournées dans des bureaux de médecin, qui relient *Mysterious Object* à *Syndromes and a Century* et à *Blissfully Yours*.

Le travail de ce cliché à travers les films d'Apichatpong consiste en l'articulation de *rencontres* : rencontre entre un individu et l'institution (les difficultés de Orn à obtenir des médicaments pour Min, immigrant illégal), entre la médecine traditionnelle et la médecine moderne (la potion à base de plantes du moine dans *Syndromes*), entre guérison physique et guérison spirituelle (l'amulette de Dogfahr). Pensons aussi à la visite rendue à Boonmee par le fantôme de sa femme, Huay. Le retour de ces scènes agit comme un refrain qui nous rappelle la multiplicité des expériences qu'on retrouve dans les films d'Apichatpong. À chaque fois que nous voyons un médecin discuter avec sa patiente à propos, disons, de l'efficacité d'un remède fait maison, nous éprouvons cette rencontre entre différentes sphères de la vie d'autant plus intensément que des itérations passées du refrain reviennent vaguement imprégner l'image actuelle d'un ton de mémoire et l'ouvrir sur le futur. Le cliché, compris comme une phrase *ready-made* selon son sens original en typographie, est dévié de la répétition morte par son activation en tant que refrain. Ce refrain possède la force duplice de faire tenir ensemble un film et, en même temps, de créer une brèche dans l'image, qui l'ouvre sur celles qui la précèdent mais aussi sur un à-venir indéterminé.

Je pose ainsi le problème de la consistance afin d'introduire ma discussion de *The Adventure of Iron Pussy.* Étant donné l'esthétique fort reconnaissable d'Apichatpong, comment peut-on rendre compte d'un film qui diverge aussi manifestement de sa signature stylistique habituelle? Doit-on considérer ce film comme une « incohérence » au sein de l'œuvre du réalisateur? C'est ce que James Quandt semble suggérer :

> Made as a lark on hiatus from *Tropical Malady, Iron Pussy* was cooked up and co-directed by gay performance artist Michael Shaowanasai, and, though Joe seems very fond of it, it is Shaowanasai's show, despite the many auteurist imprints an over-zealous critic can detect. (Quandt 2009 : 58)

Quandt s'étend en longueurs rhétoriques, pour quasiment exclure *The Adventure of Iron Pussy* de « l'œuvre » d'Apichatpong. Qui plus est, il déplore la variété des collaborations du réalisateur : « Alas, Joe prizes collaboration but sometimes gets lost in the process » (60). Tel est le ton sous-jacent à l'article de Quandt sur « *The Adventure of Iron Pussy* and Other Collaborations » : il part du principe d'une individualité artistique bien déterminée pour un réalisateur qui est, en fait, rarement crédité en tant que « réalisateur », et dont les films articulent continuellement une pluralité de modes d'existence et la porosité de l'individu. Peut-être, dès lors, est-ce par la situation d'exception d'*Iron Pussy* que nous pouvons voir comment les films d'Apichatpong s'articulent : « Même dans un agencement territorial, c'est peut-être la composante la plus déterritorialisée, le vecteur déterritorialisant, ainsi la ritournelle, qui assure la consistance d'un territoire » (Deleuze et Guattari 1980 : 403).

## *The Adventure of Iron Pussy* : une machine temporelle

Iron Pussy est l'un des nombreux avatars de l'artiste de performance Michael Shaowanasai : un ancien *go-go-boy* qui trouve sa vocation comme agent secret travesti combattant contre la criminalité internationale et pour les droits des opprimés. Le style et la démarche d'Iron Pussy sont inspirés de la légendaire star du cinéma thaï Petchara Chaowarat. Le film amalgame un nombre incalculable de clichés cinématographiques et puise sans discrimination parmi une galerie de genres obsolètes, de personnages stéréotypés, de scènes musicales excentriques et de finales surconvenues (incluant un *cliffhanger* littéral et une Pietà).

> The concept was to simulate the working style of the old Thai films of the past. The film is made as if composed of the junk left in the trash bins of the abandoned Thai film studios. It is designed to celebrate the old style of "quickie" cinema that nobody makes anymore in contemporary Thai cinema. Among the artifacts used were the lost sounds, the dubbed

> voices that are so distant but so cherished in memory. (Citation d'Apichatpong dans Quandt 2009 : 223)

*The Adventure of Iron Pussy* n'est donc pas une parodie, ni une caricature. C'est une « célébration », un hommage à un passé qui, dans son obsolescence même, reste touchant. Comment devrions-nous ici concevoir les notions de *simulation* et de *composition*? Que signifie simuler un style de travail ou composer-comme-si un film?

Le cinéma compose toujours avec des clichés, aujourd'hui sans doute plus que jamais. On les retrouve aisément dans n'importe quels comédie romantique ou film de superhéros. Mais les clichés *du présent* passent facilement inaperçus; ils circulent subrepticement parce qu'ils accomplissent avec succès leur rôle de dispositif narratif. Nous ne connaissons probablement pas encore nos propres clichés du présent (Sontag 1999 : 60). Dans le cas d'*Iron Pussy* cependant, la composition en mode « comme-si » constitue un retour aux clichés *du passé* : ils peuvent être réanimés, mais ils porteront inévitablement la marque ambiguë du fantomatique, et ce, de deux manières. D'une part, ils sont impuissants en ce qu'ils ne donnent plus à voir le monde comme ils ont pu le faire à leur propre époque : sérieux, pleins de suspens et chargés d'action. D'autre part, et tout comme les fantômes, ces clichés *agissent* dans le présent en vertu de leur quasi-présence : ils ouvrent la perception à ce qui se tient au-delà de ce qui est donné dans le présent et au-delà des manières de montrer le monde en vigueur au cinéma. Le passé revient comme potentiel. En conséquence, la notion de simulation n'indique pas, dans ce cas-ci, une fausse réalité. Quand Apichatpong et Shaowanasai « simulent le style de travail des vieux films thaïs du passé », ils créent immédiatement une différence réelle dans leur expérience vécue en tant que réalisateurs. En ce sens, la simulation d'Apichatpong n'est pas fausse; elle harnache plutôt les puissances du faux en ce qu'elle « remplace et détrône la forme du vrai, parce qu'elle pose la simultanéité de présents incompossibles [...] » (Deleuze 1985 : 171). *Iron Pussy* représente une opportunité pour Apichatpong d'infléchir son mode d'existence à partir du cinéma : comment donc faire du cinéma autrement? Quelles sont les affordances du « *quickie cinema* » qui manquent à d'autres formes de réalisation? La composition-comme-si est à *Iron Pussy* ce que le cadavre exquis est à *Mysterious Object* : la contrainte encapacitante qui donne place à une procédure filmique rigoureusement vague; l'un comme l'autre sont des manifestations du « et si... » spéculatif mentionné en début de chapitre.

Dans *Iron Pussy,* cette procédure consiste en une falsification de nos protocoles de composition testés-et-prouvés par une expérimentation avec l'usé, avec ce qui ne peut revenir qu'en différant d'avec lui-même. La différence qui est produite dans la simulation d'un style de travail obsolète est la redécouverte de la joie de la réalisation filmique elle-même. *Iron Pussy* n'est pas un film qui veut raconter une bonne histoire; il se plaît à faire des images. Et rien ne nous fait davantage éprouver cette joie, au cinéma, qu'un cliché filmique qui s'expose lui-même sans gêne aucune. Pussy est une agente secrète aguerrie : elle sait faire du travail de reconnaissance et collecter de l'information sans se faire remarquer, et lorsqu'on la voit grimper le mur d'une maison, on sait immédiatement que la scène a été filmée horizontalement sur un faux mur. Ces plans sont d'autant plus jouissifs que l'histoire n'a aucun sens. Pussy change de costumes un nombre invraisemblable de fois (d'un plan à l'autre dans la même scène). Au cours d'une excursion de chasse dans la jungle, elle sauve son prétendant, Tang, des griffes d'un tigre (!), puis le confronte à la pointe du fusil au sujet d'un trafic de drogue; tout cela pour finalement découvrir qu'ils sont en fait frère et sœur. À un autre moment, Tang fait usage d'un autre cliché de film d'espionnage lorsqu'il « tire » sur le visage de la gouvernante et démasque ainsi « Major Rungranee, de l'unité des forces spéciales », qui est aussi sa fiancée. Trahison. Oui. Et dédoublements. Oui! Et attaques de tigre? Bien sûr! Tout comme

*Mysterious Object, Iron Pussy* déambule d'un stéréotype à l'autre, affirmant sa vitalité dans chacun d'eux.

Comment ces sentiments de joie et de vitalité sont-ils engendrés? C'est ici qu'*Iron Pussy* et *Mysterious Object* divergent dans leurs procédures respectives. Tous les deux emploient les clichés comme sites d'atterrissage perceptifs, mais de manière légèrement différente. Dans *Mysterious Object at Noon,* le cliché fournit les conditions d'un atterrissage tout en sécurité pour une histoire qui est fort précairement suspendue entre les différents narrateurs. Le cliché prend soin : le recours à celui-ci permet à chaque narrateur de pouvoir à la fois reconnaître l'acte de fabulation et le collectif de conteurs dans lequel il s'inscrit. Il offre une voie sûre pour le relâchement du suspens et un point de reprise familier à partir duquel continuer. Le cliché est un moment de contraction, un *flash* de familier et d'établi qui pose les bases d'une fragile nouveauté. En ce sens le cliché, dans *Mysterious Object at Noon,* est une technique-relais qui permet à une histoire de circuler à l'intérieur d'un collectif en toute sécurité. Dans *Iron Pussy,* le travail du cliché ne consiste pas tant à créer un relais narratif qu'à ouvrir sur l'histoire de la réalisation filmique comme pratique. Nous ne croirons probablement jamais aux aventures d'Iron Pussy, mais *The Adventure of Iron Pussy* nous permet de croire au cinéma comme mode de vie[2]. Chaque *topos* du genre « film d'espionnage » contribue à cette ouverture sur le passé : une coupe mal exécutée qui transforme une prise de bras anodine en une prise de lutte exagérée génère un nombre incalculable de souvenirs de moments de montage technique hautement stylisés qui nous ont toujours semblés trop bons pour être vrais. Chaque fausse bouteille lancée à la tête d'un personnage se brise en une multitude d'éclats de passé amusants dans lesquels un corps pouvait être assommé par une bouteille ou survivre à une douzaine de blessures par balle. Chaque plan familier, coupe ou geste poursuit un maintenir-ouvert du passé cinématique. Dans *The Adventure of Iron Pussy,* l'histoire du cinéma offre un milieu habitable pour le présent.

Le son du film est essentiel au maintien de ce milieu. Il faut d'ailleurs noter que, contrairement à la plénitude du son ambiant caractéristique de la plupart des films d'Apichatpong, le paysage sonore d'*Iron Pussy* est plat et artificiel. Toutes les voix ont été doublées en postproduction, chaque coup de poing est accompagné du même effet sonore, la musique est tout droit sortie du pire synthétiseur qu'on puisse imaginer. Le film cherche à montrer au spectateur l'abîme qui s'ouvre entre l'image et le son. C'est par le biais de cet étrange décalage que nous sommes amenés à réaliser que ce genre de film est en fait une entreprise à deux volets. Et, tout à coup, l'apparente joie qui anime Shaowanasai lorsqu'il pose en Iron Pussy est redoublée par le badinage des artistes sonores. S'il est vrai qu'on n'entend aucun son authentique dans ce film, on ne saurait par ailleurs rater le sincère plaisir qui émane de l'exagération des voix actées. Alors qu'Iron Pussy performe un *puja* en solitaire sur le bord de la rivière, elle est interrompue par une sœur bouddhiste : l'exclamation de surprise « huh! » est doublée de manière malicieusement théâtrale, inventant une réaction qui n'a aucun équivalent dans le jeu de Shaowanasai. Ce genre de doublage, une relique du passé, est en soi un acte de fabulation. Il complique et densifie l'écologie du film et invente effectivement ce que le film sera. Dans la diversité du processus créatif, les réalisateurs fabriquent une esthétique qui est immédiatement politique.

## La politicalité de la joie

L'esthétique des films d'action des années 1970 est immédiatement politique parce qu'elle nous fait percevoir certains enjeux du présent différemment. À travers les réminiscences audiovisuelles d'*Iron Pussy,* nous gagnons une nouvelle perspective sur la normativité du genre et de la sexualité. En fait, les deux se croisent souvent dans la culture thaïe : « There's only one word that means both "transvestite" and “gay” in Thai » (Apichatpong dans Quandt 2009 : 58). Comment, dès lors, *Iron Pussy* nous fait-il percevoir différemment cet ensemble d’enjeux? En guise de conclusion, j’aimerais suggérer que le film module les perceptions du genre et de la sexualité par les moyens de l’humour et de la joie.

Résistant à toute approche didactique, *Iron Pussy* n’affirme jamais une stricte distinction entre le genre et la sexualité comme correctif à leur confusion linguistique et culturelle dans la langue thaïe. Il tire parti de cette confusion et en fait une complexité apte à créer des ouvertures pour de nouvelles individuations. Ainsi, au lieu de séparer différentes catégories à fin d’identification, le film met de l’avant la dimension processuelle de l’individu. Contre une stabilisation de l’identité (laquelle a trouvé sa valence politique dans l’*identity politics*), *Iron Pussy* montre que l’autodifférenciation est en fait un acte de *queering* continu. De plus, le film montre que penser et percevoir au-delà des identités stables n’engage pas une perte de certitude et d’agentivité. Les individuations du film sont toujours des créations joyeuses qui affirment l’expérimentation et le potentiel à travers le devenir du corps. Là encore, cela apparaît particulièrement bien dans l’incarnation ambiguë d’Iron Pussy elle-même : son corps mâle en *drag queen* et sa voix de femme demeurent disjoints tout au long du film, pour notre plus grand amusement. Même si nous pouvons facilement les concevoir comme un seul personnage, quelque chose excède avec insistance cette consolidation rationnelle. Je crois que la consistance éthico-esthétique d’Iron Pussy réside là, dans une relation entre les composantes – le corps mâle, la voix de femme – qui refusent de se connecter « sans s’effectuer en excès vis-à-vis d’eux-mêmes » (20). Cet excès correspond à l’effet comique, cette joyeuse vibration dont le corps ne peut se défaire durant tout le film. Le flair politique d’*Iron Pussy* réside dans cet interstice entre des modes d’identification établis, dans une « relation-de-non-relation » qui est ressentie de manière viscérale (Massumi 2011 : 20). Cela ne revient pas à dire qu’Iron

Pussy « ne marche pas ». Au contraire, le film *marche avec* la divergence entre son et image pour créer une appréciation joyeuse de l'indétermination sexuelle et de genre. De cette façon, *The Adventure of Iron Pussy* se charge de standards esthétiques obsolètes pour générer en mode ludique de nouvelles individuations toujours plus complexes.

Il y a de la politicalité dans ce caractère ludique et dans cette joie parce qu'ils outrepassent les discours intellectuels sur le genre et la sexualité. Avant même de pouvoir recourir aux notions établies de masculinité et de féminité, nous sourions déjà, emportés dans la fabulation d'Iron Pussy. Le beau tour de force accompli par ce film consiste à amener le spectateur à repenser sans le savoir les potentiels d'un corps à travers son propre corps. En vous mouvant joyeusement avec l'image, bien assis sur votre siège, vous avez peut-être froncé malicieusement les sourcils ou pincé vos lèvres avec audace; vous avez peut-être secoué la tête à chaque coup de poing de fer donné par Pussy, alors qu'ils s'abattaient sur ses ennemis avec un musical « *kapow!* ». Des particules du sexes non identifié de Pussy jaillissent de l'écran et éveillent votre corps aux innombrables alternatives aux identités genrées déjà établies. Dans la rencontre, vous redécouvrez la capacité de votre corps d'engendrer[3] « mille sexes », des milliers de sexe (Deleuze et Guattari 1980 : 341). Cet engendrement est un processus ouvert, en excès de ce que vous pensez être. Il y a toujours un autre sexe à inventer, toujours un + 1. La sexualité déborde les identifications conscientes en toute vivacité.

Ainsi donc, Iron Pussy attire notre attention sur la futurité qui anime les performances *drags* du présent. En écho au concept deleuzien de fabulation, Judith Butler décrit les performances *drags* comme créant des genres « culturellement inintelligibles » qui appartiennent à « un ensemble de pratiques parodiques [...] qui sèment le trouble dans [*disrupt*] les catégories de corps, de sexe, de genre et de sexualité » (Butler 2006 : 56). Parce que ce travail met l'accent sur les manières par lesquelles le *drag* et les autres pratiques parodiques interfèrent avec les conceptions établies et culturellement intelligibles du genre, son accomplissement principal consisterait à perturber ces conceptions. Dans cette perspective, Iron Pussy met au défi notre *compréhension* du genre tel que nous le connaissons. *Oui,* et plus encore. Dans la perspective que nous avons ici développée, une perspective qui s'intéresse à l'expérience immédiate de l'image, il est manifeste que *de nouveaux genres sont déjà vécus avant même que nous puissions les reconnaître comme inintelligibles*. Pour Iron Pussy, le genre n'est pas un problème principalement épistémologique, mais plutôt de *vitalité*. Avant de demander : « Qu'est-ce qui constituera ou non une vie intelligible? » (xxiii), Pussy pose la question : comment composer son prochain genre, collectivement? C'est aussi pourquoi il est si important de penser l'image et le son dépareillés qui composent le corps de Pussy comme disjonctifs plutôt que comme perturbants : la synthèse disjonctive de l'image et du son est créative d'un nouveau sexe, immédiatement vécu avec l'image. La coupe crée la vie avant qu'elle n'en perturbe le savoir.

Qu'en est-il, dès lors que nous commençons à penser, à sentir et à vivre la sexualité à partir de l'exubérance du +1? Nous serions capables de reconnaître les différences mineures entre des personnes qui occupaient précédemment la même catégorie de genre, entre cette femme *straight* et cette autre femme *straight,* entre une personne transgenre et une autre. Nous pourrions percevoir des convergences et des divergences à travers le champ entier des sexualités qui n'ont que bien peu à voir avec les identités de genre. Nous pourrions résister à la normativité de genre non pas par le biais de l'opposition, mais en projetant nos innombrables différences mineures dans les formations de genres molaires. Des aventurières comme Iron Pussy « produisent *n* sexes moléculaires sur la ligne de fuite en relation par rapport aux machines duelles qu'elles traversent de part en part » (Deleuze et Guattari 1980 : 339).

Et si… *The Adventure of Iron Pussy* met de l'avant la joie spéculative afin d'explorer comment le genre et la sexualité peuvent être *vécus* différemment. *Mysterious Object at Noon* embrasse la spéculation pour établir une communauté non pas dans un discours d'identité nationale, mais dans le souci porteur d'une histoire racontée collectivement. Ces films continuent leur travail spéculatif après que la dernière image a quitté l'écran : dans le spectateur, comme affect de vitalité, jouissance de la vie pour elle-même. Sentir les films d'Apichatpong, c'est infuser la vie avec un zeste de fabulation.

## Notes

1. Erin Manning utilise l'expression « vie-qui-vit » (*life-living*) dans *Always More Than One* pour décrire la propension de la vie vers l'individuation collective (2013 : 60). En tant que telle, la vie-qui-vit s'apparente à la notion deleuzienne de « une vie », en mettant l'accent sur le mouvement créatif de la vitalité (Deleuze 2003 : 359-363).
2. Thomas Elsaesser et Malte Hagener proposent que le cinéma devrait être pensé en tant que « forme de vie » (2010 :10). La question se pose dès lors à savoir *comment nous vivons avec* différents cinémas. Comment vivons-nous ou pouvons-nous vivre avec les films d'Apichatpong en ce qu'ils diffèrent des comédies romantiques ou des films de superhéros?
3. La notion d'engendrement est tirée de Manning 2007 : 84-109.

## Bibliographie

Butler, Judith. *Trouble dans le genre : Le féminisme et la subversion de l'identité*. Paris : La Découverte, 2006.

Deleuze, Gilles. *Nietzsche et la philosophie*. Paris : PUF, 1962.

Deleuze, Gilles. *L'Image-mouvement.* Paris : Éditions de Minuit, 1983.

Deleuze, Gilles. *L'Image-temps*. Paris : *Éditions de* Minuit, 1985.

Deleuze, Gilles. *Deux régimes de fous. Textes et entretiens 1975-1995*. Ed. David Lapoujade. Paris : *Éditions de* Minuit, 2003.

Deleuze, Gilles et Félix Guattari. *Mille Plateaux*. Paris : Éditions de Minuit, 1980.

Elsaesser, Thomas, and Malte Hagener. *Film Theory : An Introduction Through the Senses*. New York : Routledge, 2010.

Manning, Erin. *Politics of Touch : Sense, Movement, Sovereignty*. Minneapolis : University of Minnesota Press, 2007.

Manning, Erin. *Always More Than One : Individuation's Dance*. Durham : Duke University Press, 2013.

Massumi, Brian. *Semblance and Event : Activist Philosophy and the Occurrent Arts*. Cambridge : The MIT Press, 2011.

Nietzsche, Friedrich. *Ainsi parlait Zarathoustra. Un livre pour tous et pour personne*. Trad. Georges-Arthur Goldschmidt. Paris : Librairie Général Française, 1983.

Quandt, James. « *The Adventure of Iron Pussy* and Other Collaborations. » *Apichatpong Weerasethakul*. Ed. James Quandt. Wien : Synema, 2009 : 58-62.

Sontag, Susan. « Notes on 'Camp'. » *Camp : Queer Aesthetics and the Performing Subject*. Ed. Fabio Cleto. Ann Arbor : University of Michigan Press, 1999 : 53-65.

*L'une des raisons pour lesquelles la pensée de Guattari se prête si bien à une analyse des défis esthétiques que présente le cinéma d'Apichatpong est que sa cartographie schizoanalytique des foncteurs ontologiques machinise la production de subjectivité. Si, avec Félix Guattari, nous acceptons de dire que l'« ontologie » est traversée par les quatre foncteurs ontologiques, celle-ci implique en effet une hantologie : constamment hantée par le « et si? » des foncteurs qui opèrent, qui hantent chaque mouvement, chaque machination, chaque bifurcation, chaque ligne de fuite. La singularité de l'histoire (thaïe) est hantée par la multiplicité d'où son propre devenir émerge. Faire sentir, et par moments faire voir, les multiplicités qui n'obtiennent jamais cette « faveur » d'être actualisées est un moment crucial dans l'opération Weerasethakul, et même ce qui fait de lui un anarchiviste de potentiels abandonnés, de virtualités que l'histoire a activement exclues dans le courant de ses actualisations.*

*Les machines ne font pas de distinction entre les vivants et les morts : les uns et les autres peuvent être mis en mouvement et à l'usage. Les uns comme les autres peuvent désirer. Je pense que la relecture des théorisations freudiennes d'Eros et Thanatos par Deleuze et Guattari peut nous éclairer :*

> *Aussi est-il absurde de parler d'un désir de mort qui s'opposerait qualitativement aux désirs de vie. La mort n'est pas désirée, il y a seulement la mort qui désire, au titre du corps sans organes ou du moteur immobile, et il y a aussi la vie qui désire, au titre des organes de travail. Il n'y a pas là deux désirs, mais deux pièces, deux sortes de pièces de la machine désirante, dans la dispersion de la machine elle-même*[1]*.*

*La vie et la mort : deux régimes de désir machinique. Du moment où l'on approche la notion d'être du point de vue des multiplicités machiniques, l'ontologie – et même l'hantologie – prend un sens entièrement différent.*

*Qu'il s'agisse de l'hantologie ou de l'ontologie machinique, chacune d'elles insiste sur la réalité du virtuel. D'où l'importance, pour Derrida, de la présence de la non-présence; d'où, aussi, le poids de l'énième terme dans la schizoanalyse de Guattari. Le virtuel est un quantum d'altérité. C'est précisément la raison pour laquelle je me tourne vers les cartographies schizoanalytiques, parce qu'en déployant les foncteurs ontologiques, et en insistant sur le quatrième terme dans l'analyse, une cartographie s'ouvre sur l'altérité. Le quatrième terme est l'énième. Quelque chose – de spectral, une non-chose virtuelle – peut toujours percer l'événement, et recomposer son organisation ontologique.*

*Si l'on considère la production d'existence humaine comme un processus réellement machinique, alors toute distinction naturelle entre les vivants et les morts commence à s'effriter. Les vivants peuvent hanter les morts tout autant que l'inverse. Par défaut, les événements ne sont-ils pas « hantés » par l'énième dans le* plus-que *de l'être?*

*Peut-on encore avoir recours au terme « ontologie » dans ces conditions d'ontogénèse machinique? Je continue à croire qu'il s'agit là d'une grille d'analyse utile, voire vitale, pour autant que la nouveauté des processus machiniques soit soulignée au moindre détour de telle sorte que la croyance dans le potentiel de recomposition subjective qui repose sur la rencontre avec l'altérité ne s'estompe jamais.*

*En privilégiant la co-composition machinique des vivants et des morts dans la fabrication de l'image-événement, la relation entre le senti et le vu endosse une nouvelle complexité. Parce que les forces n'ont pas besoin d'être vues afin d'être senties – elles n'ont pas besoin d'être « en vie » dans l'acception organique du terme. Les fantômes d'Apichatpong sont sentis, et, du fait même qu'ils le sont, la composition ontologique de la scène où ils se (non-)présentent est reconfigurée. À l'occasion ils deviennent visibles et s'incorporent. À certains égards, c'est la raison pour laquelle les images d'Apichatpong sont « écosophiquement sensibles » – elles adhèrent à une gamme de perceptibilité qui abrite à la fois la différence et différents degrés de visibilité. Mais la visibilité des fantômes qui peuplent les mondes d'Apichatpong n'est pas entièrement conforme à leur être-senti. Un large – indéfini – éventail d'animaux, de fantômes, d'esprits sont sentis tout au long des films – bien qu'ils ne se manifestent jamais visuellement. Une fois entré dans les univers d'Apichatpong, il est impossible de ne pas les sentir!*

*Ce qui est vu n'est jamais que la pointe de tout ce qui est senti. Non pas que le vu représente ou parle au nom de tout ce qui est senti. Mais plutôt : le vu porte avec lui la charge affective de toutes les intensités virtuelles qui le traversent. En visionnant les films d'Apichatpong, nous savons que d'autres singes-fantômes habitent la jungle, car nous pouvons les sentir même si nous ne pouvons les voir. Ce phénomène peut être perçu comme la version cinématographique de ce que Deleuze et Guattari écrivent dans* L'Anti-Œdipe *: nous ne faisons jamais l'amour qu'à des mondes, non à nous-mêmes*[2]*. Aussi, lorsque le spectre gagne en visibilité, il donne à sentir toute une gamme de spectralité, même si celle-ci reste cachée derrière une opacité. Boonsong n'est pas un singe-fantôme isolé, il est la limite énonciatrice d'une espèce en danger (voire éteinte), d'un monde de spectralité collective inséparable de son existence même, et que son être-vu donne à sentir de multiples manières (découpage, plan-séquence, etc.) : une véritable hantise de son être par l'excédent de monde qui le produit machiniquement.*

*Les spectres n'ont pas besoin d'être vus pour que l'image entre en contact avec l'altérité radicale du dehors (y compris la force de temporalités/histoires « autres ») et se montre ouverte à la recomposition. C'est précisément cette métastabilité, cette ouverture sur un dehors implicitement actif dans les formations actuelles, qui politise le travail d'Apichatpong. Ce dernier croit bel et bien que le monde ne demande qu'à être rejoué, et que les interventions (qu'elles soient cinématographiques ou méditatives) font une différence réelle. La paix est simultanément une croyance et un engagement : croyance dans un potentiel de recomposition subjective (un élargissement du sentir) et engagement à demeurer ouvert à la rencontre avec l'altérité qui rend ainsi la première possible.*

## *Notes*

1. Deleuze, Gilles et Félix Guattari. *L'Anti-Œdipe : Capitalisme et schizophrénie*. Paris : Éditions de Minuit, 1972 : 393-394.
2. Deleuze et Guattari 1972 : 349.

Adam Szymanski

# *Oncle Boonmee, celui qui se souvient de ses vies antérieures* et l'esthétique écosophique de la paix

Le peuple fantastique des films d'Apichatpong – avec ses créatures mystiques, ses spectres bienveillants ainsi que ses animaux parlants qui apparaissent et disparaissent à leur guise, en véritables nomades du temps – trace une ligne de fuite à travers l'histoire tortueuse de la Thaïlande, et plus particulièrement celle de l'occupation militaire (soutenue par les États-Unis) et de l'épuration des communistes de la province d'Isaan durant les années 1960-1980 – province avec laquelle le jeune Apichatpong a d'ailleurs eu à se familiariser après que ses parents, sympathisants de gauche, aient relocalisé leurs pratiques médicales dans la région. C'est dans ce contexte d'occupation qu'Apichatpong devint témoin d'un tragique exode : nombreux sont les villageois qui, menacés de mort par l'appareil militaire, n'eurent d'autre option que d'abandonner leur foyer et de se réfugier dans la jungle[1]. Rares sont ceux qui ont rebroussé chemin.

Ce n'est pas un hasard si *Oncle Boonmee, celui qui se souvient de ses vies antérieures* (2010) prend pour cadre la province d'Isaan[2]. L'œuvre s'élabore autour d'un postulat aussi bien historique qu'affectif : le fait que la blessure (toujours ouverte) causée par l'épuration militaire reste encore bien vive pour les veuves et les descendants des communistes disparus, malgré les tentatives du régime royaliste pour taire cet épisode au nom de l'unité nationale[3]. C'est la raison pour laquelle Isaan est teintée d'une signification double dans la culture thaïlandaise. Province à dominante rurale, agricole, elle tend à être distinguée à la fois comme « utopie » et « pierre angulaire de l'héritage thaï », deux discours idéologiques que martèlent aussi bien les intellectuels de gauche que les royalistes nationalistes (Boehler 2011 : 293, traduction). Toujours est-il que, dans le même temps et à rebours des sentiments patriotiques qu'elle suscite, la jungle d'Isaan se prête au signifiant d'anti-nation[4] du fait même de la résistance communiste qui s'y ancra (résistance créée par, et autour de, différentes communautés, notamment chinoises et laotiennes)[5]. *Oncle Boonmee* fait bien plus que se positionner d'un côté ou de l'autre de cette lutte idéologique entre nation et anti-nation, entre centre géopolitique et périphérie, entre royalistes et communistes. Prenant le contrepied des menaces de censure et des obstacles soulevés par le système de distribution local, le cinéma d'Apichatpong s'efforce de rendre compte de celles et ceux laissés pour disparus dans la jungle suite aux agressions militaires, et de mettre en images l'ethos que le gouvernement tenta de bâillonner lorsqu'il entreprit de supprimer le peuple d'Isaan. Du cœur même de la jungle – un dartre sur l'inconscient politique thaïlandais –, *Oncle Boonmee* tire de l'obscurité les souvenirs culturels refoulés, incluant aussi bien les personnes que les valeurs qui s'y rattachent.

## L'écosophie : une invitation à la paix

L'environnement, le socius et la subjectivité humaine définissent ce que Félix Guattari entend par les « trois écologies ». L'« écosophie » est le nom de l'opération éthico-politique par laquelle s'acte la co-composition de ces trois champs. Elle a pour enjeu « la production d'existence humaine dans les nouveaux contextes historiques » (Guattari 1989 : 22). Il n'est pas exagéré de dire que les œuvres tardives de Guattari au sujet de l'écosophie constituent un appel à la « paix », à tout le moins au sens qu'Alfred N. Whitehead attribue à ce mot. La théologienne Mary Elizabeth Mullino Moore, lectrice de Whitehead, rappelle que, pour ce dernier, la paix « n'est pas l'absence de guerre ni de violence, mais la présence d'autres relations ("l'élargissement du sentir") au sein d'un monde plus vaste » (Mullino Moore 2006 : 205). Élaborer des égards, voire des manières de vivre sereinement, envers l'« autre » contenu dans la « relation autre » est au cœur du projet éthico-politique de l'écosophie, au même titre que sa prise thérapeutique avec la production de subjectivité.

À la fin du livre *Les trois écologies,* on entend une invitation au renouvellement de notre relation à l'altérité : un appel à l'instauration de « nouvelles pratiques sociales, nouvelles pratiques esthétiques, nouvelles pratiques du soi dans le rapport à l'autre, à l'étranger, à l'étrange [...] de nouvelles solidarités, une nouvelle douceur [...] Les individus doivent devenir à la fois solidaires et de plus en plus différents » (Guattari 1989 : 45, 71). La valeur de l'altérité est également au centre des préoccupations d'Isabelle Stengers, qui, s'appuyant sur l'échafaudage écosophique de Guattari, définit la paix

> comme la fabrication écologique d'un cosmos où le mot « écologique » n'oriente pas vers l'unité par-delà les différences, ce qui reviendrait à réduire ces différences à travers une simple déclaration d'intention en vue d'extraire quelque principe de concordance, mais vers la création de saisies concrètes, rattachées les unes aux autres, asymétriques, et toujours partielles. (Stengers 2002 : 248-249)

Composer la paix, cela revient à composer l'ensemble-dans-la-différence, à agencer un collectif qui perdure non pas *en dépit de,* mais *grâce* à ses différences, de telle sorte que la gamme affective de l'expérience collective s'élargisse.

Les rencontres avec l'altérité entraînent le surpassement des postures subjectives établies. L'élan aventurier de la paix – sa capacité à élargir le sentir – tient de cette rencontre avec l'altérité, où le soi et l'autre cessent d'opérer comme instances supérieures par la mise en existence d'un nouvel événement relationnel. La paix, écrit Whitehead,

> [c]'est un élargissement du sentir dû à l'émergence de quelque intuition métaphysique profonde, non formulée et cependant capitale pour la coordination des valeurs qu'il opère. Son premier effet consiste à supprimer la tension du sentir accaparant, lequel naît de ce que l'âme se préoccupe d'elle-même. Ainsi la paix entraîne-t-elle un dépassement du caractère personnel. [...] Ainsi, la paix est le retrait de l'inhibition et non son introduction. Elle a pour résultat d'étendre la portée de l'intérêt conscient. Elle élargit le champ de l'attention. Ainsi, la paix est-elle un autocontrôle au degré le plus large : à une largeur où le "soi" a été perdu, et l'intérêt transféré à des coordinations plus larges que la personnalité. [...] C'est le rempart contre l'étroitesse. (Whitehead 1993 : 362-363)

En élargissant le sentir et la conscience pour englober le jeu des différences qui engendrent une écologie, la paix ré-agence les valeurs qui gouvernent la production de subjectivité : une jouissance de ré-individuation collective qui relance le quantum de potentiel du monde.

Deux scènes d'*Oncle Boonmee* illustrent la manière dont Apichatpong fait usage de l'esthétique écosophique dans le but de capter l'émergence processuelle d'une telle paix. La première modifie sa gamme de perceptibilité – et de sensation – dans le but de rendre visibles les divers degrés d'altérité compris dans le régime écologique de l'image. Elle préside à la conclusion du film, laquelle est elle-même partie prenante de l'émergence de la paix et du surpassement de toute individualité réifiée. Émergence et surpassement sont les effets événementiels d'une création esthétique orchestratrice de l'éclatement du soi – éclatement manifeste dès l'instant où cette collectivité alternative fait son apparition. La composition esthétique d'Apichatpong avec l'imperceptible entraîne le retour d'une force politico-éthique jadis refoulée[6] qui, d'elle-même, rejoue les foncteurs ontologiques immanents aux trois écologies, le tout au service d'une définition émergente de la paix.

## Rencontrer l'altérité, élargir le sentir

Le premier exemple auquel nous pensons est une scène où le personnage éponyme du film, Boonmee (Thanapat Saisaymar), propriétaire d'une culture apicole; sa sœur aînée, Jen (Jenjira Pongpas); ainsi que son neveu, Tong (Sakda Kaewbuadee), soupent sur une véranda. Sans crier gare, un fantôme se matérialise sous leurs yeux. Nous apprenons qu'il s'agit de Huay (Natthakarn Aphaiwonk), la femme décédée de Boonmee. Une fois passé leur étonnement, les trois personnages engagent une conversation avec elle au sujet de la maladie de Boonmee et de sa mort imminente, avant d'être rejoints par un invité plus surprenant encore : un singe-fantôme (tel qu'indiqué par le sous-titre) aux yeux rouges flamboyants, couvert d'un poil sombre et épais. Le singe-fantôme s'introduit sous le nom de Boonsong (Geerasak Kulhong), fils de Boonmee et de Huay porté disparu après avoir entrepris une expédition dans la jungle plusieurs années auparavant.

Cette scène, à l'image du film entier, est dépourvue de points de vue subjectifs. À défaut de telles perspectives, les forces non personnalisées actives dans l'écologie du film prennent en charge l'équarissement de chaque plan, constituant dès lors un découpage écosophique. Certes, l'organisation formelle de la scène est façonnée par une situation dramatique. Seulement, celle-ci est aussi bien conditionnée par des souvenirs, des fantômes, des animaux, des sons qui émanent du lointain, que par le jeu humain – tant il est vrai que la mise en image d'Apichatpong reste irrationnelle d'un point de vue strictement humain. En effet, elle n'a de sens que par considération de l'inconnu comme de l'invu, vécus sous le régime diagrammatique (écologique) de l'image. Spatialement parlant, le découpage de la scène positionne chaque personnage au sein d'un environnement plus large. Sous un angle temporel, il les situe en vis-à-vis de leurs transformations passées. La scène s'ouvre sur un plan large de la véranda, telle qu'aperçue depuis la jungle environnante. L'espace intérieur marque pour sa part la seule source de lumière dans un périmètre géographique plongé dans le noir. Du fait de cette perspective environnante, à distance des personnages qu'abrite le domicile de Boonmee, leurs voix nous parviennent de loin. Basculant vers l'intérieur de la véranda, la prise de vue s'emboîte avec la forme quadrillée de l'architecture. Le plan se resserre progressivement jusqu'à composer un plan d'ensemble des trois individus. Par la suite, l'image se désaxe dans une direction inconnue, laissant deviner la silhouette d'un paysage montagneux, situant désormais la véranda hors champ. Un orage retentit, et l'image se saisit à la fois du bruissement et du balancement des branches d'arbres. « Quel est ce bruit? » demande l'un des personnages, avant que l'image rejaillisse en un plan d'ensemble. Les plans subséquents encadrent l'arrivée de Boonsong. Plan après plan, il devient suffisamment clair que l'écologie est, à proprement parler, irréductible à une échelle anthropique : les vues humano-centrées sont reléguées à l'arrière-plan des paysages environnants, des pièges à insectes, etc. C'est que le caractère topique et personnologique de l'action est à la fois fragmenté et surmonté par la présence active de l'entour de la véranda.

La scène canalise l'intériorité mentale de Boonsong, son souvenir des événements ayant conduit à sa nouvelle apparence. Lorsqu'il raconte l'histoire de ses transformations passées, la caméra opte pour une fluidité qui contraste avec la rigidité et la noirceur de la scène. À travers un découpage sensible aussi bien au matériel qu'au spirituel, le passé apparaît comme une force écologique d'une prime importance. L'œuvre perçoit par-delà l'actualité des données du temps et fait apparaître l'univers du film comme le rendu de leur composition mutuelle. Le présent est teinté par le débordement du passé, tandis que le ressouvenir de Boonsong s'insinue à travers le dîner et son environnement. Aussi Boonsong préface-t-il son incursion dans le passé en déclarant : « Il y a beaucoup d'êtres qui rôdent dehors... Des esprits et des animaux affamés. Comme moi. » Personnage sensible dans un univers cinématographique intuitif, il semble capable de sentir ces créatures même s'il ne peut les voir. L'histoire de Boonsong revient sur sa transformation de photographe à singe-fantôme au regard flamboyant après qu'il se soit mis à traquer l'étrange créature qu'il aperçut durant le développement d'un film argentique.

Les images du passé qui accompagnent le souvenir de Boonsong apparaissent comme un héritage collectif et sont dispensées de fondus stéréotypiques. Seule une coupe franche nous permet de passer de Jen, aperçue de dos, à la forme humaine de Boonsong alors immergé dans une chambre noire. La coupe est guidée par sa narration, dont les mots sont entendus de tous. Cette série d'images est pourtant loin d'être psychologisée, captive de sa subjectivité propre. Bien qu'elles participent de la mémoire et du vécu de Boonsong, de telles images sont extériorisées et socialisées – tant il est vrai qu'elles sont susceptibles d'être affectées par d'autres durant la scène. Tandis que le souvenir continue d'être raconté, Jen s'excuse auprès de ses convives, puis se retire de table pour finalement prendre place sur un banc situé à proximité. L'attention se déplace alors vers elle et la situation présente, créant ainsi une courte pause dans le flux des images-souvenirs. Si tous les personnages assis autour de la table sont capables d'envisager le souvenir qui leur est raconté et de l'arrêter, c'est que le souvenir lui-même n'est nullement la propriété de Boonsong, au sens où il serait retranché dans un passé hermétique aux autres. Il appartient, tout compte fait, à une écologie partagée. Ainsi donc, des souvenirs viennent en affecter d'autres, répondant de l'esthétique écosophique que bâtit Apichatpong.

Cela étant, la logique écosophique du découpage décrite plus tôt ne ressemble en rien au découpage en plan américain – dont le principe directeur subjugue une grande part du cinéma hollywoodien, d'hier à aujourd'hui[7]. Conformément au régime d'images de ce dernier, comportements, regards et mouvements des protagonistes qui y habitent servent de ciment à la reproduction de codes visuels (prioritairement humains) au sein même du tissu narratif. Or, si cette technique de tournage se distingue du découpage en profondeur, c'est parce que celui-ci implique que toute ligne d'horizon soit partie prenante du plan, avec une netteté égale aux situations spatiales et temporelles que couvre l'image. L'enthousiasme d'André Bazin par rapport au découpage en profondeur tient au fait qu'il y voit un très grand atout : celui, dit-il, « d'embrasser la totalité de l'événement » (Bazin 78). Chez Orson Wells, souvent cité en exemple, cela se vérifie à la manière dont les arrière-plans complexifient et enrichissent l'histoire, mais aussi à comment ceux-ci élargissent le nombre d'associations possibles entre les éléments présents dans un seul plan, sans avoir recours au montage. *Oncle Boonmee* est également représentatif du découpage en profondeur. Cependant, à la différence des films de Wells, il ne possède aucun arrière-plan en ou hors focus. Il possède un « dehors », une zone de métamorphose sans contour bien précis, qui met en contact l'avant-plan de la situation dramatique avec l'obscurité la plus totale[8]. Les fantômes (autrefois humains) émergent de cette zone où s'étend la jungle et captent alors la lumière. Une fois visibles, leurs souvenirs sont dépersonnalisés et rendus accessibles à tous, causant une commotion dans la *consistance ontologique* de la scène.

Les *Cartographies schizoanalytiques* de Guattari émettent l'hypothèse que chaque agencement d'énonciation, ou événement, se compose de quatre foncteurs qui lui octroient sa consistance ontologique. Ces foncteurs sont les Territoires existentiels (T), les Flux de matérialité (F), les Phyla machiniques d'organisation diagrammatique (Θ) et les Univers de valeur incorporels (U). Au vu de son utilité et de sa clarté, cela vaut la peine que nous reproduisions ici le résumé que fait Janell Watson de ces quatre foncteurs dans *Guattari's Diagrammatic Thought* :

> Les *Flux* incluent la matière et les signaux physiques; ces derniers sont sujets aux coordonnées des quanta énergétiques, du temps et de l'espace. Les *Phyla* machiniques abstraits comprennent l'évolution; les machines abstraites déterritorialisantes de Guattari; les projets, les plans, les diagrammes, les règles et régulations (au sens cybernétique de mécanismes de contrôle). Les *Territoires existentiels* incluent l'identité subjective, le sens de soi, et l'"appréhension" existentielle. Les *Univers incorporels* sont constitués de valeurs, de références non-discursives, de possibilités virtuelles; celles-ci "échappent aux coordonnées énergétiques, légales, évolutives et existentielles des trois domaines précédents". (Watson 2009 : 99)

Les images cinématographiques, comme n'importe quel événement perceptuel, sont des agencements d'énonciation qui résultent de la co-composition des quatre foncteurs ontologiques. Sur un premier plan, les images ont une prise matérielle sur les Flux : matériaux audiovisuels signifiants et asignifiants faits de couleurs, de corps, de mouvements, de paysages, également de textes. Ces Flux cinématiques fonctionnent dans le domaine des perceptions vécues. Les Phyla machiniques constituent l'ensemble des principes d'organisation à l'œuvre dans l'image. Dépendamment du plan, plusieurs de ces principes peuvent opérer simultanément, en symbiose ou par opposition mutuelle. Les principes d'organisation peuvent renvoyer aux standards génériques et industriels, aux traditions nationales, à d'autres références intertextuelles, en plus des conventions et des normes sociales disséminées à travers le tissu filmique. Les Flux et les Phyla sont présents du côté de l'actuel. Les Univers incorporels et les Territoires existentiels contribuent à la virtualité de l'image. Les Territoires in-forment la façon dont les personnages du film se positionnent, notamment à travers le degré d'agentivité (et le point de vue) qui leur est ou non accordé. Enfin, les Univers de valeurs impactent sur l'horizon de références associé à l'image, contribuant au développement subjectif des personnages (T), aux intensités senties dans l'image (F), et aux structures qui gouvernent le film (Θ). Ensemble, les quatre foncteurs ontologiques co-composent la réalité filmique[9].

Par souci de clarté, les foncteurs ontologiques ont été décrits de manière séparée. Or, en réalité, ils ne se séparent jamais. Un agencement d'énonciation est ce qui se nourrit, dynamiquement, du rapport tout à fait réel que ces quatre entités maintiennent entre elles. Dans les mots de Guattari : « Elles ne soutiendront leurs configurations propres qu'à travers les rapports qu'elles entretiennent entre elles; elles seront appelées à changer d'état et de statut en fonction de leur Agencement d'ensemble » (Guattari 1989 : 41). Pour faire honneur à son nom, un foncteur se doit en effet de fonctionner – autrement dit, il doit opérer. Peu importe la manière dont on l'aborde, une écologie tout entière peut toujours faire l'objet d'une recomposition (d'autant qu'elle est, fondamentalement parlant, un agencement d'énonciation). Ou, pour le dire autrement, une écologie tout entière ne peut qu'être recomposée selon l'opération menée par un des foncteurs : en effet, la mise au travail d'un foncteur est le signe d'un mouvement relationnel entre les quatre[10].

La scène du dîner dans *Oncle Boonmee* offre un regard singulier sur la profondeur de champ (alimentée par l'opacité du dehors) qui nous invite, à notre tour, à apprécier sa profondeur ontologique. De ce point de vue, tout un domaine de désirs imperceptibles sur la couche sensible de l'image est – à moins d'être directement « mis en lumière » – proposé à la pensée, dans le respect de son opacité. Chacun des quatre foncteurs ontologiques est actif dans l'image cinématographique, mais seuls les Flux sont sensiblement perceptibles. Le domaine des Flux est à la fois actuel et réel, tandis que les Phyla machiniques, les Univers incorporels de valeur et les Territoires existentiels sont infléchis par les régions non sensibles du virtuel[11]. La stratégie esthétique de cette scène rend palpable la profondeur ontologique du film, sans pour autant recourir à une représentation visuelle de ce qui est virtuellement actif et hors de vue[12]. L'avènement d'altérité est sans nul doute intercepté par les Flux, alors même que l'image modifie sa gamme de perceptibilité en vue d'inclure les corps qui émergent de l'obscurité de la jungle. L'aspect translucide et fantomatique de Huay est projeté à proximité de Boonsong, qui est lui-même couvert d'une fourrure sombre. La prouesse du découpage est telle que ce dernier altère l'arrangement sémiotique (F) de l'image de manière à ce que celle-ci abrite différentes formes de vie et divers modes d'existence (fantômes, animaux, personnes disparues). Si cet arrangement sémiotique actuel est l'index de quoi que ce soit, ce ne peut être que du mouvement simultané des quatre foncteurs ontologiques en cours de recomposition, et non d'une réalité pré-existante (profilmique). L'émergence collective ainsi convoquée, la machine abstraite (Θ) qui préside au développement actuel de l'événement diffère de son état précédent. La table qui, à première vue, semblait disposer les personnages à manger autour d'elle devient le point d'émergence d'une différence dont l'opacité est porteuse.

Le domaine virtuel de subjectivité diégétique (T) est bouleversé par les apparitions soudaines de Huay et Boonsong – la subjectivité de groupe est recomposée conformément au surgissement d'*autrui*. À travers cette inclusion mutuelle, les notions de famille, de rassemblement, d'alliance et de collectivité arborent des significations nouvelles qui s'éloignent de toute division d'espèce, et d'une rupture entre mort et vie. Parallèlement au déploiement d'une nouvelle consistance ontologique, Boonmee en vient à regretter les violences qu'il a commises contre les communistes, et à mettre sa maladie rénale sur le compte d'un mauvais karma. Les rapports familiaux sont réinventés, faisant place à des formes de vie et à des modes d'existence nouveaux, ainsi qu'à des souvenirs, des prémonitions, des univers de valeurs que ces degrés de différence introduisent. Le renouvellement en question est si profond qu'il tend à constituer un groupe-sujet, un groupe « qui respecte l'hétérogénéité de ses constituants, et ne cherche pas à les étouffer sous une unité illusoire; groupe émergent (*in process*) qui explore et qui change à mesure que les conditions changent, au lieu de se cristalliser autour d'une hiérarchie où les parties s'excluent l'une l'autre par l'attribution de valeurs… » (Massumi 1988 : 440, traduction). Valeurs (U) : ces qualités de potentialité virtuelle se trouvent elles aussi modifiées à mesure que la subjectivité de groupe se compose, d'autant qu'en revenant de la jungle, Boonsong et Huay rameutent avec eux une série de valeurs politiques et de mémoires culturelles refoulées : la jungle, aussi bien un repaire qu'une échappatoire pour les communistes ayant fui l'invasion militaire, se constitue ici comme point de ré-émergence. Au sortir de la jungle, Boonsong et Huay paraissent transformés par les horreurs qui y furent perpétrées. L'émergence et l'affirmation de la différence doivent pourtant se faire au sein même de la scène. La prise en charge du refoulé, de sa présence active, est le fait des quatre foncteurs ontologiques simultanément à l'œuvre, de la recomposition de l'agencement d'énonciation et des trois écologies. L'orientation subjective d'un petit groupe se transforme, favorable à l'idée de faire la paix – de la composer – avec celles et ceux qui font retour depuis un passé virtuellement en marge de la perception sensible. Aussi, la cartographie schizoanalytique se doit d'être recommencée en vue d'admettre cet élargissement du sentir que l'on pourrait appeler paix.

## Disparaître/Réapparaître : Surpasser le personnel

*Oncle Boonmee* ainsi qu'un certain nombre des courts métrages et installations issus du projet *Primitive*[13] usent de manière appuyée des images de jeunes hommes de Nabua, la « cité des veuves », après qu'ils aient immensément souffert de l'occupation militaire et de l'épuration des communistes[14]. Le choix de ces adolescents en dit long sur la portée du geste d'Apichatpong, tant il est vrai que leur présence dénote l'héritage de leurs pères disparus et de leurs mères endeuillées, ainsi que leur propre lutte pour la survie du communisme.

Lors d'une autre scène propice à l'instauration de la paix, Boonmee est frappé par un souvenir (autrefois rêve) dans lequel le futur entrevu est hostile aux « gens du passé ». Étonnamment, cette scène évoque ce que Walter Benjamin dit au sujet de l'éphéméralité des images historiques : « Car c'est une image irrécupérable du passé qui risque de s'évanouir avec chaque présent qui ne s'est pas reconnu en elle » (Benjamin 2007 : 255). *Oncle Boonmee* montre à quel point l'observation de Benjamin est aussi exacte qu'incomplète. Certes, le présent est empreint d'une fonction sélective, celle de sélectionner la présence – ou, dans les mots de Whitehead, une entité actuelle[15] – parmi toutes les possibilités qu'un événement donné lui offre. Or, ce qu'*Oncle Boonmee* ajoute à cet argument, c'est que le présent, suivant ses propres besoins, est aussi une sélection d'images dont (ne pas) se souvenir – symptôme d'un oubli volontaire. La disparition forcée des communistes durant l'invasion militaire est un exemple d'un tel vouloir. Parce que tenues de ne plus apparaître, leurs images sont elles-mêmes empreintes de cette disparition forcée, au point que, transies sous un état répressif, elles sont à leur tour dissimulées sinon censurées jusqu'à leur annihilation même). La disparition des images des communistes a partie liée avec le contexte politique actuel. Le régime qui met en représentation le présent et instrumentalise sa fonction sélective ne sait que se montrer préoccupé par de telles images. Ce qui explique pourquoi, inquiet de voir ces dernières changer la donne éthico-politique – et ainsi de devoir faire la paix avec son passé –, il restreint les conditions de leur apparition. Il faut espérer qu'après un certain temps le présent, sous la gouverne des puissances politiques actuelles, ne soit plus obligé de les refouler, surtout si le paysage social change au point de ne plus devoir constituer un choc à la subjectivité. En attendant, l'œuvre d'Apichatpong mise bien sur la réapparition du disparu pour entamer une recomposition écologique[16].

Le rêve de Boonmee dramatise un tel pari. Au seuil de la mort, Boonmee; le spectre de son épouse, Huan; sa belle-sœur, Jen; et Tong (tous présents durant la scène du dîner) se dirigent vers une grotte où Boonmee leur partage son rêve du futur. Le rêve est relayé par une série de dix images instantanées qui compromettent l'aspect locomotif de l'action. Le monologue de Boonmee, en voix off, se présente alors comme suit :

> Boonmee : Que se passe-t-il avec mes yeux? Ils sont ouverts, mais je ne vois rien. Ou sont-ils fermés?
>
> Jen : Peut-être as-tu besoin de plus de temps pour que tes yeux s'habituent à l'obscurité.
>
> Boonmee : Cette grotte est comme un utérus, n'est-ce pas? C'est ici que je suis né, dans une vie dont je ne me souviens pas. Je sais seulement que je suis déjà né ici. J'ignore si j'étais un humain ou un animal, une femme ou un homme.
>
> [La séquence onirique de dix images démarre.]
>
> La nuit dernière, j'ai rêvé du futur. J'arrivais là-bas dans une sorte de machine temporelle. La ville du

> futur était gouvernée par des autorités capables de faire disparaître n'importe quoi. S'ils trouvaient des « gens du passé », ils braquaient une lumière sur eux. Cette lumière projetait des images d'eux sur l'écran, de leur passé jusqu'à leur arrivée dans le futur. Quand ces images apparaissaient, les « gens du passé » disparaissaient. J'avais peur d'être capturé par les autorités parce que j'avais beaucoup d'amis dans ce futur. Je fuyais. Mais où que j'allais, ils me retrouvaient. Ils me demandaient si je connaissais cette route-ci ou cette route-là. Je leur répondais que non. Ensuite, j'ai disparu.

Le monologue est entrecoupé de dix images photographiques qui peuvent être décrites de la manière suivante :

Première photo : Dans un champ de couleur paille, un primate sanglé d'une corde au cou est conduit par un jeune homme en tenue paramilitaire.

Deuxième photo : Un gros plan de trois jeunes soldats allongés sur l'herbe. Les formes d'ombre découpées sur leurs corps correspondent aux formes dessinées sur leurs tenues de camouflage.

Troisième photo : Suspendue entre des soldats, une feuille d'arbre s'intègre aux motifs de leur camouflage.

Quatrième photo : À nouveau, deux soldats étendus parmi les buissons, fusils à portée de main. Ils se fondent dans l'environnement vert et brun.

Cinquième photo : Un large contingent de militaires dispersés à travers un champ semblable à celui aperçu dans la première image. Une mystérieuse figure orange (un humain? un animal?) déambule an arrière-plan.

Sixième photo : Le primate est sanglé au cou, captif des soldats aperçus dans la première photo. Ils sont toujours dans le même champ.

Septième photo : Les mêmes hommes, en tenue civile cette fois-ci, jettent des pierres du côté droit de l'image. Prennent-ils le primate pour cible?

Huitième photo : Le primate, les bras passés par-dessus les épaules de six soldats armés, regards braqués sur l'objectif, pose pour une photo de groupe.

Neuvième photo : Cinq des jeunes hommes photographient le sixième, allongé au sol, sans t-shirt. Est-il mort ou vivant?

Dixième photo : Des formes circulaires apparaissent sur un sentier terreux.

Le pronom personnel utilisé par la voix laisse entendre que Boonmee est en réalité le primate – probablement un humain caché derrière une combinaison animale – qui a atterri dans ce futur, sous une apparence différente. Il s'agit cependant d'une interprétation parmi d'autres. Boonmee pourrait être n'importe lequel de ces soldats, des civils, voire l'ensemble du groupe, si ce n'est l'auteur des photographies. On ne peut qu'hésiter à le situer quelque part dans un rêve qui est lui-même une continuation de la logique écosophique présente dans la scène du dîner. Le rêve de Boonmee n'est pas vraiment *son* rêve. Les photographies ensoleillées du rêve déchirent les images lentes et opaques du présent d'une manière qui fait écho au souvenir de Boonsong. Le rêve n'est pas rattaché à la psyché de Boonmee, étanche au reste du monde. Il surpasse la personnalité de Boonmee, s'insère dans une écologie partagée. C'est à peine si Boonmee est identifiable dans son « propre » rêve : il parvient à peine à s'identifier lui-même. Cela a peu d'importance que Boonmee soit bel et bien le primate en question, ou l'un des soldats, ou le photographe prenant de tels clichés – le fait est qu'il reste introuvable dans le futur. L'impossibilité de s'identifier soi-même dans son « propre » rêve s'avère déstabilisante.

Boonmee perçoit ce futur comme un temps où une lutte entre les gens du passé et les gens du futur fait rage. Lors même qu'il est difficile de déterminer avec exactitude où il se situe dans le rêve, de pointer un corps auquel le rattacher, Boonmee est néanmoins *là,* au même titre que Jen, Tong, et Huay. Les voici tous convoqués dans un avenir dominé par des violences intergénérationnelles et interrègnes, mais où ils n'occupent aucune place particulière. La perspective d'appartenir à un avenir entièrement incompatible avec les notions de « soi » et de « futur » incite à une réévaluation de ces deux dernières. La mutation de la notion présentiste et fixatrice de soi passe par la fabrication d'un futur où elle s'émancipe. Il est des hommes qui, cherchant à dominer la différence, l'excluent d'emblée de l'avenir (substituant à l'altérité une indifférenciation du passé et du futur). Boonmee et ses compagnons sont pris dans un dilemme : cesser d'exister ou exister parmi l'inhabitable. De sorte qu'un tel questionnement ébranle leur subjectivité (T). Le territoire existentiel du soi est à présent contrarié, le futur se devant d'être re-spéculé à l'aune de l'hospitalité nouvelle et élargie de l'écologie.

La logique d'identité et d'appartenance propre à Boonmee est contrariée par le rêve; la revascularisation de la consistance ontologique est à nouveau possible. Une chance est offerte à la paix. Ici, dans le cinéma confectionné par Apichatpong, les fils de la « cité des veuves », rendus invisibles et marginalisés dans le paysage politique thaï, clament une présence qui désavoue leur disparition historique. L'émotion de Boonmee est à son plus haut niveau, et cette confrontation visuelle l'incite à réévaluer son propre sentiment d'identité au seuil de sa mort. Il ne peut ni rationaliser ni justifier les actions de son passé, incluant son rôle dans l'épuration des communistes d'Isaan, maintenant qu'il entrevoit un futur dans lequel son sort pourrait être aussi fatal que le leur. *Oncle Boonmee* a fait de l'absent une figure dorénavant présente, et la consistance ontologique des images a élargi le sentir en vue d'accomoder les disparus. La pratique expérimentale d'Apichatpong consiste à entrevoir les différentes tendances de l'écologie, et à faire la paix avec celles et ceux dont l'existence fut congédiée; celles et ceux dont le mode de vie fut réduit à néant, et les valeurs bafouées. En étoffant sa gamme de perceptibilité, *Oncle Boonmee* va à la rencontre des disparus - dont les souvenirs sont mis au ban du discours nationaliste officiel. Le risque spéculatif du film, qui défend le retour du disparu au mépris des puissances existantes, est qu'une telle modulation sur le plan de l'image - modulation qui prête à la figure du disparu, réinstaurée à même la pellicule du perceptible, une force d'énonciation -, lorsqu'elle s'insère dans le monde et prend part au paysage médiatique thaï, provoque une modulation pour le moins similaire, reconfigurant les foncteurs ontologiques du monde. Telle est la force de l'art. De cette manière, *Oncle Boonmee* porte avec lui la capacité d'élargir le sentir vers un paradigme éthico-politique de la paix qui surpasse le personnel, tout en respectant le droit à la singularité. Soulignant d'autant plus sa sollicitude à l'endroit des devenirs contrastés, y compris de celles et ceux qui ne sont pas encore (ré)apparus.

## Notes

1. Pour un portrait de cet épisode qui relie Apichatpong à l'occupation militaire ainsi que de plus amples anecdotes relatives au rôle qu'incarne la jungle dans l'inconscient politique thaïlandais, voir « A Memory of Nabua. A Note on the *Primitive* Project » dans Quandt 2009 : 192-206.
2. Isaan reste aujourd'hui l'une des régions les plus désavantagées sur le plan économique. Il faut dire que la société thaïlandaise demeure fortement écartelée entre population urbaine et démographie rurale, entre chemises jaunes d'un côté et chemises rouges de l'autre.

Entre 2005 et 2006 l'« Alliance Populaire pour la Démocratie », aussi appelée « Chemises Jaunes », organisa une manifestation de masse contre l'ancien premier ministre Thaksin Shinawatra, avec pour conséquence de provoquer un coup d'État. Les tensions entre pro- et anti-Thaksin ont continué à dominer le paysage politique thaïlandais, donnant lieu à une nouvelle crise politique en 2008 ainsi qu'à un nouveau coup d'État en 2014, lequel a forcé la sortie de Yingluck Shinawatra, sœur de Thaksin.

3. Il va sans dire que la censure constitue un frein à la production d'œuvres militantes en Thaïlande. Pour sa part, Apichatpong Weerasethakul n'a jamais caché son opposition aux différents régimes de censure (2009). La loi « B.E. 2551 » (2008), relative aux productions cinématographiques et vidéo, a récemment mis en place un nouveau système de classification, apportant plusieurs modifications à une législation datant de 1930. Pourtant ce nouveau texte n'a eu pour effet que de déplacer le pouvoir de censure du corps policier au Ministère de la Culture – et ce dernier d'affirmer que les cinéastes sont priés de s'abstenir de faire des films « mettant en péril l'ordre social et la décence morale, ou qui pourraient avoir un impact sur la sécurité et la fierté de la nation » (Rithdee 2007).
4. Philip Rosen trace cette ligne de partage entre nation/anti-nation afin de souligner l'existence d'un contre-courant n'ayant de cesse d'inquiéter les tentations nationalistes du cinéma.
5. Voir Casella 1970 pour un compte rendu historique du lien entre l'insurgence des communistes en Thaïlande et l'activité politique des minorités vietnamiennes et chinoises établies à Khon Kaen (ville où Apichatpong grandit par la suite). Alpern 1975 dresse également un portrait linguistique et démographique du nord-est de la Thaïlande et précise l'importance que cette région représente aux yeux du Parti Communiste Thaïlandais et de la guérilla que ce dernier orchestra entre les années 1950 et 1960. Pour sa part, Thomas 1986 revient sur l'ascension et le déclin du Parti Communiste à partir des années 1960 jusqu'aux années 1980.
6. J'emploie le terme « refoulé » car il permet d'articuler le caractère psychique et social de l'épuration mise en œuvre par l'appareil militaire dans la province d'Isaan. Dans le chapitre « Répression et refoulement » de l'*Anti-Œdipe,* Deleuze et Guattari détaillent la façon dont la répression psychique et la répression sociale se reproduisent et se renforcent l'une et l'autre, faisant obstacle à la force

révolutionnaire du désir et à l'érosion des structures sociales que celle-ci promet. Cette conception psychosociale de la répression admet que la production désirante et la répression sont des actes collectifs qui conditionnent la vie d'une écologie et transgressent les limites d'un sujet individualisé qui, selon Freud, est détenteur d'un inconscient de désirs réprimés. De fait, mon utilisation du terme refoulement tout au long du texte ne doit pas être amalgamée avec son acception freudienne : une « opération par laquelle le sujet cherche à repousser ou à maintenir dans l'inconscient des représentations (pensées, images, souvenirs) liées à une pulsion. Le refoulement se produit dans les cas où la satisfaction d'une pulsion – susceptible de procurer par elle-même du plaisir – risquerait de provoquer du déplaisir à l'égard d'autres exigences » (Laplanche et Pontalis : 392).

7. Le découpage en *plan américain* renvoie à une logique d'organisation des plans particulièrement notoire dans le cinéma hollywoodien classique. Voir *History of Film Style,* de David Bordwell, pour une analyse du terme découpage (qui contraste assez nettement avec l'usage qu'en fait Timothy Barnard).

8. Bien que l'opacité du dehors ne soit pas un arrière-plan, elle « réintroduit l'ambiguïté dans la structure de l'image », laquelle, pour Bazin, représente un des traits caractéristiques du *découpage en profondeur* (76).

9. Le mot « réalité » ne doit pas être confondu avec la catégorie de « réalisme » propre aux exégèses cinématographiques. Généralement parlant, ce que le mot « réalisme » désigne au sein des cercles académiques est une « réalité profilmique », telle qu'a pu la caractériser le philosophe Étienne Souriau (voir page 8 de *L'univers filmique,* où l'expression « profilmique » dénote le monde qui existe devant la caméra et qui est ensuite fixé sur la pellicule). Lorsque j'utilise le mot réalité, j'entends une relation tout autre entre l'image et la réalité. Je ne m'intéresse pas tant à la façon dont la caméra suppose ni même postule une réalité profilmique, pas plus qu'au procédé par lequel elle est productrice de réalité (argument avancé par les études du cinéma direct), qu'à la façon dont la réalité de l'image est informée par les foncteurs ontologiques. Les Flux de l'image sont les seuls domaines en réciprocité étroite avec la réalité profilmique. Les Valeurs, Phyla, et Territoires existentiels du soi demeurent en marge de la perception sensible tout en contribuant à la réalité de

l'image – à la fois à son expressivité, son contenu, et son effectivité dans le monde.

10. Erin Manning forge l'expression « mouvement relationnel » afin de souligner la métastabilité et le devenir-monde du mouvement. Pour Manning en effet, le mouvement relationnel des corps est ce qui génère un monde, quelle qu'en soit l'expression événementielle (voir Manning 2009). En ce qui me concerne, j'utilise ce terme pour indiquer la façon dont la mise en existence du monde est cohérente avec la mise en œuvre des quatre foncteurs ontologiques; foncteurs dont le corps est toujours porteur au sein d'un événement (toujours singulier) – pour une subjectivité nouvelle.
11. Voir le tableau, à la page 41 des *Cartographies schizoanalytiques,* qui illustre l'implication mutuelle du réel et de l'actuel, du virtuel et du possible, relativement aux quatre foncteurs ontologiques.
12. Ainsi l'esthétique écosophique d'Apichatpong s'accorde avec ce que Brian Massumi exprime au sujet de la composante non sensuelle de l'événement. « Lors même que les conditions de possibilité de l'événement s'actualisent, l'entièreté de celui-ci demeure virtuelle : doublement non locale, non sensuellement présente, vécue dans ses effets, et réellement abstraite de part en part » (Massumi 2011 : 24, traduction).
13. *The Primitive Project* (2009), *A Letter to Uncle Boonmee* (2009) et *Phantoms of Nabua* (2009) ont recours à des images semblables à celles projetées durant la séquence rêvée de Boonmee.
14. Apichatpong situe la pertinence de ses interventions cinématographiques au sein du paysage médiatique contemporain thaïlandais comme suit : « L'histoire de Nabua résonne de manière indéniable avec l'agitation politique actuelle en Thaïlande. Les instances impliquées dans ces événements passés, ainsi que les nouvelles, sont à l'avant-plan du chaos actuel. Comme par le passé, elles manipulent la psyché sociale, en y insufflant la peur et la croyance » (Apichatpong Weerasethakul 2009 : 198, traduction). Dans ce même texte, le cinéaste décrit sa rencontre avec les histoires couvrant l'occupation militaire de Nabua, au moment où il filmait *Letter to Uncle Boonmee* dans le cadre du projet *Primitive*.
15. Les entités actuelles sont « les choses réelles dernières dont le monde est constitué »; elles sont « des gouttes d'expérience, complexes et interdépendantes » (Whitehead 1995 : 69). Une entité actuelle est une *actualisation* du processus créatif. Elle est, à ce titre,

symptomatique d'une sélection : elle n'actualise jamais le tout des potentialités offertes par le flux processuel et expérientiel.

16. Whitehead aurait sans doute regardé *Oncle Boonmee* comme une aventure historique, à la lumière de ses préoccupations avec l'autrefois : « [L]es aventures sont pour les aventureux. Ainsi, une connaissance passive du passé perd tout ce qui fait la valeur de son message » (Whitehead 1993 : 355).

## Bibliographie


Alpern, Stephen I. « Insurgency in Northeast Thailand : A New Cause for Alarm. » *Asian Survey* 15.8 (August 1975) : 684-692.

Bazin, André. *Qu'est-ce que le cinéma?* Paris : Cerf, 2011.

Benjamin, Walter. « Theses on the Philosophy of History. ». *Illuminations*. New York : Schocken Books, 1969 : 253-264.

Boehler, Natalie. « The Jungle as Border Zone : The Aesthetics of Nature in the Work of Apichatpong Weerasethakul. » *ASEAS - Austrian Journal of South-East Asian Studies* 4.2 (2011) : 290-304.

Bordwell, David. *On the History of Film Style*. Cambridge, MA : Harvard University Press, 1997.

Casella, Alessandro. « Communism and Insurrection in Thailand. » *The World Today* 26.5 (May 1970) : 197-208.

Deleuze, Gilles. *Foucault*. Paris : Éditions de Minuit, 1986.

Deleuze, Gilles et Félix Guattari. *L'Anti-Œdipe : Capitalisme et schizophrénie*. Paris : Éditions de Minuit, 1972.

Guattari, Félix. *Cartographies schizoanalytiques*. Paris : Galilée, 1989.

Guattari, Félix. *Les trois écologies*. Paris : Galilée, 1989.

LaPlanche, Jean et Jean-Bertrand Pontalis. *Vocabulaire de la psychanalyse*. Paris : PUF, 1967.

Manning, Erin. *Relationscapes : Movement, Art, Philosophy*. Cambridge and London : MIT Press, 2009.

Massumi, Brian. « Deleuze and Guattari's Theories of the Group-Subject, Through a Reading of Corneille's *Le Cid.* » *Discours Social/Social Discourse* 1.4 (Winter 1988) : 423-440.

Massumi, Brian. *Semblance and Event : Activist Philosophy and the Occurrent Arts.* Cambridge, Massachusetts and London : MIT Press, 2011.

Mullino Moore, Mary Elizabeth. « Imagine Peace : Knowing the Real – Imagining the Impossible. » Ed. Jay B. McDaniel and Donna Bowman. *Handbook of Process Theology.* St. Louis, MO : Chalice, 2006 : 201-216.

Quandt, James. *Apichatpong Weerasethakul.* Vienna : Synema Publikationen, 2009.

Rithdee, Kong. « Thailand passes controversial film act. » *Variety.* December 20, 2007. http://variety.com/2007/film/news/thailand-passes-controversial-film-act-1117978081/.

Rosen, Philip. « Nation and Anti-Nation : Concepts of National Cinema in the 'New' Media Era. » *Diaspora* 5.3 (1996) : 386-391 and 391-393.

Stengers, Isabelle. « Beyond Conversation : The Risks of Peace. » *Process and Difference : Between Cosmological and Poststructuralist Postmodernisms.* Ed. Catherine Keller and Anne Daniell. Albany : State University of New York Press, 2002 : 235-255.

Thomas, M. Ladd. « Communist Insurgency in Thailand : Factors Contributing to Its Decline. » *Asian Affairs* 13.1 (Spring, 1986) : 17-26.

Watson, Janell. *Guattari's Diagrammatic Thought : Writing Between Lacan and Deleuze.* London and New York : Continuum, 2009.

Weerasethakul, Apichatpong. « The Memory of Nabua : A Note on the Primitive Project. » *Apichatpong Weerasethakul.* Ed. James Quandt. Vienna : Synema Publikationen, 2009 : 192-206.

Weerasethakul, Apichatpong. « The Folly and Future of Thai Cinema Under Military Dictatorship. » *Apichatpong Weerasethakul.* Ed. James Quandt. Vienna : Synema Publikationen, 2009 : 178-181.

Whitehead, Alfred North. *Aventures d'idées.* Trad. Jean-Marie Breuvart et Alix Parmentier. Paris : Cerf, 1993.

Whitehead, Alfred North. *Procès et réalité. Essai de cosmologie.* Trad. D. Charles, M. Elie, M. Fuchs, J.-L. Gautero, D. Janicaud, R. Sasso, A. Villani. Paris : Gallimard, 1995.

*Apichatpong a toujours déclaré être un grand admirateur du cinéma de Tsai Ming-Liang. Outre le fait qu'ils viennent tous deux de l'Asie du Sud-Est, ces cinéastes partagent un* souci de l'opacité *qui imprègne leur geste cinématographique et suggère des préoccupations éthiques et esthétiques communes. La lenteur a-dramatique qui caractérise leur cinéma ainsi que leur refus multiforme des mises en intrigue conventionnelles questionnent en profondeur notre relation constitutive aux images et aux espaces en transformation accélérée du capitalisme global. Ces caractéristiques contribuent à produire une durable impression d'opacité. Suivant la définition paradigmatique d'Aristote, le drame est en effet une* élucidation *d'une situation, une manière de la rendre intelligible. Mais ce qui importe à l'un comme à l'autre consiste plutôt, selon les mots de Tsai, à « protéger l'obscurité des caractères, des relations et des choses ». Comment devrions-nous envisager la teneur « conservatrice » et élastique de leur geste filmique? Quelle sorte d'outils conceptuels et d'approches analytiques faut-il adopter afin que l'obscur et le vague, que les « mystérieux objets à midi » qui peuplent leur cinéma ne soient pas expliqués et réduits? En quoi leur cinéma résiste-t-il au simple désir de signifier dans le but de proposer des énigmes temporelles et visuelles renouvelées? Comment nourrissent-ils des zones de non-connaissance et de désœuvrement qui participent à des agencements écosophiques d'une plus grande complexité?*

*Ce serait mal comprendre le cinéma d'Apichatpong que de croire qu'il cherche à nous* mystifier*. Au contraire, son cinéma vise, jusqu'au cœur de la nuit, à laisser le monde être en toute transparence de cause. C'est un cinéma de la trans-apparition.*

*En ce sens, je crois qu'il faut envisager son cinéma à la manière d'une invitation à vivre la vie comme une initiation. Mais une initiation à quoi? Pas tant à une doctrine sur la processualité du monde ou la teneur non discursive de l'événement, qu'à quelque chose comme la vie elle-même, la vie-qui-vit, imaginale, haptique et doucement ensorcelée.*

Érik Bordeleau

# Percoler l'élusif : Rêve et histoire dans le projet *Primitif* d'Apichatpong

> La théorie que j'avance admet un plus grand mystère ultime et une ignorance plus profonde. Le passé et le futur se rencontrent et se mêlent dans un présent mal défini. Le passage de la nature qui est seulement un autre nom de la force créatrice de l'existence, n'a pas cet étroit rebord de présent instantané défini, à l'intérieur duquel il opère. Sa présence efficace qui pousse maintenant la nature en avant, doit être cherchée à travers le tout, dans le passé reculé aussi bien que dans la plus étroite étendue de la durée présente. Peut-être aussi dans le futur non réalisé. Peut-être aussi dans le futur qui pourrait être, non moins que dans le futur actuel qui va être.
>
> *Alfred N. Whitehead (1998 : 88)*

> Movies are a form of black magic. It's instinctive.
>
> *Apichatpong Weerasethakul (Pansittivorakul 2006)*

## D'une esthétique naturelle du mystère

Les choses sombres et mystérieuses, fantastiques et animées – les films d'Apichatpong Weerasethakul, par exemple – posent un problème particulier à qui veut les aborder par les moyens du discours sans les mutiler. Bien sûr, il convient de ne pas les obscurcir davantage, de ne pas en faire un traitement mystifiant ou « obscurantiste »; mais il importe tout autant de ne pas les élucider indûment, et d'aménager pour elles des modes d'apparition qui préservent leur opacité relative, leur manière propre de se mouvoir et d'inviter à la rencontre. De prolonger donc, par le biais d'une analyse qui enveloppe autant qu'elle explique, ce qui en elles nous é-meut et nous appelle à l'*expérience,* au sens à la fois large et rigoureux que les empiristes radicaux donnent à cette notion. Chez William James, chez Alfred North Whitehead ou chez John Dewey en effet, le concept d'expérience porté à sa pleine puissance – « rien que l'expérience, mais toute l'expérience », dira James – traverse les limites de la conscience ou de la subjectivité, pour reconfigurer en profondeur notre rapport à la connaissance, et peut-être plus encore, à l'inconnaissance. C'est ainsi que, sans désir aucun d'offusquer, Whitehead pourra écrire que son concept de nature « admet un plus grand mystère ultime et une ignorance plus profonde » (Whitehead 1998 : 88), ou encore définir la philosophie comme une activité mystique qui, au nom d'un constant renouvellement de la pensée et de la société, explore l'indicible sans jamais renoncer aux exigences de la rationalité[1]. Pour John Dewey de même, la philosophie doit se garder de la facilité du clair et distinct qui convient si bien au point de vue de la connaissance catégorielle. Dans un mouvement de pensée qui préfigure et justifie les trajectoires spontanément transdisciplinaires et joyeusement in-disciplinées qui définissent le domaine de la recherche–création, Dewey nous invite à ne pas écarter d'emblée les éléments vagues et obscurs qui peuplent notre expérience afin de rester attentifs aux potentiels qu'ils comportent[2].

C'est dans cet esprit « naturaliste » que j'aimerais aborder le cinéma d'Apichatpong, et plus particulièrement son projet *Primitif*. Au contact des images fascinantes et élusives qui peuplent son cinéma, ces considérations philosophiques à propos de la conception empiriste et spéculative de l'expérience, et la manière dont celle-ci s'arrime au passage à la nature entendue comme force créatrice, suggèrent quelque chose comme une *esthétique naturelle du mystère* ou, par extension, une nature mystique de l'esthétique. Comment ne pas écarter (*explaining away*) au nom d'une exigence de lisibilité le vague et le distinct-obscur qui insiste dans chacune de nos expériences esthétiques? Comment rendre compte de cette part d'inconnu qui en elles nous interpelle et nous attire, souvent sans que l'on sache pourquoi? Peut-être en va-t-il de leur *allure*, de ce mouvement plus ou moins virtuel qui nimbe certaines choses ou certains gestes d'une puissance propositionnelle inédite. Car dans le mot allure, il faut bien sûr entendre cet élan qui traverse un être et le caractérise, cette sorte de signature évanescente – un style – chargée d'une force de propulsion affective qui invite à librement s'y lier; mais aussi, à l'inverse ou suivant le creux d'une étymologie que le français dissimule mais que l'anglais laisse affleurer, il importe également de souligner comment ce mot révèle un jeu de captures et de prises, comment la captivante allure agit comme appât pour le sentir ou *lure for feeling*. Cette idée d'une efficace propositionnelle en prise directe sur le sensible est au cœur de la pensée de Whitehead. Elle concerne la manière dont une proposition (esthétique, mais pas seulement) agit comme attracteur de nouveaux sentirs et vecteur pour des devenirs. Pour Whitehead en effet, chaque sentir propositionnel est l'occasion d'une modification dans l'expérience, d'une bifurcation qui potentiellement fait événement et pourra faire l'objet d'une reprise. « L'accueil des propositions », explique Isabelle Stengers dans son monumental *Penser avec Whitehead,* « fait sentir, fait penser, fait parler, bref devient, sur les modes les plus divers, ingrédients des expériences qui lui succéderont » (Stengers 2002 : 462). Cet accueil par lequel la proposition prend sens et chair, Stengers prend bien soin de préciser que la proposition elle-même ne l'explique pas. C'est à cette condition qu'il y a mystère et surexistence, « ignorance plus profonde » et rencontre, avec tout ce que cela suppose d'ouverture, de contingence et d'indétermination.

Ainsi donc, comme pour le beau mot d'agencement, lequel suggère à la fois l'élégance de ce qui est bien assorti et le travail sous-jacent de la mise en commun d'éléments hétérogènes, le mot allure évoque à la fois l'aisance pour ainsi dire sur-naturelle des enveloppements réussis et, en sous-main, la fine découpe matérielle qu'instaure le jeu d'entre-captures par lesquelles les devenirs passent effectivement. Des effets qui portent et transportent donc, et des techniques qui leur sont propres. C'est dans cette perspective aux abords de la philosophie et d'un reste de pensée théologique que je me propose d'explorer plus avant l'efficace propositionnelle du geste filmique d'Apichatpong, en m'attachant plus particulièrement à l'importance qu'il confère au rêve dans sa conception et sa pratique du cinéma, et aux effets éthopoïétiques qui en découlent.

## D'un fantastique qui se contente de faire tomber la nuit dans le jour

> Malgré tous vos efforts pour que, parlant de l'obscur nous n'ayons pas à évoquer la lumière…
>
> *Maurice Blanchot (1969 : 43)*

Apichatpong dit du cinéma qu'il est une forme de magie noire; qu'il est essentiellement instinctif. En effet, son cinéma nous plonge et opère dans l'élément subtil : il développe une manière bien à lui de faire apparaître et disparaître ce qui est, de *subtiliser* le réel pour ainsi dire, par les moyens oniriques spécifiques au cinéma. C'est que le cinéma d'Apichatpong induit une mise en suspension de toute chose. Il regorge d'états virtuels et fugaces, d'entre-mondes transitoires où se rencontrent les vivants et les morts, de moments de grâce charnels aussi (qu'on pense à la sublime insouciance de *Blissfully Yours,* à la langueur de *Mekong Hotel*). En ce sens, il semble tout entier dévoué à faire éprouver les insensibles méandres du passage du temps, le caractère labile et indéfini du présent.

Le cinéma d'Apichatpong semble merveilleusement répondre à la fine interrogation de Blanchot : « comment découvrir l'obscur sans le découvrir? » Car rarement un cinéaste aura si bien su filmer et la jungle et la nuit, exigeant le plus doucement du monde que nous nous y abandonnions, pour qu'elles puissent enfin nous traverser. Médiation active de l'obscur-à-vivre; mystérieuse passivité de l'immédiateté vécue. La brume tropicale – pour ne pas dire le nuage – d'inconnaissance[3] dans laquelle baigne chacun des films d'Apichatpong invite à la contemplation, au sens éminemment sensible et créatif que lui donne Deleuze et Guattari : « Contempler, c'est créer, mystère de la création passive, sensation. La sensation remplit le plan de composition, et se remplit de soi-même en se remplissant de ce qu'elle contemple : elle est "enjoyment", et "self-enjoyment" » (Deleuze et Guattari 1991 : 200)[4]. Ce mystère de la création passive est un ingrédient essentiel de toute relation *active* au futur ou, plus précisément, à la futurité. Commentant ce passage déterminant de *Qu'est-ce que la philosophie?,* Agamben soulignera la nécessité de concevoir l'obscurité non pas simplement comme privation de lumière, mais comme quelque chose qu'il faut être capable de produire et d'articuler – une ligne d'erre ou une « nuit de l'âme », ainsi que l'indique l'expérience des mystiques[5].

Tilda Swinton décrit avec une touchante acuité le mystère transparent et sans apparat qui imprègne les films d'Apichatpong, cet appel à faire l'épreuve (impersonnelle) de la nuit comme forêt, et de la forêt comme nuit. Il en va, pour la célèbre actrice, d'un cinéma considéré comme vecteur d'une vie initiée aux charmes raffinés de l'involontarisme :

> I wish I could show my children these films, although I know we won't for some years. I feel they would settle them, give them a *divining rod for the future,* when

> the light might trick them into thinking editing is the answer to a sense of real power in life.
>
> But I am patient. It's bigger children that need *these archeological remnants of sentient – cohesive – possibilities, of post-choice harmony,* these reminders of the natural order of gesture, of faith, of acceptance. [...] The forest binds the soul and holds it, safe and wild, in his cinema. I am deeply besotted with that particular wilderness. (Cousin and Swinton 2009 : 11)

Cette citation ouvre de nombreuses pistes sur le seuil du futur antérieur et de l'éthopoïétique auxquelles je reviendrai dans la dernière section de cet essai. Je me contenterai pour l'instant de relever comment Swinton lie gracieusement présent, futur et passé au sein d'un geste archéologique porté par la possibilité d'une harmonie qui résorbe, au moins partiellement, les excès de volontarisme auxquels les « lumières » modernes nous incitent. Il en va d'un art de l'attention immanente – d'une conduite des esprits – qui sait résister aux narrations causales qui font simplement découler le présent du passé, pour laisser les événements arriver de là où ils viennent, c'est-à-dire d'un futur toujours déjà im-pliqué dont il s'agit de pressentir les effets, à la manière du sourcier. C'est sur ce seuil subtil et nécessairement élusif que le réel fait recharge de fantastique, frange nocturne et sauvage par laquelle les esprits, et pas seulement ceux qui transitent par les films d'Apichatpong, sont toujours à venir, toujours en train « d'arriver ». En tant qu'événements discrets mais néanmoins insistants, ceux-ci en effet *compliquent* notre rapport au temps, font territoire et appellent au multiple. L'effet nocturne et forestier du cinéma d'Apichatpong réside dans cette patiente et attentive *disposition d'esprits*.

« Peut-être le cinéma n'est-il jamais aussi fantastique que lorsque le fantôme, avant de prendre corps, se laisse pressentir, quand l'invisible est rendu à peine perceptible [...] » (Leutrat

1995 : 59). Dans le cinéma d'Apichatpong, l'invisible s'amasse en secret; les spectres vont et viennent, sans drame et sans effroi. Ils participent d'un « fantastique subtil, celui qui, au mépris de toute manifestation surnaturelle, constitue le réel, l'ordinaire, le quotidien en apparition, en épiphanie, en fantôme – voire [...] en cadavre sous le linceul » (Leutrat 1995 : 101). Si Apichatpong accorde une place aussi déterminante à la nuit, ce temps par excellence des métamorphoses et des transformations, il prend d'ailleurs bien soin de nous rappeler que les fantômes n'apparaissent que dans des conditions liminaires, spécifiquement « entre chien et loup » (Apichatpong 2009 : 192). Les films d'Apichatpong se reconnaissent à leur caractère à la fois initiatique et fondamentalement a-dramatique – à leur manière de se contenter de faire doucement tomber la nuit dans le jour, pour ainsi activer le seuil minimal, liminal et éventuellement magique, du cinéma.

## Le projet *Primitif*

> La faculté de rêverie est une faculté divine et mystérieuse; car c'est par le rêve que l'homme communique avec le monde ténébreux dont il est environné.
>
> *Charles Baudelaire (1869 : 316)*

*Oncle Boonmee, celui qui se souvient de ses vies antérieures* fait partie d'un projet plus large intitulé *Primitif,* qui inclut une installation éponyme, deux courts métrages – *Lettre à Oncle Boonmee* et *Fantômes de Nabua* –, ainsi qu'un livre d'artiste. Le projet s'intéresse aux enjeux de l'extinction et de la mémoire et se déroule dans le nord-est de la Thaïlande, une zone qui a connu une forte répression anti-communiste. Dans un entretien avec James Quandt, Apichatpong confie que c'est nul autre que Benedict Anderson qui l'a persuadé de voyager dans le nord-est de la Thaïlande afin d'approfondir l'histoire tourmentée de sa région d'origine.

Des années 1950 jusqu'au début des années 1980, des communistes en provenance du Vietnam et du Laos se sont répandus dans cette partie du pays. Dans les années 1960, Nabua était de fait devenu une « zone rouge », et le gouvernement thaïlandais, appuyé par les Américains, a peu à peu intensifié ses opérations contre une population locale jugée trop sympathique aux intérêts adverses. La répression fut brutale et plusieurs paysans ont dû fuir dans la jungle pour y échapper. Le film fait directement référence à ces violences. Oncle Boonmee dira par exemple que la maladie dont il souffre est le résultat de son mauvais karma, du fait d'avoir tué trop de communistes. Le projet *Primitif* prend aussi racine dans le souci d'Apichatpong concernant les troubles politiques qui ont récemment secoué la Thaïlande. Celui-ci a exprimé à plusieurs reprises sa vision plutôt pessimiste du futur de son pays, et il s'est de plus en plus impliqué dans la lutte contre la censure cinématographique. Cependant, il a souvent tenu à souligner qu'il ne se considère pas spécialement politisé, et que le cinéma demeure d'abord pour lui un moyen d'expression personnelle.

Ainsi donc, le projet *Primitif* peut être légitimement envisagé comme une tentative poétique et cinématographique pour documenter et archiver la mémoire d'un passé tourmenté en voie de disparition. Mais cette lecture tomberait court et ne permettrait pas d'appréhender comme il se doit ce qui est véritablement en jeu dans cette œuvre. En effet, plutôt que de recueillir la mémoire des personnes qui ont vécu de première main les événements traumatiques, Apichatpong a décidé de concentrer son attention sur la vie des adolescents vivant dans le village de Nabua. Il précise :

> Partout où nous allions, il y avait des histoires.
> Un hélicoptère abattu ici, un ami assassiné là, des décapitations ici… Graduellement, juste d'être là sur place est devenu une épreuve intense pour moi. Peut-être trop intense, car je commençais à douter que

> j'étais au bon endroit. [...] La présence des adolescents a rendu l'air plus respirable pour moi. Le projet *Primitif* est rapidement devenu un portrait des descendants mâles des fermiers communistes, libéré de l'empire des fantômes des veuves. (Apichatpong 2009 : 198)

Étrangement, un des principaux éléments du projet consiste en la construction d'un vaisseau spatial en collaboration avec les adolescents du village. Apichatpong, d'ailleurs, est depuis longtemps fasciné par la science-fiction. « J'ai toujours rêvé de faire un film avec un vaisseau spatial, dit-il. Peut-on imaginer un meilleur moment pour faire un tel film en Thaïlande qu'en ce moment? Et d'une certaine manière, Nabua m'a semblé l'endroit tout désigné où ce vaisseau pourrait atterrir et introduire à l'idée d'un grand voyage » (Apichatpong 2009 : 200). Le vaisseau en vient à incarner une dimension de fantastique et de futurité qui complique efficacement la relation plus convenue au passé que nous serions en droit d'attendre d'une œuvre qui s'intéresse à la mémoire refoulée. À l'image du vent de jeunesse et de fraîcheur qu'Apichatpong apprécie tant chez les adolescents de Nabua, le vaisseau spatial crée un appel d'air et permet d'établir une relation plus libre à l'histoire. Comme Karen Newman le suggère, « il nous donne le temps et l'espace pour rêver de nouveau le passé et s'interroger sur ce qui peut être appris pour créer un meilleur futur pour les générations à venir » (Newman 2009 : 152). Pour le dire de façon par trop succincte, c'est cette relation « rêvée » entre le passé, le présent et le futur, si cruciale dans le travail d'Apichatpong – quelque chose comme le *dreamscape* transformateur et transductif au sein duquel son projet se déploie –, qu'il m'intéresse d'explorer plus avant. Le rêve n'agit-il pas comme opérateur vague et mystérieux capable d'induire de nouveaux devenirs, composante essentielle d'un geste filmique spéculatif visant à de nouvelles possibilités d'existence?

## Le cinéma comme extension de l'âme

> Un art n'est jamais simplement un art; c'est toujours en même temps une proposition de monde.
>
> *Jacques Rancière (2011 : 45)*

Plusieurs cinéastes ont décrit le rapport d'extrême proximité que le cinéma entretient avec la dimension onirique de l'existence. Pasolini, par exemple, réitère à divers moments de son parcours le pouvoir du cinéma de donner corps au rêve. Mais à ma connaissance, et même si pour sa part Abbas Kiorastami se félicite que les gens s'endorment durant la projection de ses films, personne n'est allé aussi loin (à part peut-être David Lynch?) qu'Apichatpong dans l'exploration de la dimension onirique du cinéma. On peut affirmer sans trop de risque qu'avec celle de fantôme, le rêve est la principale notion à partir de laquelle il décrit son entreprise cinématographique, et autour de laquelle s'articule son rapport poétique à l'histoire et aux dimensions enchevêtrées du temps. Discutant du projet *Primitif*, Apitchapong raconte : « The teenagers provided me with the future of the place. When I went there, it was very much like a performance : you don't know what to do. You just go there and work with them to create dreams. *In dreams you can't take control*. So it's like a collaborative dream-making » (Kim 2011 : 50; je souligne). Notons l'importance conférée au rêve en tant qu'espace élusif qui échappe au contrôle de la volonté, et où s'opère le raccord des désirs et des existences de chacun. Rêver donc, ce serait atteindre au point où la réalité cesse d'être un principe, l'espace au sein duquel il devient possible d'entrer en résonance et d'élaborer des harmoniques collectives encore inconnues. Toutefois qui se laisse prendre dans la libre trajectoire d'un rêve s'ouvre sans doute à de nouveaux possibles, mais court aussi le risque d'une profonde remise en question, voire d'une déréalisation radicale. Peut-être est-ce contre cette possibilité que souvent nous nous défendons, comme l'a suggéré l'anthropologue Eduardo Viveiros de Castro dans le cadre d'une critique contre l'anthropocentrisme négatif du réalisme spéculatif. Citant son ami chaman Ravi Kopenauer, il dit : « Les Blancs dorment beaucoup, mais ne rêvent que d'eux-mêmes. » Et peut-être est-ce mieux ainsi, ou enfin, peut-être est-ce une mesure de protection bienvenue, parce qu'à en croire Deleuze, le rêve est le lieu de terribles prédations. Mieux vaut rêver à soi-même que de ne pas rêver du tout, semble-t-il nous dire dans sa conférence « Qu'est-ce que la création? » de 1987, dans la mesure où ainsi nous nous trouvons protégés contre le rêve d'autrui. Car, affirme-t-il, « dès qu'il y a rêve de l'autre il y a danger. À savoir que le rêve des gens est toujours un rêve dévorant qui risque de nous engloutir ». Dans le rêve en somme, il en va du devenir de notre âme. Nous voilà prévenus.

Pas de rêve véritable en effet qui ne soit aussi pétri du danger de perdre prise. C'est là la condition *sine qua non* de toute transformation existentielle, et ce n'est qu'à ce prix que se profile la possibilité, fragile et risquée, d'être initié au rêve d'autrui. Dans les dernières pages de *Penser avec Whitehead,* sans doute parmi les plus belles de toute son œuvre, Isabelle Stengers évoque ces interstices, en-deçà des mots d'ordre et des représentations régulées, où les rêves de chacun, anonymes, se rencontrent :

> Seul celui qui rêve peut accepter la modification de son rêve. [...] Et si l'échange est possible, si, parfois, événement foncièrement anonyme, un rêve peut induire la modification d'un autre, ou en évoquer un autre, c'est dans la mesure où leur point de jonction est toujours un point de tangence : ni heurt frontal entre pouvoir rivaux, ni engloutissement dans le rêve de l'autre, ni confusion en un banal rêve de pouvoir, mais mise en résonance locale désignant des passés composés d'accomplissements divergents et des futurs répondant à des épreuves distinctes. (Stengers 2002 : 570-571)

Plusieurs pistes de réflexion s'ouvrent ici. Ce qui m'intéresse en premier lieu, c'est la manière dont le rêve apparaît comme lieu d'une mise en commun *différentielle,* c'est-à-dire où les éléments dissemblables qui s'y rencontrent trouvent la possibilité d'un nouvel agencement. La mise en résonance locale dont Stengers fait état est communication d'hétérogènes; et on sent bien dans le passage cité combien il lui importe de faire entendre comment chacun des éléments mis en variation dans le rêve n'entre jamais dans un simple processus de fusion collective. Souci proprement « cosmopolitique », qui correspond à « la coprésence problématique des pratiques : l'expérience, toujours au présent, de celui en qui passe le rêve de l'autre » (Stengers 2003 : 355).

Le rêve tel que Stengers le définit constitue une composante déterminante de tout agencement chargé d'une puissance métamorphique. Il offre la possibilité – littérale et pas du tout métaphorique – d'une composition entre des êtres à partir de ce qui en eux, plus ou moins volontairement, sur le seuil distinct-obscur de leurs désirs, s'offre à la rencontre. Mais comment le rêve d'Apichatpong et ceux des adolescents de Nabua passent-ils en nous? Par le cinéma, bien sûr, cet art dont Deleuze et Guattari disaient à juste titre qu'il est particulièrement apte à se saisir de la naissance des délires et du temps des éclosions, « précisément parce qu'il n'est pas analytique et régressif, mais explore un champ global de coexistence » (Deleuze et Guattari 1972 : 326). C'est ainsi qu'il faut entendre, avec toute la considération technique qu'il se doit, cette précieuse indication d'Apichatpong concernant le rapport entre rêve et cinéma : « Thus cinema can be a phantom in this sense : because it's something that you really need to dream. Cinema is a vehicle we produce for ourselves and as part of us. It's like an extension of our soul that manifests itself » (Kim 2011 : 52). Cette affirmation confirme l'impression générale qui se déprend des films d'Apichatpong, à savoir que, chez lui, rêve et cinéma se trouvent activement plongés dans un rapport de mise en indétermination réciproque. Cela expliquera la puissance de contagion de son cinéma, c'est-à-dire sa capacité unique à modifier en profondeur l'ensemble de nos perceptions. C'est en ce qu'il rêve le médium cinéma et lui fait atteindre des degrés de défocalisation[6] inédits qu'Apichatpong arrive à opérer directement sur l'élément subtil; à instaurer des ambiances capables de troubler durablement notre sens du partage entre le réel et l'imaginaire, d'infléchir en des directions insoupçonnées notre rapport au visible et à ce qui ne l'est pas.

Nous sommes désormais en mesure de problématiser plus finement le rapport entre le rêve et la tension qu'il entretient avec la positivité de l'histoire et son effet d'étouffement, comme Apichatpong en témoigne dans son choix de travailler principalement avec les adolescents de Nabua. Ce rapport, chez Apichatpong, est particulièrement complexe, dans la mesure où, comme chez tout grand cinéaste, il implique une réflexion sur le cinéma comme médium technique et une dimension proprement existentielle, où il en va *effectivement* de notre âme. Ou mieux : chez Apichatpong, la réflexion sur le médium est indiscernable de considérations somme toute spirituelles qui ne manquent pas d'étonner et que certaines de nos habitudes critiques tendent à vouloir laisser de côté. À ce point précis, l'héritage du pragmatisme spéculatif, avec sa conception élargie de l'expérience, se montre d'un grand secours. Qu'est-ce qu'Apichatpong veut dire en effet lorsqu'il affirme que le cinéma est quelque chose « qui fait partie de nous » et qu'il est « comme une extension de notre âme qui se manifeste »? À première vue, on dira qu'il veut simplement signifier que le cinéma est pour nous une manière de nous exprimer. Mais exprimer quoi au juste? Notre « intériorité »? Nos « émotions »? Notre « âme »? Par un surprenant détour par le biais du bouddhisme, la pratique cinématographique d'Apichatpong se révèle être aussi immanentiste que possible, recoupant de près l'idée deleuzienne selon laquelle « le cerveau, c'est l'écran » (Deleuze 2003). Apichatpong, en effet, affectionne tout particulièrement cette anecdote, que James Quandt a choisi de placer sur le rabat de la page de couverture du livre sur Apichatpong qu'il a édité : « A monk recently told me that meditation was like filmmaking. He said when one meditates, one doesn't need film. As if film was an excess. In a way he is right. *Our brain is the best camera and projector. If only we can find a way to operate it properly* » (Quandt 2009 : 184; je souligne)[7]. Lorsque Deleuze a prononcé cette phrase devenue célèbre (« le cerveau, c'est l'écran »), il avait en vue les développements de la biologie moléculaire, qu'il faisait jouer contre les modèles linguistique et psychanalytique d'analyse cinématographique. Désireux d'établir un continuum entre le cerveau du spectateur et l'écran du cinéma, il voulait mettre en évidence la manière dont les images en mouvement tracent et retracent, immédiatement pour ainsi dire, les circuits cérébraux[8]. Par un étrange retournement de la situation, l'image de pensée proposée par Apichatpong fait elle aussi indirectement écho aux développements récents des neurosciences, si intéressées à percer le mystère des effets bénéfiques des pratiques de méditation sur le fonctionnement du cerveau. Apichatpong dit d'ailleurs s'être toujours intéressé à l'activité de l'esprit humain. Il travaillerait même à un projet de film dans lequel des gens seraient en proie à une maladie du sommeil, occasion d'explorer l'influence de la lumière du jour sur la mémoire et les rêves[9].

Mais de prime abord, rien n'indique que cette remarque d'Apichatpong soit même de loin compatible avec les coupes et découpes de l'animisme machinique de Deleuze et Guattari[10], ou avec une exploration plus standard des rapports entre cinéma et sciences de la cognition. Au contraire, sa teneur spiritualisante laisse penser que le cinéma, en tant que technologie médiatique, est simplement superflu. Si seulement nous savions entrer suffisamment en nous-mêmes, si seulement notre rapport au monde n'était pas aussi distordu et aliéné, alors nous n'aurions pas besoin de support mémoriel ou d'organe externe de projection – nous pourrions, en somme, nous passer du dispositif cinéma. Voilà, *en substance,* ce que le moine bouddhiste semble dire, et à quoi Apichatpong semble acquiescer : l'humain est certes un être prothétique, mais il pourrait en être autrement pour peu que l'on retrouve la voie d'un usage intégral de nos facultés spirituelles.

Ce rapport apparemment conservateur, voire réactionnaire, aux technologies médiatiques est d'ailleurs renforcé par les « sentiments mêlés » d'Apichatpong eut égard aux rapports entre bouddhisme et cinéma. Immédiatement avant l'extrait d'entretien cité précédemment, Apichatpong confie en effet : « I have this conflicting feeling because sometimes I think filmmaking contradicts Buddhism. It is not about looking into yourself, but about making an illusion of that process » (Quandt 2009 : 184). Mais si nous résistons un tant soit peu à la compulsion de clouer au pilori du posthumain et du transformisme les scrupules d'Apichatpong, peut-être se révèlera-t-il une nouvelle perspective propre à enrichir notre écologie des pratiques médiatiques et de l'esprit. Pour ce faire, il faut accepter de prendre au sérieux le souci exprimé par Apichatpong. Et que dit-il au juste? Que le cinéma, en tant que pratique artistique qui s'assimile au mouvement d'introspection, peut mettre l'âme à mal. Car une âme se définit du risque de la perdre. Elle peut être déchirée, dispersée, réduite, oubliée. Elle peut aussi être sauvée. L'âme et ses incessantes mises au foyer. Avoir une âme, c'est être aux prises avec cet étrange et improbable défi d'envisager des possibles par lesquels peupler le présent et rendre la vie habitable. L'âme telle qu'elle est ici comprise n'a rien de substantiel, si par là on entend qu'elle comporterait une sorte de noyau stable et immuable auquel il suffirait de se tenir et de *revenir* (nous « reviendrons » dans quelques instants à la consistance propre au mouvement de retour). Si elle est *essentielle,* c'est au sens dynamique et monadologique du terme, en ce qu'elle désigne un minima d'appartenance, un seuil de localité, une vulnérabilité différentielle – l'intériorité expressive d'un pli[11]. Dans le langage technique du pragmatisme spéculatif, « l'âme est un mode de fonctionnement qui arrive à l'occasion, pas la vérité ultime de notre expérience »[12]. En d'autres mots, comme l'a souligné Whitehead avec sa sobriété et sa rigueur usuelles, nous *devenons* des âmes – à cet égard, nul doute que les propositions cinématographiques d'Apichatpong y contribuent de manière proprement fantastique et inouïe. L'âme, dans cette perspective, témoigne donc de ce que nous soyons (devenus) capables d'entretenir des possibles en tant que tels, avec les craintes, les espoirs, les enthousiasmes et les hésitations qui leur sont corollaires. Elle rend compte du fait que nous nous trouvons en situation de rencontrer et d'accueillir des propositions comme autant d'abstractions à vivre, comme autant d'*abstractions vécues* :

> L'âme n'est pas définie par ses limitations, mais bien plutôt par ce que nous nommons "bonds de l'imagination", non plus communauté d'intuition, appropriation, mais devenirs, suscités par ce qui ne saurait les expliquer, par la prolifération désormais expérimentée comme telle de ces existants que sont les propositions. (Stengers 2002 : 490)

Ainsi donc, dans l'optique du pragmatisme spéculatif, prendre soin de soi et de son âme, c'est d'abord prendre soin de ses modes d'abstraction. Le cinéma est un mode d'abstraction; et la méditation aussi[13]. Et l'on peut aborder l'un comme l'autre par leur versant mystique, si seulement on accepte de considérer que le mystique est toujours déjà aussi affaire de techniques d'existence, avec les possibilités de plénitude affective et de justesse qui leur sont propres. Peirce semble d'ailleurs suggérer quelque chose de cet ordre lorsqu'il affirme : « The greatest point of art consists in the introduction of suitable abstractions » (Massumi 2001 : 15).

Ce n'est qu'à l'intérieur de ce cadre conceptuel élargi qui intègre d'un même souffle considérations techniques et spirituelles que nous pouvons, me semble-t-il, rendre pleinement justice à l'efficace propositionnelle de cette *vue de l'esprit* proposée par Apichatpong à travers l'anecdote du moine bouddhiste. Dans le geste filmique d'Apichatpong, il en va d'un *faire retour* dans l'histoire/dans le temps – le défi spécifique, voire paradoxal, nous échéant étant de concevoir ce mouvement rétrospectif et, du moins en apparence, empreint de nostalgie en tant que mode particulier d'abstraction. En d'autres mots, il s'agit de se donner les moyens d'un traitement technique et spéculatif de la question du faire-retour, à la fois sur les plans éthopoïétique (le faire-retour comme *composante sédentaire* essentielle d'un devenir-âme et d'un souci de soi ritournelle) et cinématographique (le cinéma comme machine à re-monter (dans) le temps). C'est qu'au cœur du projet *Primitif* – le nom déjà en signale l'intention – s'exprime le désir de ramener le cinéma à son origine, « avant que l'image ne bouge, avant qu'elle ne devienne image en mouvement »; il s'y déploie, nous dit Apichatpong, « une sorte de dénouement [*unraveling*] du dispositif afin de remonter à un temps où la technologie ne médiatisait pas encore la façon dont les gens se rappelaient et entraient en relation avec le passé » (Carrion-Murayari et Gioni 2011 : 26).

Ainsi donc, si Apichatpong accorde une telle valeur à l'image de pensée d'un cerveau qui serait à la fois écran et projecteur, c'est parce qu'elle nourrit la possibilité, mise en œuvre au sein du projet (ne serait-ce que par le biais de la diversité des médias utilisés), de dé-créer le cinéma afin de renouer avec un temps d'avant les images en mouvement. La promesse de plénitude spirituelle issue d'un usage optimal de nos facultés cérébrales que l'image de pensée bouddhique laisse entrevoir (on peut d'ailleurs se demander si elle aurait la même efficace advenant qu'elle n'ait pas été émise par un moine pratiquant) dégage un espace de pensée autour du médium cinématographique et de sa relation complexe et enchevêtrée au temps. Elle agit comme appât pour le sentir et commande une adhésion sensible, induisant une divine et disjonctive rêverie qui correspond, tel un précurseur sombre de l'intime, à la fine disposition d'esprits orchestrée par Apichatpong dans son cinéma.

Le cinéma d'Apichatpong est affaire de fabrication d'âmes et de conduite des esprits. Le lent et puissant geste de retour qu'il instaure au fil des images en mouvement jusque sur le seuil historique de leur mise à l'arrêt ou encore les énigmatiques dédoublements qui prolifèrent à divers endroits de son cinéma constituent autant de procédés de multiplication de vortex oniriques et autres foyers animiques. Et c'est précisément de ce point de vue, du point de vue d'un animisme machinique attaché tout autant à la spécificité de son médium qu'à la possibilité de le rêver, qu'Apichatpong envisage les transformations technologiques qui affectent sa pratique, à saine distance tant de la bêtise critico-technophile que de toute nostalgie larvée.

> Cinema is a vehicle we produce for ourselves and as part of us. It's like an extension of our soul that manifests itself. Concerning new technology, the soul is changing and I don't think it's naturally good or bad way. It's just changing and we need to pay attention to how it influences cinema. I don't make a strict judgment of what's going to die in cinema. I wanted to express my longing for the old Thai cinema in *Uncle Boonmee,* but my aim was less to revive the old cinema itself, than invite the audience to realize what was there before. (Kim 2011 : 52)

## Du geste archéologique comme usage de l'aller et du retour

> Mais le futur n'est obscur que de l'extérieur. Plonges-y – et la Lumière l'explose.
>
> *Mina Loy (1996 : 149)*

> Revenir est l'être, mais seulement l'être du devenir.
> *Gilles Deleuze (2011 : 59)*[14]

Dans l'extrait de la lettre adressée à Mark Cousin cité précédemment, Tilda Swinton évoque les effets éthopoïétiques de l'obscurité sauvage qui enveloppe le cinéma d'Apichatpong. Ses films préserveraient dans leurs profondeurs des réserves de nuit à « découvrir sans les découvrir »; des nappes de temps archéologiques et virtuelles à approcher avec la circonspection du sourcier, comme autant de zones de non-connaissance porteuses de nouvelles « possibilités sensibles » (*sentient possibilities*) pour résister à la tentation du *life editing* et aux coupes un peu trop claires de la volonté. C'est comme si, pour parler avec Giorgio Agamben, « cette invisible lumière qu'est l'obscurité du présent », celle-là même qui émane des films d'Apichatpong, « projetait son ombre sur le passé tandis que celui-ci, frappé par ce faisceau d'ombre, acquérait la capacité de répondre aux ténèbres du moment » (2008 : 40). Le cinéma d'Apichatpong posséderait ainsi l'insigne pouvoir de transformer en voyants ceux qui sont disposés à laisser son transparent mystère les interpeller; à les rendre plus attentifs au mince liséré spirituel qui circonscrit leurs gestes et à la part de non-vécu qui insiste en eux; de faire d'eux en somme, et aussi doucement que faire se peut, des *contemporains*. « Et être contemporains signifie, en ce sens, *revenir à un présent* où nous n'avons jamais été » (Agamben 2008 : 36; je souligne). Mais cela est-il même possible? Comment donc se nouent et se dénouent les forces du devenir et du revenir?

En guise de conclusion, j'aimerais reprendre la question du rêve comme faire-retour et voie royale du self-enjoyment à partir d'un des tous premiers textes publiés par Michel Foucault, une introduction à la traduction française du livre *Le rêve et l'existence* du psychiatre phénoménologue Ludwig Binswanger, et que Giorgio Agamben a revisité à l'occasion de sa réflexion sur le geste archéologique dans *Signatura rerum*. Le texte de

Foucault, qui date de 1954, est dense et complexe. Il porte sur les rapports de l'anthropologie à l'image et à la signification, et propose un dépassement critique de la phénoménologie qui déjà laisse entrevoir le développement subséquent de son œuvre. Un passage de ce texte est déterminant pour notre interprétation du *dreamscape* filmique d'Apichatpong et la tension créatrice qu'il instaure avec l'élément positif de l'histoire. Il va comme suit :

> *Toute imagination, pour être authentique, doit réapprendre à rêver*; et l'art poétique n'a de sens que s'il enseigne à rompre la fascination des images, pour rouvrir à l'imagination son libre chemin, vers le rêve qui lui offre, comme vérité absolue, son "irréfragable noyau de nuit". [...]
>
> *Purifiée au feu du rêve [...] l'image* n'est plus l'image *de* quelque chose, tout entière projetée vers une absence qu'elle remplace; elle est recueillie en soi-même et se donne comme la plénitude d'une présence; elle *ne désigne plus quelque chose, elle s'adresse à quelqu'un.* [...]
>
> Non que le rêve soit la vérité de l'histoire, mais *en faisant surgir ce qui dans l'existence est le plus irréductible à l'histoire,* il montre le mieux le sens qu'elle peut prendre [...]. (Foucault 2001 : 146; je souligne)

Le rêve tel que le décrit Foucault participe de l'émergence d'une liberté pour la fin d'*un* monde; par lui, *le présent vient adressé.* Présence spéculative ou propositionnelle du rêve qui appelle, dans sa radicale inactualité, à un devenir pour l'heure encore sans nom. Car « purifiée au feu du rêve », nous dit Foucault, l'image n'agit plus comme simple désignation ou rappel : elle devient elle-même l'occasion d'un accomplissement. Comme le feu s'empare d'un être, le rêve saisit à vif le composé d'images rémanentes qui fait forme-de-vie pour en tirer une fulgurance nouvelle, une nouvelle possibilité d'existence. Comment ici ne pas penser au magnifique *Phantom of Nabua,* un court métrage qui fait aussi parti du projet *Primitif*? Dans la nuit, un écran, sur lequel des éclairs sont projetés. Puis, peu à peu apparaissent dans la pénombre des adolescents jouant au soccer avec un ballon enflammé. À chaque fois qu'elle est bottée, la boule de feu en vol émet un puissant bruissement hypnotique. L'écran part finalement en flammes, révélant la lumière nue et fantomatique du projecteur dans la nuit, et un spectateur halluciné par tant d'incandescence et d'intensité.

Le rêve en tant que « pointe de présent désactualisée » (Deleuze 1985 : 170) interpole le cours de l'histoire et en dégage une contemporanéité jusque-là inédite. Il se présente ainsi comme espace transindividuel et jouissance d'un *plus à vivre* – effet de propulsion affective inhérent à la plénitude onirique en son incandescente futurité. En dernière analyse, le rêve, dans son adresse singulière au vivant qui erre en nous, à cette vie qui rôde dans les interstices, est force créatrice naturelle, et c'est en ce sens qu'il est « irréductible à l'histoire ». Mais cette adresse est pour le moins paradoxale, dans la mesure où elle est le plus souvent indirecte et élusive, voire même impersonnelle. Comme si la teneur propre du rêve ou de la rêverie, son « irréfragable noyau de nuit », comme le dit si bien René Char, devait demeurer anonyme et impénétrable et ne jamais devenir *matter of concern*, ne jamais tout à fait nous concerner; comme si le rêve – celui d'Apichatpong en l'instance – pouvait tout aussi bien ne pas nous saisir et nous émouvoir, et pas seulement parce qu'il ne peut nous atteindre que par la grâce incertaine de sa mise en œuvre cinématographique. Le geste archéologique relève le caractère essentiellement *précaire* du rêve comme élément d'un art d'exister.

*Oncle Boonmee, celui qui se souvient de ses vies antérieures* raconte l'histoire d'un homme atteint d'une maladie rénale et dont l'heure ne tardera pas à venir. En témoignent ces fantômes et ces esprits qui affleurent de plus en plus nombreux au fur et à mesure que la mort approche, comme s'ils venaient marquer de leur présence labile le seuil de moins en moins perceptible entre les vivants et les morts. Le film induit une impression de flottement et de rêverie, alors que nous dérivons d'une vie antérieure à une autre, comme autant de passés non vécus ou de vies potentielles dont il importe finalement peu de savoir à qui les attribuer. Remarquable effet de décentrement a-subjectif par lequel s'efface tout naturellement la limite entre l'homme et l'animal ou son environnement, suivant le principe d'une « transmigration des âmes entre les humains, les plantes, les animaux et les fantômes », comme Apichatpong le souligne dans l'*artist statement* qui accompagne l'œuvre. Dans ce monde éminemment poreux et fluide, merveilleusement écosophique, les modes d'adresse s'entrecroisent et se multiplient. Ils composent un plurivers fantastique et luxuriant dans lequel chaque élément, réel ou imaginaire, constitue une nouvelle perspective; un surplan transindividuel dans lequel évolue les êtres qui, comme l'indique Frédéric Neyrat dans une belle réflexion sur le fantastique et « la constitution de *nos* dehors », « sont passés de la déchirure du monde à la vie cinématographique » (2013).

Au moment de sa mort, Oncle Boonmee se retire avec sa famille dans une grotte. Il se voit pris d'une étrange vision : un monde dystopique à venir dans lequel une autorité a le pouvoir de faire disparaître les « gens du passé » en les « éclairant ». Cette vision est racontée alors que défilent des images immobiles qui interpolent le cours du film, une série de photographies troublantes et lo-fi qui montrent des adolescents habillés en uniformes militaires posant fièrement après avoir attrapé un fantôme (lequel, comme dans le reste du film, prend la forme d'une sorte de gorille). On reconnaît là les fameux adolescents de Nabua malgré que, pour qui ne connaît pas le reste du projet *Primitif,* cela ne se sache pas. Boonmee explique ainsi en voix off que « la lumière projette des images d'eux sur un écran à partir du passé jusqu'à ce qu'ils arrivent dans le futur. Une fois que ces images apparaissent, ces "gens du passé" disparaissent ».

Comment faut-il comprendre cette allégorie plutôt mystérieuse d'une disparition par les moyens de la projection photographique ou cinématographique? Le cinéma n'a-t-il pas au contraire la capacité de conserver mieux qu'aucun autre art les traces et présences du passé? Apichatpong nous fournit un indice important dans notre tentative de résoudre cette énigme lorsqu'il souligne que cette séquence du film se déploie dans la perspective d'un futur du passé, c'est-à-dire d'un *futur antérieur.* On y pressent là encore une convergence de sa réflexion sur le médium cinématographique et de sa prégnante conception du rêve, et leur incidence réciproque sur la manière de nous rapporter à l'histoire en cours et au temps passé. Parlant de cette séquence dans un entretien, il dit :

Pour moi, c'est l'endroit où Oncle Boonmee et moi nous confondons, parce que ce qu'il raconte, c'est mon propre rêve. [...] Ça parle du futur, mais en même temps, il y a de fortes connotations avec le présent. D'une certaine manière, nous vivons dans un régime totalitaire en Thaïlande, alors j'ai voulu référer au moment où le personnage et le créateur se rejoignent. Et quand Oncle Boonmee se retire dans le ventre de la grotte, *j'ai voulu ramener le film à ses origines, avant que l'image ne se meuve, avant qu'elle ne devienne une image en mouvement.* [...] Il y a une référence au futur, comme chez Chris Marker, mais c'est le futur du passé. C'est la représentation du futur mais depuis la perspective du passé. Je suis très intéressé par ce genre de changements de perspective temporelle. (Sélavy 2010; je souligne)

La problématisation du présent en passant par le « futur du passé » correspond point pour point à ce que Giorgio Agamben conçoit comme geste archéologique. Le geste archéologique ne consiste pas dans le dévoilement de vérités factuelles du passé qu'il suffirait de porter à l'attention du présent; non plus qu'il s'agit avec lui de déterrer des souvenirs enfouis afin de les exposer à la lumière de l'actualité – l'allégorie mise en scène par Apichatpong montre avec suffisamment d'éloquence comment ce processus « d'illumination » ou de simple élucidation linéaire est inefficace, pour ne pas dire destructeur. Le geste archéologique n'aspire donc pas simplement à restaurer un moment historique, parce que l'*arché* qu'il vise ne s'identifie jamais tout à fait avec un moment déterminé dans un passé chronologique. L'*arché* en question ne représente pas une donnée ou une substance chronologiquement datée, mais plutôt une tension qui traverse l'élément de l'histoire et qui persiste imperceptiblement à travers les circonstances et les modalités qui l'ont constitué en tant qu'origine. C'est en ce sens que, pour Agamben, le geste archéologique tel qu'il le définit dans *Signatura rerum* représente la seule voie d'accès au présent : « L'archéologie reprend à rebrousse-poil le cours de l'histoire [...] vers le point où, selon la temporalité du futur antérieur, l'histoire (individuelle ou collective) devient pour la première fois accessible » (2008 : 107).

Cette définition du geste archéologique concorde avec l'approche mystérieuse et poétique d'Apichatpong au regard de la violente répression de la mémoire historique du Nord-Est thaïlandais. Car une question traverse l'ensemble du projet *Primitif* : comment être con-temporain des villageois de Nabua et de leurs nombreux fantômes? Comment partager leurs rêves? Comment les filmer? La co-présence avec son propre présent ne va (littéralement) pas de soi. Elle est rare et difficile, nous dit Agamben, parce qu'elle implique la constitution d'un rapport actif avec une part de non vécu qui insiste à même le présent. Et c'est ici que la sensibilité aérienne d'Apichatpong et sa conception si vive du rêve viennent jouer un rôle déterminant dans l'élaboration du geste archéologique qui anime le projet *Primitif.* Car pour évoquer les fantômes sans les faire fuir, pour entrer en résonance avec les temporalités complexes et enchevêtrées qui coexistent dans le présent, *le geste filmique archéologique doit faire percoler l'élusif.* La régression vers le passé qu'il initie ne vise pas tant à restaurer une scène traumatique primordiale qu'à faire en sorte que les événements passés se modulent en une nouvelle contemporanéité. Tout un travail d'évocation qui nécessite un art du tact, de l'écoute et de l'allusion, afin que remonte à la surface non pas un passé éloigné, mais quelque chose qui n'a pu être vécu dans aucun présent. Comme l'a un jour écrit Nabokov dans *La transparence des choses*, « un mince vernis de réalité immédiate recouvre la matière, naturelle ou fabriquée, et quiconque désire demeurer dans le présent, avec le présent, sur le présent, doit prendre garde de n'en pas briser la tension superficielle ». C'est précisément ce mince liséré qui enveloppe les événements vécus, non vécus et à vivre que la puissance archéologique du rêve filmique a pour charge de parcourir et de re-monter.

Le mouvement du rêve qui insiste au cœur du geste archéologique ne s'épuise pas dans la restauration d'une positivité historique : il va bien au-delà, et en-deçà, reprenant pour son compte « les premiers mouvements de liberté » jusqu'à venir coïncider avec la force créatrice du passage de la nature qui traverse la libre « trajectoire de l'existence elle-même » (Foucault 2001 : 129). Suivre une telle trajectoire comporte le risque d'une radicale déréalisation, comme nous l'avons évoqué plus tôt. Cette déréalisation ou décréation est quelque chose dont nous faisons tous l'expérience, à un degré ou à un autre, face au cinéma d'Apichatpong. Si Derrida a pu un jour dire que nous devons apprendre à vivre avec les fantômes si nous voulons apprendre à vivre enfin, nous pourrions dire qu'avec Apichatpong, avec sa manière unique et poétique de nous amener jusqu'au cœur de la jungle thaïlandaise et de ses souvenirs de guerre, nous n'apprendrons à conjurer les fantômes du passé que dans la mesure où nous apprendrons à collectivement les rêver. Une partie du mystère transparent et onirique du cinéma d'Apichatpong réside dans ce libre mouvement du rêve et sa manière de se lier au futur du passé.

Dans ses récents séminaires, Agamben aime évoquer l'étonnante richesse du syntagme « faire usage » en grec ancien. Il affectionne tout particulièrement, semble-t-il, l'expression « faire usage du retour », qui signifierait de fait « nostalgie ». Dans une même veine, et à l'orée du geste archéologique, « faire usage des allers et des retours », ne serait-ce pas une manière appropriée d'évoquer la bienheureuse ambivalence des voyages dans le temps – à bord du vaisseau spatial de Nabua, ou pas?

## Notes

1. « The use of philosophy is to maintain an active novelty of fundamental ideas illuminating the social system. It reverses the slow descent of accepted thought towards the inactive commonplace. *If you like to phrase it so, philosophy is mystical. For mysticism is direct insight into depths as yet unspoken*. But the purpose of philosophy is to rationalize mysticism : not by explaining it away, but by the introduction of novel verbal characterizations, rationally coordinated » (Whitehead 1968 : 174; je souligne).
2. « What is really "in" experience extends much further than that which at any time is known. From the standpoint of knowledge, objects must be distinct; their traits must be explicit; the vague and unrevealed is a limitation. *Hence whenever the habit of identifying reality with the object of knowledge as such prevails, the obscure and vague are explained away.* It is important for philosophic theory to be aware that the distinct and evident are prized and why they are. But it is equally important to note that the dark and twilight abound » (Dewey 1929 : 20-21; je souligne).
3. Référence à un ouvrage mystique anglais du XIV$^{e}$ siècle, sorte de guide à la vie contemplative resté anonyme, et qui définit l'obscurité comme « un manque et absence de connaissance » à entretenir comme tel afin de laisser place à l'amour divin. Voir *Le nuage d'inconnaissance* (1977 : 31). On trouve un écho pour le moins surprenant à ce classique de la théologie négative dans un texte récent de Graham Harman publié à l'occasion de la Documenta 13. Dans *The Third Table* en effet, Harman parachève en clé ouvertement mystique sa description spéculative dite réaliste d'un retrait non sensuel

des objets intelligibles, affirmant que « the real is something that cannot be known, only loved » (2012 : 12).

4. La dimension théologique de l'idée de self-enjoyment est soulignée dans un lumineux passage du *Pli* : « Le self-enjoyment marque la façon dont le sujet se remplit de soi, atteignant à une vie privée de plus en plus riche, quand la préhension se remplit de ses propres data. C'est une notion biblique, mais aussi néo-platonicienne, que l'empirisme anglais a portée au plus haut point (notamment Samuel Butler). La plante chante la gloire de Dieu, en se remplissant d'autant plus d'elle-même qu'elle contemple et contracte intensément les éléments dont elle procède, et éprouve dans cette préhension le self-enjoyment de son propre devenir » (Deleuze 1988 : 107).
5. Voir le séminaire « Language, media and politics » (EGS, 2011) : https://www.youtube.com/watch?v=5tfv2Hmj6lE. Pour une discussion rigoureuse de cette « dialectique de l'obscurcissement » aux fondements de la pensée de Giorgio Agamben, voir David Kishik, *The Power of Life : Agamben and the Coming Politics* (Stanford, 2012).
6. Je fais ici référence au petit manifeste de Lars von Trier, *Défocaliser,* qui s'inscrit dans un mouvement plus général de résistance contre les diktats de la netteté et du *storytelling*. « Le défi ultime du futur est de voir sans regarder : défocaliser! Dans un monde où les médias se prosternent devant l'autel de la netteté, et ce faisant vident la vie de toute vie, le DÉFOCALISATEUR sera le communicateur de notre époque – ni plus, ni moins! » Au final, la puissance du rêve qui traverse chacun des plans du cinéma d'Apichatpong ne révèle-t-elle pas une irréductible *propension à la défocalisation*? http://www.scenarioindustrie.com/journal/84-mardi-15-janvier-2008.
7. Dans un autre entretien, Apichatpong propose avec une charmante désinvolture une autre version de la même anecdote : « Avec le bouddhisme, on n'a pas vraiment besoin du cinéma, si l'on sait comment utiliser notre esprit, parce que notre esprit est le meilleur projecteur au monde. Il accumule une somme d'histoires non racontées, à travers les siècles – enfin, c'est ce que prétend le bouddhisme. [...] Le truc, c'est de savoir décoder ce qui a été enregistré dans votre disque dur, je pense que c'est ça méditer, enfin je crois. Pour de plus amples informations, vous pouvez toujours interroger David Lynch... ».
http://www.universcine.com/articles/

apichatpong-weerasethakul-le-cinema-tend-a-la-preservation-des-ames-et-notre-esprit-est-un-appareil-de-projection.

8. Pour une exploration multiforme d'inspiration schizoanalytique du rapport entre cinéma et neurosciences, voir Patricia Pisters, *The Neuro-Image : A Deleuzian Filmphilosophy of Digital Screen Culture* (2012).
9. Voir Marc Menichini, « Apichatpong Weerasethakul Recalls His Past Films and Future Plans ». http://blogs.indiewire.com/criticwire/interview-apichatpong-weerasethakul-recalls-his-past-films-and-future-plans. Le film en question est sorti en salle en septembre 2015. Il s'intitule *Cemetery of Splendour.*
10. Voir à cet égard, *The Anime Machine,* l'excellent ouvrage de Thomas Lamarre sur les « *soulful bodies* » qui peuplent le cinéma d'animation japonais (« The soulful body is analogous to Deleuze's concept of the time-image ») ( Lamarre 2009 : 312).
11. « Il n'y a pas seulement du vivant partout, mais des âmes partout dans la matière. [...] Le monde entier n'est qu'une virtualité qui n'existe actuellement que dans les plis de l'âme qui l'exprime, l'âme opérant des déplis intérieurs par lesquels elle se donne une représentation du monde incluse » (Deleuze 1988 : 16, 32).
12. Voir Isabelle Stengers, « Whitehead's Account of the Sixth Day ». Ce texte se risque avec une remarquable clarté dans les parages théologiques de la pensée de Whitehead, prenant pour point de départ cette affirmation liminaire tirée de *Modes of Thought* : « The account of the sixth day should be "written", "He gave them speech and they became souls" » (1968 : 41).
13. Dans *Semblance and Event,* Brian Massumi offre un point de vue pénétrant sur la question : « [...] proprioception is natively inventive. It is the body's in-born technique for the production of nonsensuous similarity. The body's automatic abstraction method. [...] All techniques of existence bringing forth virtual events work with proprioception and its privileged connection with thought » (2011 : 125).
14. Pour une réflexion antihumaniste qui insiste sur la « part de retour à l'œuvre dans tout devenir », voir les toutes dernières pages du livre de Frédéric Neyrat, *Homo labyrinthus : humanisme, antihumanisme, posthumanisme* (2015 : 162-166).

## Bibliographie

Anonyme. *Le nuage d'inconnaissance.* Paris : Seuil, 1977.

Apichatpong, Weerasethakul. « Le cinéma tend à la préservation des âmes... et notre esprit est un appareil de projection. » *Univers Ciné.* Publié le 17 février 2011. http://www.universcine.com/articles/apichatpong-weerasethakul-le-cinema-tend-a-la-preservation-des-ames-et-notre-esprit-est-un-appareil-de-projection. Consulté le 16 février 2016.

Apichatpong, Weerasethakul. « The Memory of Nabua : A Note on the Primitive Project. » *Apichatpong Weerasethakul.* Ed. James Quandt. Vienna : Synema, 2009 : 192-206.

Agamben, Giorgio. *Signatura rerum : sul metodo.* Turin : Bollati Boringhieri, 2008.

Agamben, Giorgio. *Qu'est-ce que le contemporain?* Paris : Rivage, 2008.

Blanchot, Maurice. *L'Entretien infini.* Paris : Gallimard, 1969.

Baudelaire, Charles. *Oeuvres complètes de Charles Baudelaire: Petits poems en prose. Les paradis artificiels.* Deuxième édition. Paris: Michel Lévy Frères, 1869.

Carrion-Murayari, Gary et Massimiliano Gioni (eds.). *Apitchatpong Weerasethakul : Primitive.* New York : New Museum, 2011.

Cousins, Mark et Tilda Swinton. « Two Letters. » *Apichatpong Weerasethakul.* Ed. James Quandt. Vienna : Synema, 2009 : 7-12.

Deleuze, Gilles. *Cinéma 2. L'Image-temps.* Paris : Éditions de Minuit, 1985.

Deleuze, Gilles. *Différence et répétition.* Paris : Presses universitaires de France, 2011.

Deleuze, Gilles. « Le cerveau, c'est l'écran. », *Deux régimes de fous.* Paris : Éditions de Minuit, 2003.

Deleuze, Gilles. *Le pli : Leibniz et le baroque.* Paris : Éditions de Minuit, 1988.

Deleuze, Gilles et Félix Guattari. *Capitalisme et schizophrénie I : L'Anti-Œdipe.* Paris : Éditions de Minuit, 1972.

Deleuze, Gilles et Félix Guattari. *Qu'est-ce que la philosophie?* Paris : Éditions de Minuit, 1991.

Dewey, John. *Experience and Nature*. Londres : George Allen and Unwin publishers, 1929.

Foucault, Michel. « Introduction. » *Dits et Écrits I*. Paris : Gallimard, 2001.

Harman, Graham. « The Third Table. » *Documenta 13 : 100 Notes – 100 Thoughts, no. 85*. Ostfildern : Hatje Cantz, 2012.

Kim, Jihoon. « Learning about Time : An Interview with Apichatpong Weerasethakul. » *Film Quarterly* 64.4 (2011) : 48-52.

Kishik David. *The Power of Life : Agamben and the Coming Politics*. Stanford : Stanford University Press, 2012.

Lamarre, Thomas. *The Anime Machine : A Media Theory of Animation*. Minneapolis : University of Minnesota Press, 2009.

Leutrat, Jean-Louis. *Vie des fantômes : Le fantastique au cinéma*. Paris : Cahiers du cinéma, 1995.

Loy, Mina. *The Lost Lunar Baedeker*. Ed. Roger L. Conover. New York: Farrar, Strauss and Giroux, 1996.

Massumi, Brian. *Semblance and Event : Activist Philosophy and the Occurrent Arts*. Cambridge : MIT Press, 2011.

Menichini, Marc. « Apichatpong Weerasethakul Recalls His Past Films and Future Plans. » *IndieWire*. Publié le 10 août 2012. http://blogs.indiewire.com/criticwire/interview-apichatpong-weerasethakul-recalls-his-past-films-and-future-plans. Consulté le 16 février 2016.

Newman, Karen. « A Man Who Can Recall His Past Lives. » *Apichatpong Weerasethakul*. Ed. James Quandt. Vienna : Synema, 2009 : 143-152.

Neyrat, Frédéric. « Se sauver. Éléments pour une nouvelle alliance du cinéma et de la philosophie. » *Débordements*. Publié le 8 avril 2013. http://www.debordements.fr/spip.php?article170. Consulté le 18 février 2016.

Neyrat, Frédéric. *Homo labyrinthus : humanisme, antihumanisme, posthumanisme*. Paris : Éditions Dehors, 2015.

Pansittivorakul, Thunska. "A Conversation with Apichatpong Weerasethakul." *Criticine*. Publié le 29 avril, 2006. http://www.criticine.com/interview_article.php?id=24 Consulté le 6 octobre, 2016.

Pisters, Patricia. *The Neuro-Image : A Deleuzian Film-Philosophy of Digital Screen Culture*. Stanford : Stanford University Press, 2012.

Quandt, James. « Push and Pull : An Exchange with Apichatpong Weerasethakul. » *Apichatpong Weerasethakul*. Ed. James Quandt. Vienna : Synema, 2009 : 182-192.

Rancière, Jacques. *Les écarts du cinéma*. Paris : La fabrique, 2011.

Sélavy, Virginie. « Uncle Boonmee : Interview with Apichatpong Weerasethakul. » *Electric Sheep Magazine : A Deviant View of Cinema*. Publié le 13 novembre 2010. http://www.electricsheepmagazine.co.uk/features/2010/11/13/uncle-boonmee-interview-with-apichatpong-weerasethakul/. Consulté le 18 février 2016.

Stengers, Isabelle. *Penser avec Whitehead*. Paris : Seuil, 2002.

Stengers, Isabelle. « Whitehead's Account of the Sixth Day. » *Configurations* 13.1 (2005) : 35-55.

Trier, Lars von. *Defocus Manifesto* (Denmark, 2000). Publié le 15 janvier 2008. http://www.scenarioindustrie.com/journal/84-mardi-15-janvier-2008. Consulté le 18 février 2016.

Whitehead, Alfred N. *Modes of Thought*. New York : Free Press, 1968.

Whitehead, Alfred N. *Le concept de nature*. Paris : Vrin, 1998.

*Je crois qu'un film comme* Tropical Malady *s'efforce d'imaginer un monde par-delà les substances, les formes et les lois de la raison universelle/scientifique, et ce, non pas en vertu d'un voyage dans le temps (obéissant à ses définitions/raisonnements universels) mais d'une re-virtualisation (dans l'imagination) de ce dernier.* Tropical Malady *est un film qui se réinvente, de façon quasi spasmodique, à partir de « quelque chose » qui voyage,* qui revient avant même de venir, *se réintensifie ailleurs, et que j'ai déclaré être – sans doute de manière un peu trop cérémoniale – le temps. Pour moi, il s'agissait d'étudier (éthologiquement parlant) en quoi le film pouvait être fait, et refait, suivant l'intempestivité de ce dernier, non pas dans son espacement ou écart (qu'il suffirait d'occuper avec de l'être), mais en l'émancipant au contraire de ce que j'ai appelé la « raison du pensable » (universelle, scientifique).*

*En effet, que la reconnaissance soit rendue impossible entre les deux segments, et entre les deux protagonistes eux-mêmes; que les dispositions et thématisations de la causalité efficiente (avant-après) soient mises en suspens (dans l'inexplicable passage), cela convoque une éthique tout à fait inédite puisque entièrement tributaire des* humeurs *de l'esthétique et de son en-deçà ou infra. De telle sorte que : « other possible ways of knowing and doing can be contemplated without the charge of irrationality, mysticism, or idle fantasy*[1]*. » À cette contemplation qu'appelle de ses vœux Denise Ferreira da Silva, j'ai donné le mot « éthologie ». Comme elle, et les figures poéthiques qu'elle rencontre dans l'œuvre d'Octavia E. Butler, je m'intéresse à tout ce qui tente de se défaire des téléologies du Temps et de l'Espace. C'est une tentative, voire un essai, de l'imagination – et je ne doute pas un seul instant que la fabulation soit à l'avant-garde d'une telle démarche.*

*Il y a un passage dans* In the Break *de Fred Moten que j'aimerais partager avec ceux qui nous lisent, ne serait-ce que pour compliquer cette affaire du retour, du Même, de l'Icône, de ce qui apparemment se re-présente, irréversiblement. Voici ce qu'il écrit :*

> *Something slips through the cracks or cuts of iconicity, likeness, metaphor, such that thinking operates in the absence of any real correspondent and translational manipulation of the concept of internal similarity or pictorial internal relation. [...] The question, then, is how to describe that experience, and bound up in this question is the assumption (pointed to above, bitten off Wittgenstein) that description, rather than explanation, is the task with which we must now be concerned. More precisely, we must attempt a description of an experience whose provenance or emergence is not reducible to logical structure, pictorial internal relation or internal similarity; it is an experience of the passage or cut that cannot be explained because those formulations upon which our explanations must be grounded – spooky actions at a distance; communication between space-time separated entities; rigid, naturalized, but anti-phenomenal samenesses – are themselves so profoundly without ground. Like the strange correspondence between distant particles, like the mysteries of communication with the dead (or with tradition), the paradoxically elective and imperative affinities of and within ensemble are to be described within a radical improvisation of the very idea of description (in and through its relation to explanation), one that would move us from hidden and ontologically fixed likeness to the anarchization of variation, variation not (on) but of – and thus with(out[from-the-outside]) – a theme*[2].

*Il y a beaucoup de choses à tirer de cette citation, mais ce sur quoi je voudrais attirer l'attention, c'est cette idée d'une description et d'une* variation *« anarchisées » qui ne laissent aucune chance, aucun répit aux équivalences généralisées. Dans la coupure, qu'elle soit interne (à un film) ou externe (entre films), quelque chose se passe, quelque chose d'« étrange » se produit, se transmet, en dépit d'une séparation apparente, autrement dit superficielle. Ce sont les liens,* *les affins, qui sont eux-mêmes étranges. Comment pouvons-nous décrire ces passages, ces vitesses (contre les déterritorialisations agressives, les accélérations explicatives)? Dans ce livre, il me semble que chacun de nous, à sa manière, tente de décrire comment justement (ou injustement) la variation d'un événement est l'effet d'un dehors plus lointain que toute forme d'extériorité, d'un passage irréductible à n'importe quel symptôme et à toute explication du symptôme. Encore une fois, c'est du dehors (*from-the-outside*) que la variation de ce que nous croyons être le même opère. Un dehors qui reste inexplicable du point de vue de celui ou celle qui enregistre le passage des puissances de la variation. Donc je ne suis pas du tout prêt à expliquer pourquoi Apichatpong continue de travailler avec les mêmes acteurs; pourquoi ou en quoi cela viendrait mettre entre guillemets l'élan anti-, voire ante-, narratif de son cinéma.*

*La discontinuité pure n'existe pas. Dans la collaboration, pour pouvoir faire ou simplement improviser quelque chose il faut être capable de plonger dans une espèce d'enchevêtrement amoureux. Dans le cas d'Apichatpong, je dirais même que le film-à-faire participe à la construction (et continuation) d'une amitié, d'un lien, d'un attachement. Prenons* Cemetery of Splendour *: c'est le film tout entier qui est une ode, voire une lettre d'amour, à Jenjira Pongpas. Cela fait si longtemps qu'elle et Apichatpong se connaissent qu'elle fait partie de la vie de ce dernier, et même de ses vies, de celles qui animent ses films. C'est chaque film d'Apichatpong qui est comme un portrait de famille, si ce n'est d'amis. Il est des choses, des relations (entre acteurs et réalisateurs, par exemple), des alliances, des pactes, qui se défont plus lentement que d'autres, et même certains dont on fait tout pour ne jamais s'en déprendre. Qu'on s'intéresse à la question de l'irréversible et on s'aperçoit bien vite qu'elle ne fait qu'une avec les problèmes soulevés par la durée et l'éphémèrement donné.*

*Il est des tendances qu'on ne peut inverser, mais c'est aussi cela qui nous définit en tant qu'effets provisoires. Si notre tendance consiste à durer – mais seulement dans la fugacité que nous concède ce verbe*

– quel est donc ce qui nous est cher, ce qui nous émeut, ce qui donne encore vie? Auprès de qui voulons-nous être? De quel entour/socialité voulons-nous? Et de quels matériaux sont faites nos alliances? Bref, je continue d'être hanté par une seule et même question : à quoi tenons-nous? Et ma réponse varie à peine : à ce que le monde a la capacité de croire en nous, et à établir cette confiance mutuelle. Qu'Apichatpong fasse du cinéma par amour (pour un peuple, une personne, pour le cinéma lui-même), c'est en effet ce qui me touche au plus profond de moi-même et me donne envie d'écrire avec lui. C'est à ce qui crée ou fait du lien que je m'intéresse, par-delà ces notions d'irréversibilité et de chronologie.

Je me rappelerai toujours de cette histoire que m'a racontée mon père au sujet de notre voisine, grande amatrice de séries télévisées et qui, malgré tant d'années passées devant son petit écran, ne comprenait toujours pas comment un personnage mort dans une série pouvait ressusciter ou surexister dans une autre, mourir encore, et ainsi de suite. Manifestement, elle ne pouvait tenir pour établi ou normal cet effet de (dis)continuité, alors même que la mort (disjonction) avait déjà frappé une fois. C'est que le retour du même demeure l'exception à la règle. Bref, on voit combien l'œuvre esthétique a cette formidable, miraculante capacité à court-circuiter le bon sens, la logique des vivants et des morts, de la vie à la mort. C'est cela que décortique l'étude suivante de Tropical Malady. Il suffit que l'habitude s'effondre pour éveiller toute une série de perceptions, voire de soupçons; pour que dans la rencontre s'effectuent d'autres manières de (se) parler, de (se) toucher, de (se) penser. Il nous faut, tout comme Apichatpong, développer une sorte de patience, de pragmatisme lent et rigoureux devant ce que nous croyons être identique à quelque chose d'autre.

Je pense à M. NourbeSe Philip, et à cette phrase : « Repetition drives the event and the memory simultaneously, becoming a haunting, becoming spectral in its nature[3]. » Les acteurs d'Apichatpong sont de ceux qui, précisément, hantent sans relâche son cinéma, qui s'y re-distribuent malgré leur âge, s'y répètent malgré le processus de *vieillissement – irréversiblement mortels. Et c'est entre autres ce que j'ai voulu décrire en disant quelque part que ses films sont des « rêves à suivre » : phantasmes et fantômes qui sont à la fois à suivre (à la trace,* to follow, to haunt*) et à suivre (*to be continued*). J'aime la duplicité d'une telle expression. Pour moi, c'est l'amitié, voire l'amour, que je soupçonne entre Apichatpong et ses acteurs qui est au centre de cette hantise et de cette continuation (différenciation, donc variation dramatique), sans quoi il n'y aurait plus rien à faire.*

*C'est de cette variation que se réclame l'intercession. Il y a une phrase de Eunsong Kim qui me fait penser à la pratique d'Apichatpong: « You cannot do what I do because you do not love who I love*[4]*. » C'est que l'objet d'une poétique (du faire) est indissociable de l'amour qui, intimement, reste à faire.*

## *Notes*

1. Denise Ferreira Da Silva. « Toward a Black Feminist Poethics. » *The Black Scholar : Journal of Black Studies and Research* 44:2 (2014) : 90.
2. Fred Moten. *In the Break : The Aesthetics of the Black Radical Tradition.* Minneapolis : University of Minnesota Press, 2003 : 91-92.
3. M. NourbeSe Philip. *Zong! As Told to the Author by Setaey Adamu Boateng.* Toronto : The Mercury Press, 2008 : 201.
4. Eunsong Kim. « Found, Found, Found, Lived, Lived, Lived. » *Scapegoat* 9 (2016) : 59.

Ronald Rose-Antoinette

## De ce qui donne encore vie

> Je vis d'une couche sous-jacente de sentiments :
> je suis à peine, à peine vivante.
> *Clarice Lispector (1973 : 57)*

*Ça commence* avec une citation du romancier japonais Ton Nakajima, hissée au front de l'œuvre, qu'il faut lire à la manière d'un avertissement (« *Nous sommes tous, par nature, des bêtes sauvages. Notre devoir d'êtres humains est de devenir comme ces dompteurs qui tiennent leurs animaux sous leur coupe et les dressent même à faire des tours contraires à leur nature bestiale* »), suivie aussitôt d'une image d'une cruauté, d'une sauvagerie plus profondes encore. Ça commence dans une manière d'avant-propos, de présupposé insistant aussi bien sur notre « nature » que notre « devoir » d'êtres humains (et l'on ne peut qu'appréhender le restant du film comme la démonstration de ce qui frappe en premier lieu comme une leçon) et, peu de temps après, avec la rencontre de ce corps sans nom, sans vie, cerclé par un contingent de soldats armés; corps livide, cadavérique, jonchant l'herbe au beau milieu d'une forêt. Ci-gît un mort, et pourtant les militaires, tout sourire, ne manquent pas d'en tirer une forme de joyeuseté, de s'en ravir comme d'un fait évidé de son tragique. Nul ne s'endeuille devant cette fin de vie, qui plus est anonyme (jamais ne verra-t-on le visage de la victime), que l'un d'entre eux dit simplement avoir « trouvée ». Chacun veut s'exposer, victorieux, en compagnie du cadavre; l'on sourit, plus personne ne bouge, c'est l'instant de la photo-souvenir qui s'insère lui-même dans la cinématique des images. Photo qui n'aura guère la mémoire du défunt pour opération première, sur le principe d'une mnémotechnique qui en conjurerait l'oubli; non, cette photo-là, telle que ces soldats la prennent, et telle que nous la voyons nous-mêmes en train de se faire, est au contraire à leur bon souvenir de ce moment précis, de cet événement auquel ils répondirent présents et vivants. Ce n'est pas du mort dont ils anticipent la mémoire, mais de leur vivant à eux. Qu'à cela ne tienne, ils regardent, non pas le mort humain, mais cet autre regard en vis-à-vis des leurs, vision de l'écran, lieu électif de leur attention.

La dépouille du défunt finit par être acheminée sur une civière. L'un des soldats, à l'aide d'un walkie-talkie, tente une liaison radiophonique avec une femme pour qui il semble avoir le béguin. Seulement, la qualité du signal s'emballe; les paroles de son interlocutrice lui parviennent dans un ramassis de sons irrationnels. C'est que, dans le temps d'une liaison s'effectuant à distance, bien des rencontres, bien des interférences sont susceptibles de se produire et d'en altérer le sens. Lancement de musique pop. Un individu, entièrement dévêtu, erre à travers l'image; partenaire, il nous semble, du paysage où les militaires ont été aperçus. Pour autant, l'homme nu et les soldats armés ne se sont peut-être jamais croisés.

Mais encore : quelques minutes plus tard, ça commence avec l'apparition du générique sur l'image d'un des soldats se sachant à nouveau exposé, fort de sa présence écranique. *Tropical Malady* (2001) : le titre du film, à pleine fanfare de criquets, s'exhibe en toute lettre. Keng (Banlop Lomnoi), soldat qui tombe amoureux devant nous, peut-être même pour nous, feint autant qu'il rate son indifférence pour ce qui se trame en arrière ou au-devant de cette image sans contre-champ (ou c'est elle qui assure l'altérité de notre regard intimidant – nous autres, visions de l'écran). Ce sourire, ce regard, espiègles, viennent d'eux-mêmes nous débusquer, nous nous savons regardés, et nous voici charmés. C'est-à-dire que, si l'on en juge par la formule de Didi-Huberman, « ce que nous voyons ne vaut – ne vit – à nos yeux que par ce qui nous regarde » (1992 : 9). Reste que les yeux de Keng ne peuvent s'empêcher de rouler et de balayer l'écran, tant le monde auquel nous appartenons et la temporalité de notre vision l'interpellent à répétition. Si réticents à nous confronter, si ce n'est à nous saisir de face, les yeux de Keng errent de part et d'autre du champ, mais pour mieux atterrir à nouveau sur notre existence qui, aussi fantomale soit-elle, ne saurait succomber à l'indifférence[1]. Sans doute répondent-ils à l'impératif du personnage jouant consciemment son rôle, ou réinvestissent-ils une pudeur et une naïveté qui l'écartent faussement du projet narratif. Toujours est-il que l'attitude hésitante du soldat vis-à-vis de l'objectif va jusqu'à porter au soupçon le caractère fictif de l'œuvre – il faut sans doute remarquer que les protagonistes d'Apichatpong évoquent parfois la possibilité d'appartenir à une trame cinématographique, soulignant aussi bien le trait onirique que l'agencement spectral de leur expérience.

S'égrenant près de dix minutes après la première image, le générique vient à sa façon démesurer ou délocaliser le commencement de l'œuvre. Mais alors quelqu'un – ou s'agit-il du film lui-même? – s'écrie qu'une image a toujours-déjà commencé sans nous; ou qu'en réalité, il est impossible que l'art de l'affabulation commence et se termine *pour nous*[2]. Hélas! Nous qui avons pourtant pris soin d'arriver à l'heure (ou n'était-ce avant l'heure?). Mais après tout, qu'est-ce qui constitue à proprement parler une ouverture? Est-il vrai que l'art cinématographique, afin de démarrer, est de ceux qui exigent une décision et un regard humains. Et surtout, en quoi est-il encore nécessaire de perpétuer des traditions – être au début/débuter avec l'être – quand l'art peut aisément se passer de toute ponctualité? Le cinéma d'Apichatpong, comme nous le verrons, ne cesse jamais de chanter le refrain d'un temps libéré des formes intentionnées et individuées. Du coup, on veut bien donner raison à Nietzsche, ventriloquant à travers Guattari, et soutenir que « [t]out est toujours à reprendre à zéro, au point d'émergence chaosmique. Puissance de l'éternel retour à l'état naissant » (1992 : 131). Car c'est à peine commencé que le film se ré-instaure « au point d'émergence » de ce qui a été, mais aussi de ce qui va être. Et :

> Comme tu vois, il m'est impossible d'approfondir et de prendre possession de la vie, elle est aérienne, elle est mon haleine légère. Mais je sais bien ce que je veux ici : je veux l'inconclu. Je veux le profond désordre organique qui donne pourtant à pressentir un ordre sous-jacent. La grande puissance de la potentialité. (Lispector 1973 : 59-61)

Et si, de vouloir l'« inconclu » nous ricochons à penser à la limite, c'est que nous sommes aux prises avec la pesanteur de notre finitude, de notre souffle retenu. Si fugitive et exhalée, cette vie qu'entraperçoit Lispector, qu'elle nous laisse avec des images à peine vivantes, des mots à peine finis, à peine là. L'éternel retour voudrait-il la coupure, la coupure voudrait-elle l'éternelle singularité du temps sans temps, que nous continuerions de croire à la rareté ou à la préciosité des choses. Et dire que d'un pressentiment, sinon d'une intuition, nous déboutons la tragédie de l'apnée, soufflant l'inestimable « puissance de la potentialité ».

Une amorce de conclusion? Loin s'en faut. Car : alors que Keng se rend au domicile de celui qu'il convoite et se met à parcourir un album photo; alors que nous assistons à la naissance d'une vie amoureuse entre Tong (Sakda Kaewbuadee), jeune garçon de campagne, et le militaire (dont il finit par succomber aux multiples opérations de charme); alors qu'à leur idylle – ponctuée de ballades aussi bien en ville qu'en forêt, d'activités pour le moins ordinaires[3], constellée aussi bien de pudeur que de poncifs romanesques – nul ne s'objecte; alors que… l'inexplicable se produit et se fait sentir[4]. Je dis inexplicable, car je veux en venir à l'intervention proprement insensée d'une *coupure* dans le courant des images; à cette fin irréversiblement donnée, et conditionnant pourtant le commencement d'un énième film, l'instauration d'une énième fabulation autour d'un esprit qui, errant dans la forêt, terrorise les villageois qui l'entourent. Histoire de fantômes, de « bêtes sauvages », histoire d'un soldat qui se prend pour un héros et prend en chasse ce démon capable d'apparitions aussi étranges que familières dans les méandres de la jungle-nuit. C'est le cours du film, et principalement de son récit, qui s'en trouve alors dévié.

Ainsi dévions-nous vers *La voie de l'esprit,* suivant l'apparition du générique par-dessus la figure d'un tigre grossièrement tracée, dans un devenir-peinture (en pleine hésitation avec le dessin) de l'écran. Autant dire que *La voie de l'esprit* se saisit comme une énième proposition d'Apichatpong s'inspirant d'un conte de Noi Inthanon[5], avec dans les rôles titres Banlop Lomnoi et Sakda Kaewbuadee (à nouveau film, nouvelle distribution), ceux-là mêmes qui personnifient les amants de *Tropical Malady*. Seulement, nous voici débarqués en l'an de l'aphasie : puisqu'au lieu d'avoir à assumer les rôles qu'ils incarnent durant la première moitié de l'œuvre – que nous appellerons *film 1* pour les besoins de cette étude –, les protagonistes se trouvent propulsés à un autre niveau d'action. Curieusement, les deux hommes ne se signalent plus de la même façon, pas plus à nous qu'à eux-mêmes. Ce sont tous les sourires excessifs et omniprésents de *film 1* qui se rachètent sous des traits malveillants dans *film 2*[6]. C'est tout le régime pop de *Tropical Malady* (*film 1*) qui glisse sous la logique de prédation de *La voie de l'esprit* (*film 2*). Le possible est distribué autrement. Assez pour que nous militions pour une éthologie des images – à l'aune du renversement dont nous sommes témoins, des positions qui s'activent, des ennemismes et (contre)tendances qui opèrent.

Avec *film 2* vient donc le temps de la chasse : les deux individus mènent campagne l'un contre l'autre, le déshabillement de l'un révélant un corps tatoué de la tête aux pieds. Or, le problème n'est pas tant de déterminer comment nous en sommes arrivés à un tel détournement, mais d'octroyer pleine licence aux types de perception qu'il déclenche. C'est que derrière la diversité des modalités de commencement un plan de co-composition croissant s'instaure, par inflation de sentirs, ainsi que Weerasethakul lui-même a pu le suggérer en entrevue : « In film, it's more of a gradual accumulation of feelings » (Kim 2011 : 48). Certes, les visages ne nous sont pas totalement étrangers, mais autant dire que leurs manières de se croiser, de se positionner, prennent une tournure pour le moins inattendue, éminemment singulière. Nous sommes appelés à être attentifs à la ruse, aux forces nouvellement jetées dans les corps dés-identifiés.

Quelle angoisse, quel effroi emplissent les yeux de l'homme nu et du soldat lorsqu'ils se font face pour la énième fois! Le paradoxe du retour étant qu'ils peuvent bien s'être rencontrés deux fois, chaque occasion ayant été aussi la première; ils n'ont rien oublié non plus, puisqu'ils en sont, chaque fois, à leur propre découverte. En effet, la vie dans l'éternel retour n'est pas cyclique, mais au contraire libérée des propositions et certitudes apodictiques. Aux yeux de l'un, l'autre n'est jamais le même, puisqu'il semble n'avoir jamais été. « *Oubliée,* c'est de cette manière que la chose *apparaît* en personne, à la mémoire qui l'appréhende essentiellement » (Deleuze 1968 : 183). L'oubli dans l'énième : comment donc dissocier l'avant de l'après si aucun d'entre eux ne s'applique au principe de reconnaissance? Il faut bien que leurs ré-apparitions suspendent les procédures habituelles de la perception : défaire l'habitude que nous avions alors contractée; en contracter de nouvelles; donner du prix à la variation du jeu. Vulnérables, ni vus ni connus, c'est ainsi qu'apparaissent le soldat et l'homme nu à leurs mémoires respectives : c'est par la coupure, c'est-à-dire essentiellement, qu'ils se donnent en présentation. Leur rencontre se dit d'un temps qui ne vient ni avant ni après quoi que ce soit, d'un temps qui se dit lui-même de la rencontre, de cette fois autre mais néanmoins première. Oublié, c'est ainsi qu'apparaît *Tropical*

*Malady,* tombé dans l'ombre d'un bloc d'images amnésique, « presque aphasique, tantôt se tenant dans le vide, tantôt frissonnant dans l'ouvert » (Deleuze 1992 : 72). C'est le temps lui-même qui ne se souvient de rien, qui œuvre par-delà ses personnalisations et souvenances. Seule une singularité se souvient – est en mesure de dire « *on* se souvient de tout, mais aussi de rien », sans prier l'autorité d'un juge. Souvenir d'une singularisation qui survit même à l'effondrement de toute mémoire subjectivée.

Point de doute, c'est une maladie que de croire au retour des formes et sujets individués, que de croire à l'universalité d'une perception vécue. Mais c'est une maladie qui doit être surmontée. Tant il est vrai que ce qui revient, suivant l'expression centrifuge de la terre, n'est pas le même, autrement dit l'identique, mais une *variation dramatique*. Que la coupure remette ainsi les compteurs à zéro et dégage une nouvelle mémoire reprenant le déjà-vu pour de l'invu, pour quelque chose d'oublié ou d'inconnu : c'est sans se souvenir de l'autre que l'un apparaît, que l'un se trouve appréhendé, saisi par la mémoire de l'autre. Tout porte à croire que la reconnaissance n'a pas lieu parce que l'événement des fixations archaïques est mis hors-jeu et que le film lui-même est sans mémoire des apparences rendues inamovibles. Le non-lieu de la reconnaissance n'est autre que le refus d'un temps pulsé, chrono-métré, assujetti aux formes et aux sujets individués. En somme, et ceci à la faveur d'un tel refus, le vrai n'a pas à être démasqué, mais le masque remplit à plusieurs égards les conditions d'une affirmation de la multiplicité de l'être.

Aussi, comment expliquer qu'un penseur comme Kierkegaard tenait tant à distinguer deux allures du temps, comme deux formes de la répétition? Sans doute parce qu'il ne pouvait espérer vaincre la mélancolie de l'existence sans mettre au vent ses propres prophéties : « Reprise et ressouvenir, affirmait-il, sont un même mouvement, mais en direction opposée; car, ce dont on a ressouvenir, a été : c'est une reprise en arrière; alors que la reprise proprement dite est un ressouvenir en avant » (Kierkegaard 2008 : 65-66). Si bien que par opposition à une rétrogression de la mémoire, les deux protagonistes de Tropical Malady sont appelés à *se souvenir en avant,* à mettre en scène l'élément différentiel de leur existence. Et si, sous la morsure de l'oubli, rien ne vient avant, rien ne vient après, c'est que la coupure, très nettement exécutée, témoigne de la contemporanéité de *films 1* et *2*. C'est en même temps que ce qui s'est passé coexiste avec ce qui va se produire. C'est en même temps, par la coupure, que le présent est arrivé et pas encore arrivé, privé de toute netteté et instantanéité. Bref, entre *1* et *2 un temps ne s'est pas écoulé*. On se tromperait à croire discerner une ligne de partage entre un avant et un après : en réalité, dans l'absence de reconnaissance entre *films 1* et *2,* c'est la disposition du temps en flèche qui est lacunaire. Pour faire écho à une proposition bien connue de Deleuze et Guattari, la coupure a ici valeur non pas de manque, mais de désir[7]. Or ce qu'elle désire, tout au plus, c'est elle-même; désir de désirer encore; désir désirant, sans autre but que de dissoudre le battement du temps. Ce n'est donc ni avec le passé ni avec l'à-venir qu'il s'agit de faire coupure, mais avec une certaine disposition à les thématiser, à les situer de part et d'autre d'un présent au supplice, épuisé de ses virtualités, alors que ce dernier n'a de cesse de donner (désirer) avec ses figurations inactuelles. Le « je vis à peine » de Clarice Lispector, citée en épigraphe, ne se confond pas avec une personne saisie en pleine agonie, mais correspond plutôt à la clameur événementielle aussi bien insoutenable qu'incontenable par le sujet qui le d-énonce malgré tout.

Ce à travers quoi nous passons – de *1* à *2* – n'est autre qu'un complexe de temps dont la mémoire fait corps avec sa propre rupture : rupture d'avec le sens téléologique, newtonien, du temps; d'avec la fâcheuse tentation de soumettre chaque image à comparaison, comme si entre elles, malgré elles, devait s'immiscer une relation de type narratif, suivant le schème d'une réduction intelligible. Il y a là une sorte de « détour *pseudo-narratif* » qui ne laisse subsister aucun dogme (de causalité efficiente), aucun principe d'évidence par-dessus leur alliance (Guattari 1989 : 26)[8]. C'est qu'il est non seulement possible de passer de 2 à 1, mais également de faire passer 2 avant 1 sans la tranquilité du bien penseur. D'où le sens et la nécessité même d'une éthologie des images branchée sur leurs attitudes et les affects qu'elles traversent, plutôt que sur leurs supposées liaisons sensori-motrices.

S'il paraît difficile de saisir le temps du film en fonction d'un dénominateur métrique, c'est précisément parce qu'il révoque toute définition ou mesure, et que la *tropicalité de l'esprit* de même que la *voie de la maladie* n'ont de cesse de s'amender l'une et l'autre, de s'impliquer mutuellement. Qu'on se donne la peine d'en faire la somme et pourtant il nous faut revenir aux coupures ayant valeur de commencements. Aussi long soit-il, le film (mais quel film?) est toujours simultanément et topologiquement plus *et* moins que ce que nous en prenons. La réalité du film-pendant-le-film, disputant la fixité du commencement, est là pour témoigner de cette (prise de) conscience mal ajustée. C'est que, du point de vue d'un commencement quelconque, tout paraît sans précédent – indéfiniment long et inconséquent.

En pratique, nous ne savons rien du film, c'est-à-dire de sa durée, si l'on prête la moindre importance aux devenirs intensitaires qui le modifient. Précisément parce qu'il ne commence ni ne prend fin là où nous le voudrions, en le soumettant à l'arsenal d'une pensée utilitariste, *Tropical Malady* nous ouvre à l'idée d'un non-objet (sans contours propres). L'étude du film suppose donc une topologie des puissances latitudinales (selon tel ou tel degré intensitaire) et longitudinales (sous tel ou tel rapport extensif) d'après lesquelles il (se) compose. Autrement dit : commencement et fin sont indignes des allures du film, de son anexactitude anti-narrative et anti-psychologique.

Keng et Tong sont ainsi les noms d'une expérimentation, par où toute ressemblance et ordonnance entre *1* et *2* se voient annulées. Déformation des personnes, dissolution ou involution des formes : en se gardant de sacrifier les détours et les fugitivités de l'événement, Apichatpong donne à contempler une variété de styles existentiels qu'on ne saurait localiser relativement à un temps lui-même désubjectivé. Ce ne sont pas les histoires qui ont à être suivies dans un ordre précis, mais c'est au conte (que démultiplie Apichatpong) qu'il revient de nous guider à travers ce champ d'expérimentation qu'est *un-film-pendant-un-film,* de libérer les variations de vitesse, dramatiques, entre devenirs rythmiques et affects de subjectivation, entre forces plus-qu'humaines et appétitions de toutes sortes. « Weerasethakul's unique compression of past, present and future defines a filmic present that encapsulates everything that has happened before as something that is happening again » (Joo 2011 : 92). La progression narrative a beau faire, le temps de *Tropical Malady* est à la fois illocalisable et inénarrable.

*N'importe où, n'importe quand* : un film est un rêve à suivre, c'est-à-dire à faire. Un film s'anime et se met à vibrer par lui-même, créant son propre précédent. Tout ceci pour dire qu'en contournant le développement narratif de l'idylle entreprise par les deux hommes, Apichatpong ne prétend pas qu'il n'y a pas de suite. Car il y a une autre voie, ou une autre façon de faire suite tout en portant en accusation l'identité du présent. C'est d'ailleurs le sens du quelconque, comme de l'indéfini, de nous laisser croire que l'alternative commence peut-être avec *film 1*. Déjà plus qu'un : *+1*.L'alternative n'étant jamais que pliée au-dedans de l'image, co-présente au régime actuel de l'expérience – balayant d'un revers le dilemme entre un avant et un après. L'événement a lieu mais l'intensification continue ailleurs (ou continuait déjà), dépassant ainsi l'image-concept et le sujet narratif qui la grève. Il ne s'agit pas moins d'abolir l'individualité du présent : passé-présent et présent-futur coexistant dans l'élément différentiel et transitionnel de la coupure.

S'en déduit l'image d'un cinéma pour lequel ce qui se passe entre les deux régimes d'images-corps a valeur aussi bien d'ouverture que d'affirmation (d'un pluralisme existentiel, en forme de procédure d'hétérogénéisation). Par où Apichatpong fait image, et n'hésite pas à en inférer une vie plus riche, plus contingente, plus variante que nous le pensions : dégageant ainsi une série de micro-perceptions ayant pour vocation de repérer par-delà (ou en-deçà) des actualités trop raides des trajectoires à peines vécues. Aussi n'y a t-il d'images de quotidienneté – ce que donnerait à saisir sur le vif le générique de *film 1,* par plans très furtifs de commerçants réalisant la présence de la caméra – que moyennant la concomitance (et la transversalité) de réalités impalpables. Apichatpong, à tout propos – si ce n'est hors de propos – s'arroge le droit de neutraliser toute querelle entre fausseté et véracité.

***

« I would like to remember the time when I was still in my mother's womb, but I don't have the concentration for that » (Weerasethakul 2009 : 105).

Où et quand tout a commencé? Ni Weerasethakul ni personne d'autre d'ailleurs ne saurait se souvenir d'une vie qui n'a jamais entièrement été la sienne. C'est là une proposition qui mérite d'être annexée au fait que le commencement est une limite à laquelle Boonmee (du film éponyme réalisé six ans plus tard par Apichatpong), pourtant fantôme de ses vies antérieures, est incapable d'aboutir : c'est le souvenir même qui lui semble impossible. Et la mémoire de celui-ci ne s'épuise pas sans que le possible ne s'étiole de lui-même, que la faculté de voir n'atteigne à sa propre limite, dans une image aveugle (« Qu'arrive-t-il à mes yeux? Ils sont ouverts, mais je ne vois rien »), et que la pensée ne se heurte à son propre infranchissable jusqu'à rendre le souvenir tout bonnement infaisable (« C'est ici que je suis né, dans une vie dont je ne me souviens plus »). Ainsi n'y aurait-il d'inoubliable qu'une vie plus large, plus vaste que toute immensité, que toute étendue qualifiée. N'y aurait-il d'inoubliable que ce qui n'a pas même commencé; ce dont le commencement, la naissance, le début ne sont jamais advenus. C'est au contraire tout ce qui a été rendu possible qui s'expose à l'oubli. Ce dont la mémoire est le plus capable, tout compte fait, c'est d'appréhender le vécu comme quelque chose d'oublié, d'insouvenable. Un futur, inoubliable.

> Pour évoquer le passé sous forme d'image, il faut pouvoir s'abstraire de l'action présente, il faut savoir attacher du prix à l'inutile, il faut vouloir rêver. L'homme seul est peut-être capable d'un effort de ce genre. Encore le passé où nous remontons ainsi est-il glissant, toujours sur le point de nous échapper, comme si cette mémoire régressive était contrariée par l'autre mémoire, plus naturelle, dont le mouvement en avant nous porte à agir et à vivre. (Bergson 1939 : 87-88)

Si ce qui « nous porte à agir et à vivre » peut s'appeler croyance, il faut sans doute se trouver dans des conditions où l'on est prêt à *contracter* quoi que ce soit, à lutter pour de nouveaux espaces de pensée, de sensation et de perception. Il faut être de tempérament guerrier – un combattant à qui il revient d'inquiéter les moralismes, les vertuismes qui font de ce monde une apparence et de la vie une anomalie. C'est l'éthique à laquelle il s'agit d'adhérer pour pouvoir passer d'un *film* à l'autre sans se laisser dominer par une image du passé. Sauf que cela ne va pas sans la liquidation d'un certain apprentissage (d'images-souvenirs), l'éviscération de certaines façons d'intervenir dans le passé et d'y puiser ce qui paraîtrait utile à notre perception actuelle. Oui, que la perception apprenne ce qu'il en coûte de se faire une habitude[9]!

> Je suis humble et n'éveille pas sans malaise un passé depuis longtemps mort. Les vivants, quelque science qu'ils en aient, ne possèdent pas le passé comme ils le croient : celui-ci, s'ils croient le tenir, leur échappe. Je me donne ces excuses : bâtissant ma théorie, je n'oubliais pas qu'elle mène à un mouvement qui se dérobe; je ne pouvais situer qu'ainsi le sacrifice qui nous incombe. (Bataille 1954 : 155)

Restant au plus près de ce « mouvement » dans lequel s'engouffrent Kierkegaard, Bataille et Bergson, il nous faut maintenant penser en quoi cette contraction éthique proposée par Apichatpong est conditionnée par une véritable fugue, une errance qui colore d'étrangeté plusieurs de ses images.

Soit *film 1* : nous sommes sur le lieu de travail de Tong, une usine à glace où le courant des images nous conduit de manière intermittente, sans aucune explication. Nous surprenons le jeune homme en train de tailler dans un bloc de glace, avant qu'il ne se dresse et dirige son regard vers une situation hors champ; le plan qui suit encadre au premier plan une statue représentant un cygne sur le point de prendre son envol. Face à ce dernier, une rivière dont l'autre rive est bordée de maisons, d'une route, etc. La caméra demeure fixe, opérant néanmoins un zoom sur l'image. Le travailleur est évacué du champ profilmique; l'image ne retient de l'usine à glace que le bruit strident de ses machines à découper. Un cygne, une rivière, une berge, des maisons, des voitures, des arbres, un ciel : rien de particulièrement ravissant, rien de bien séduisant, c'est là une image d'une banalité, d'une vicinalité telles qu'elle n'émet de sens qu'à elle-même. Comment pourrait-elle nous renseigner sur l'état psychologique du personnage, tandis que c'est le regard de Tong qui semble se vider en elle, s'épuiser ou se confondre en elle (le plan se dissipe par un fondu au noir), dans son élémentarité (une eau boueuse, un ciel laiteux, une terre, un rivage dont on ne sait quel sens tirer), dans sa vivacité (tout y est en mouvement, y compris le cygne « saisi » dans son élan et le tranchant des machines sciant outre horizon)? *Tropical Malady* (*films 1* et *2*) est émaillé de détails de ce genre, d'images arraisonnées à ce type d'ineffabilité, ouvrant sur de l'indéterminé, sans direction précise.

Soit cette autre scène de *film 1*, lorsque le chien de Tong veille sur le sommeil de son maître enveloppé dans un hamac. L'animal est pris dans une sorte d'expectative, oreilles dressées, prêt à… Prêt à quoi, tout compte fait? Ni l'homme ni le chien ne se déterminent à bouger; l'un dort, tandis que l'autre veille. Et pourtant, tout ce que nous essayons de figurer c'est le mouvement que pourrait exécuter l'un ou l'autre à un moment ou à un autre. Image à intensité zéro, animée d'un degré d'irrésolution. Que va-t-il se passer? Que peut-il arriver? Ce dont l'animal est capable, nous ne le savons pas. Soit. Mais que la perception est longue! Anticiper. Mais quoi donc? Tant le signe de l'image est sur le point de s'effilocher, d'être porté à son plus haut point de contrariété.

À vrai dire, c'est toute l'opération Weerasethakul qui est machinée de travers, marquée de plusieurs films – en faux raccords – comme autant de ruses, de crochets, de virées ou contes fantastiques. Il suffit de regarder les multiples digressions « pseudo-narratives » d'*Oncle Boonmee* (2010) pour comprendre que, chez Apichatpong, les films ont aussi valeur de miscellanées : un buffle retombe sous la tutelle de son propriétaire, un photographe est pris dans un devenir-primate, une défunte épouse réapparaît le temps d'un souper, accouplement d'une princesse et d'un poisson-chat, réapparition du fantôme, décès de Boonmee, prolifération d'yeux rouge flamboyant, dédoublement d'un moine, et ainsi de suite… Telle est la force (et la fuite désirante) de l'à-côté comme détour optionnalisant. De l'intérieur même de chaque histoire émerge une aventure, une autre tournure, habitant et multipliant ainsi les points de vue. Chaque ligne s'instaure comme plan (et point) d'une autre ligne, chaque point de vue comme milieu d'une perspective insoupçonnée.

***

Paroles (et chanson) que nous pleure un soldat à la fin de *La voie de l'esprit* : « À présent, c'est moi-même que je vois. Mère. Père. La peur. La tristesse. Tout ça était si réel, si réel, que ça m'a donné vie. » Mais quel est donc ce « ça » auquel l'homme se réfère? Quel est ce *ça* « si réel, si réel » qu'il soit pour lui souffle de vie alors même qu'il fait face à la menace du tigre juché sur un arbre? À croire qu'il s'agissait pour lui, comme pour Lispector, de vivre « d'une couche sous-jacente de sentiments », d'être à peine vivant, à peine là. À croire que de n'avoir jamais su (et jamais pu) vivre la vie, d'avoir longtemps erré dans la jungle comme un fantôme du futur, du passé, il n'eut jamais l'occasion d'éprouver ni la peur ni la tristesse d'être incarné. C'est même pourquoi l'inconscient expérientiel (*ça*) est à la fois père, mère et orphelin, filiation de toutes les filiations (illégitimes et non causales). C'est aussi pourquoi l'indéfinition de *ça* qui donne vie, bien qu'il soit fait de l'étoffe du tigre, des personnes, des arbres, du cosmos qui innervent sa vision, est sans souvenir de qui ou de quoi que ce soit. C'est le sens du devenir comme de l'éternel retour que d'apprécier la vie, de lui donner naissance et consistance, autrement dit de la réaliser.

> Le devenir est ce qui, littéralement, s'évade, fuit, échappant tant à la *mimesis,* soit l'imitation et la reproduction ("Le mimétisme est un très mauvais concept..."), qu'à la "*memesis*", soit la mémoire et l'histoire. Le devenir est amnésique, préhistorique, aniconique et stérile; il est la différence en pratique. (Viveiros de Castro 2009 : 131)

Et comment douter un seul instant qu'une vie nous a toujours précédés, qu'une vie nous a toujours devancés? Comment douter qu'à travers soi s'insinue une ligne de vie excédant tout commencement comme toute fin d'une existence subjectivée? Rien ne va de soi, et la vie n'est nullement identifiable à quelques traits ou comportements bien réglés. Le devenir dans le *ça* n'est à l'image de rien, à la merci de personne, d'aucune généralisation historique; et c'est en effet ce que suscite le passage de *+1* à *2* (le devenir d'*un* film – puisqu'indéfini « en pratique » – est lui-même « amnésique » et « préhistorique »; une image sans image, c'est-à-dire sans mémoire); ce que le soldat de *La voie de l'esprit* admet avec une émotion laissant transpirer toute l'importance et l'intensité (le *si* contenu dans le « si réel ») de la vie qui lui est donnée. C'est donc dire que, par le passage en force de ce qui ne se souvient de rien et pourtant donne vie (cette « différence » dont parle Viveiros de Castro), ce dernier s'intercepte dans l'instant vertigineux d'une vie à peine vécue.

Force de l'image contre raison du pensable : on n'a pas suffisamment souligné à quel point le cinéma d'Apichatpong est au service d'une *indéfinition* du présent œuvré dans l'immédiateté du rapport entre passé et futur, et que ses films participent d'un temps sans temps, c'est-à-dire d'un *passage,* d'une émotion entièrement soustraite à n'importe quel commencement comme à n'importe quelle fin. Si bien qu'entre le passé et l'avenir il n'est de délai que quasi nul, *inframince* pour le dire à la manière de Duchamp[10]. Et si *Tropical Malady* en appelle justement à une pensée de l'inframince, c'est peut-être parce que le film suppose une pratique interstitielle de l'image – de *l'image à faire,* à agencer du milieu de ce qui passe et fait échec à toute distribution et évaluation du temps. Pensée qui, pour l'occasion, se transforme en l'équivalent d'un acte proprement éthique, d'un acte de foi : non pas d'une vie après la mort, mais d'*une vie pendant la vie,* contemporaine de cette vie-là (nullement à titre posthume). Rien n'édicte que l'individualité soit le siège d'un rêve ou l'épicentre d'une vie. C'est en tout cas dans cette perspective que Whitehead peut écrire : « Life lurks in the interstices of each living cell, and in the interstices of the brain » (Whitehead 1978 : 105-106). Et qu'Apichatpong n'a de cesse de fissurer ses personnages, de les situer hors sujet, par-delà vrai et faux, comme lorsque le moine d'*Oncle Boonmee* s'observe dans l'instant qui était et cependant sera. Comme si le temps ne vivait que sous le mode d'une *interstitialité* ou *fantomalité,* loin des équilibres homéostatiques, irréductible à telle cellule comme à telle image individualisée. Les formes de vie d'Apichatpong, lors même qu'elles s'interceptent dans un rapport d'étrangeté, s'inclinent devant la nécessité – l'innocente nécessité – d'un entre-deux, d'un illocalisable où elles oscillent et font éclipse.

Simultanément terrifiant et inspirant : un effet *peut* précéder sa cause.

Mais alors, la *confection* du temps, n'est-ce donc pas ce vers quoi les images d'Apichatpong regardent – non du côté de l'utile, lui-même saturé d'images cruelles envers l'inconnu et le non-vécu? Or, comment donner vie à « l'écheveau mouvant des temps », pour reprendre ici la formule de Didi-Huberman (2002 : 273)[11]? On comprend ici toute la difficulté de l'œuvre qu'Apichatpong se donne *à faire* : canaliser ce temps fou qui, « pour devenir visible, "cherche des corps et, partout où il les rencontre, s'en empare pour montrer sur eux sa lanterne magique" » (Deleuze 1964 : 26). Il n'y a pas lieu de s'étonner devant le fait qu'Apichatpong s'invente autant de temps en vue de fabriquer ses images, mais aussi de nous les faire sentir : une durée, peut-être même une éternité, mais une éternité néanmoins conçue. Il n'est pas rare que l'image (et la soi-disant narration à laquelle elle agrée) devienne le plan de vol (un lent éternel détour) d'un passage-temps qui, tout bien considéré, reste à faire. Le temps des images, ainsi confectionné, souffle si bien l'emmêlement et l'indéfinition que nous ne saurions dire exactement où nous atterrissons, où nous faisons escale, aussi brève soit-elle. Il faut alors *tenter* le lieu.

> La vie est le plaisir de l'émotion, dérivé du passé et aspirant au futur. C'est le plaisir de l'émotion qui était alors, qui est maintenant, et qui sera alors. [...] L'émotion transcende le présent de deux façons : elle "sort de" et elle "sort vers". On la reçoit, on la goûte, on s'en dégage de moment en moment. (Whitehead 2007 : 214)[12]

Que la vie soit redevable de ce passage (« de » et « vers »), de cette *sortie* que Whitehead abrite sous la notion – à première vue personnalisante – d'émotion, les images et les situations d'Apichatpong ne manquent jamais de le souligner. Si le passé ne cesse jamais d'être, mais d'être ce-qui-hante, il faut aussi dire que l'à-venir n'est jamais tout à fait sauf d'un présent qui ne cesse de passer en lui, et « que le même "*maintenant*" tout à la fois conclut son passé et commence son avenir » (James 2007 : 80). Mais en quoi, et même pourquoi devrions-nous nous réjouir si nous vivons davantage de ces passages que d'une définition du présent? Peut-être est-ce parce que l'expérience transitionnelle (dont les termes ne doivent être administrés d'avance, par la force) est en rapport analogique avec l'émotion créatrice qui nous exempte de toute compacité individuelle. Les passages sont les seuls points de vue, les seules réalités qui vaillent sous le faisceau d'une *esthétique de la terre* : se dé-tournant (de, avec, vers) elle-même. À vrai dire, à la lumière des propositions (non-standards) avancées par Apichatpong, il nous faut revoir cette idée d'émergence (ou d'émotion) telle que l'exposent Whitehead, et après lui James : le moins qu'on puisse dire est que *Tropical Malady* déploie un sens de l'émergence bien moins linéaire et unidirectionnel que les deux dernières citations suggèrent. Conformément aux images-temps d'Apichatpong, provenance et aspiration ne sont attribuables à aucune région du temps (les prophéties de Boonmee sont remarquables à ce titre). Futur-passé, indéfiniment et « transversablement » désirés : un mouvement doit être expérimenté en vue d'atteindre à leur limite.

Créer ce passage para-linéaire : on ne saurait mieux concevoir la trajectoire artistique d'Apichatpong, et donc sa manière de faire ritournelle. C'est ainsi que par la coupure, du milieu que celle-ci engendre, Keng et Tong synthétisent eux-mêmes cette (contre-)tendance et dérive du devenir. On ne soulignera pas assez ce qu'Arnika Fuhrmann remarque au sujet du film, à savoir que le désir homosexuel entre les deux individus est lui-même une atteinte aux arrangements normatifs du temps : en se présentant comme une situation ordinaire, imperturbée par le conservatisme (répressif) ambiant d'une part, et en personnifiant la « non-cohérence » du film, c'est-à-dire sa contre-mémoire (Fuhrmann 2016: 131). Avec *Tropical Malady,* c'est l'image du temps (de sa reproduction) qui est disloquée par un amour n'appartenant ni à un avant (primitif) ni à un après (dont la menace est repoussée), mais qui s'émancipe du battement du temps.

« A vagrant now and again » : ce sont des refrains de ce type qui font que de grands noms de la science-fiction tels que Samuel R. Delany (1994 : 20, 79), voulant appréhender le glissement et la brièveté de l'*à-peine-là,* doivent être lus en bordure des films d'Apichatpong[13]. Que le temps soit essentiellement flottant et mélangeant, c'est-à-dire coexistence du passé qui n'est plus et du futur qui n'est pas encore avec un présent indéfiniment ouvert, jamais ce dernier ne renonce à cette idée. « Dans la singularité des paradoxes, nous dit Deleuze, rien ne commence ou ne finit, tout va dans le sens du futur et du passé à la fois » (Deleuze 1969 : 98). Et c'est toute la force et la singularité du voyage non pas dans le temps, mais du temps même, à savoir de se « passéiser » et de se « futuriser » à la fois, de ne pas se donner comme tel. Mais l'émotion, ou l'« avec » dans le *com*-plexe, n'est-elle pas le seul (non)sens (indéfiniment multiple) de l'« à-la-fois »? En fait, je ne saurais mieux expliquer cette idée que ne le fait Apichatpong lui-même à travers son Boonmee (rêveur, ou re-souvenant de son propre futur-antérieur, que l'intitulé du film qualifie de « vies »), ou même ses amoureux-haineux dans *1* et *2* (aux identités continuellement trahies). Le problème du sens chez Apichatpong n'est pas simplement double, il est avant tout paradoxal, foudroyé d'émotion.

***

Je lis dans *L'expérience intérieure* de Georges Bataille que « [l]'expérience est la mise en question (à l'épreuve), dans la fièvre et l'angoisse, de ce qu'un homme sait du fait d'être » (Bataille 1954 : 16). Et je m'aperçois, dans une lecture perpendiculaire à celle de Bataille, que c'est dans la sueur et la stupeur que le soldat de *film 2,* après avoir rampé dans un style contraire à sa nature humaine, n'a d'autre option que de confronter le tigre dont il traquait l'esprit; que c'est dans la dangereuse proximité du fauve et du militaire, plongés l'un et l'autre dans une nuit d'extase, que se vérifie la mise à l'épreuve de ce que nous savons nous-mêmes du fait d'être humain. C'est que, soudain, l'animalité du soldat est ombrageusement liée à l'éloquence du tigre-chaman. La langue – sinon le langage – dont ce dernier fait usage est saisie dans un effort de transduction (de sous-titrage fabulatoire, comme dans l'exemple du singe qui s'adresse plus tôt au soldat) par où il ordonne à l'humain de se rendre. Mais il n'est pas de lèvres sur lesquelles l'on puisse lire et délibérer, seulement des voix qui se suivent, s'entrechoquent, se distordent.

Or, qui se croit humain et qui se croit animal dans toute cette histoire? C'est à s'y méprendre. À vrai dire, je ne sais pas si le mot de réversibilité renvoie le plus adéquatement possible à ce passage d'animalité, mais je crois pouvoir dire qu'une réelle indécidabilité concernant la position de l'un et de l'autre sur le spectrum des chairs vivantes annule la césure anthropologique qui invaliderait la perspective, autrement dit *la voie,* du tigrement humain. L'intercession ou le chamanisme d'Apichatpong s'élève contre cette « bifurcation de la nature »[14], et s'extasie dans une dernière séquence où la réalité parlante de l'animal et le devenir bestial du soldat s'impliquent l'un l'autre. L'injonction morale du départ, imputée au romancier japonais, se tarit devant la nuit, devant la bête, devant l'indécidabilité même de la parole et l'assujettissement du soldat. Et je dis indécidabilité non seulement parce que la nuit devient fauve, mais parce qu'elle est aussi solaire. C'est à ceci près que chacun reconnaîtra l'épilogue de *Tropical Malady* : à la cime des arbres dont le verdoiement s'éclipse dans le lever d'un jour, nappant lui-même le dévoilement d'un soir.

> Even though I grew up in a small town where the land is flat, there were strange animals sounds in a quiet night not like those up on the hills. The tales and the landscapes were imprinted in my mind. I always imagine a parallel world with these elements, one where I did not physically live. When I had a chance to make films, which in itself is to create another world, I always resorted to this jungle. The love and fear of mysterious darkness and jungle became my addiction, along with filmmaking. (Weerasethakul in Quandt 2009 : 225)

Que le jour s'éclipse le temps d'une image, d'un rêve, d'une existence fantomale, c'est là un préalable auquel le cinéma ne résiste. Mais se pose alors, sans trêve : où mettre la limite du jour et de la nuit sinon dans un contraste[15], une transition libérée des prétentions systémiques et formelles? Où et comment faire image d'un temps-sans-temps, insubordonné, si ce n'est à partir d'une « opacité mystérieuse », d'une étrangeté irréductible aux conventions de la perception? L'intraductibilité du singe et du tigre, malgré la parole et les mots dont ils sont dotés, est sans doute symptomatique de leur *enchevêtrement limite*. La fabulation – si le terme est suffisamment susceptible à ce genre de parler-étrange-à-distance – est partie prenante du croisement humain/non-humain, et de l'entretient de leur opacité mutuelle. Il n'est pas de différence à réduire, d'étrangeté à élucider au motif d'une *ap*préhension supérieure.

> Il y a dans ce verbe comprendre le mouvement des mains qui prennent l'entour et le ramènent à soi. Geste d'enfermement sinon d'appropriation. Préférons-lui le geste du donner-avec, qui ouvre enfin sur la totalité. (Glissant 1990 : 210)

Les transparences (rapports à soi) ne sont jamais que les abréviations d'un monde affranchi des seuils humains (début, fin), trop humains. Si l'on insiste à ce point sur la création de différence, *à partir de la différence,* c'est qu'il nous semble que le seul moyen d'y parvenir est de garder en considération la part d'ineffable (c'est-à-dire d'intraduisible) qui se dérobe à l'empire du possible. L'opacité est l'attitude qui doit aussi nous guider lorsque nous prenons Apichatpong pour intercesseur. Ainsi, enveloppé dans le bruit nocturne, je ne puis ramener à moi (m'approprier) cet entour, ce rêve qu'est le cinéma d'Apichatpong Weerasethakul. Je ne prétends pas le comprendre, ni (me) l'expliquer. Je n'ai pour lui qu'une sympathie (« donner-avec ») qui vise à prolonger l'émerveillement, l'amour et la peur (« the love and fear ») du mode d'opacité qu'il pratique. Ce pour quoi les différents trajets qu'emprunte ce texte sont indicatifs d'un refus, celui de jauger, c'est-à-dire d'évaluer l'œuvre d'Apichatpong selon un « barème de transparence » (Glissant 2011 : 14, ma traduction) tel qu'institué et désiré par les philosophies de l'Occident. Cela étant, je m'intéresse à la façon dont il inquiète et parfois redouble les idées et les propositions qui m'animent. Quand bien même je ne cherche pas à visualiser son cinéma devant l'horizon de transparence tracé par les onto-épistémologies européennes, je désire profondément leur rencontre, avec l'espoir que celle-ci, sait-on jamais, complique et intimide le thème du retour. C'est que le cinéma d'Apichatpong Weerasethakul nous permet d'imaginer un dehors plus grand que les formes et les images ventilées dans les espaces de pensée où plusieurs contemplateurs de temps finissent par être mis au rang. S'il paraît hospitalier aux idées engendrées et diffusées par une chorte de penseurs eurocentriques (majoritairement blancs, hommes), son œuvre freine voire interrompt leur légitimité transcendantale en occasionnant ces limites et coupures qui les/nous exhortent à penser de nouveau. Ainsi nous ne partons pas en ligne droite, nous ouvrons plutôt sur la totalité du monde. Un tel cinéma, comme expérience, c'est-à-dire comme *pensée*, met à l'épreuve ce que « Je » crois savoir de l'être et du devenir. En d'autres termes, la décolonisation de la perception ne saurait avoir lieu sans porter atteinte aux idées et aux propositions avec lesquelles je vis (et qui me hantent). Comme le dit si bien l'écrivaine et cinéaste Trinh T. Minh-ha, la seule attitude qui vaille est celle où l'on parle auprès de (*speak nearby*), par aventure et créativité.

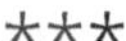

Apichatpong n'est réalisateur de temps qu'à force d'apprécier et de dramatiser son intempestivité. Temps (de l'histoire, de la survivance, du devenir, de la nuit-jungle) et images se nouent en une trame expérientielle où la figure du fantôme, de ce qui est parti et pourtant fait retour, de ce qui fait détour, n'est pas moins réelle et actantielle. D'où qu'ils nous viennent, peu importe comment ils s'y emploient (qu'il s'agisse notamment du film-rêve[16]), les fantômes voyageurs de Weerasethakul ne prennent vie sans que l'indéfiniment ouvert (trans-apparitionnel et transversible) ne leur vole leur chance d'être ici et maintenant—*de passage*. Le regard du soldat se braquant à plusieurs reprises sur la caméra qui le cadre durant le générique-début de *Tropical Malady* (*film 1*) participe à sa façon d'une mise en question du temps filmique : sans doute éprouve-t-il une gêne, à peine masquée, à s'adresser à nous comme à des fantômes, après avoir ainsi défait toute distance écranique. Mais : « D'où, de quel lieu et de quel temps, nous parle donc ce fantôme? » (Didi-Huberman 2002 : 32). Si « l'interprétation vraiment "historique" », ainsi que l'a proposé Nietzsche, consistait à parler « en fantôme à des fantômes » (1988 : 71), comment donc ne pas imaginer que c'est en cette qualité-là, autrement dit spectrale, que s'adresse aussi l'oncle Boonmee à celles et ceux qui viennent le visiter; que c'est en contemporain de ceux qui ne sont plus ou pas encore vivants, en contemporain historique, et par conséquent fantomatique, qu'Apichatpong se met à faire (image) du temps?

D'où la question de Didi-Huberman : « Pourra-t-on jamais *prévoir* ce qui, du passé, est appelé à *survivre* et à nous hanter dans le futur? » (2002 : 512), que je modifie comme suit : comment entrevoir ce qui d'aujourd'hui hante, toujours-déjà, cet hypothétique lendemain? Et à quoi, à quels signes reconnaît-on ce qui de notre vécu sera appelé à errer encore et maintenant (« now and again »)? Il n'est que la force du changement pour inquiéter les catégories de répétition et de reconnaissance, et donner l'occasion de s'étonner devant l'art de la variation. Car une éternité seule – une éternité pas simplement nietzschéenne, puisqu'il faut également se projeter dans l'activité et la technicité du détour – peut « voir » ce qui aura réussi à vaincre cet affreux oubli de mémoire. Mais alors veut-on – pensons-y un instant – continuer en errant dans le présent de celles et ceux qui hériteront du nôtre? Il ne suffit pas de survivre, il faut se donner les modes d'une fugitivité qui soit, certes, protestataire vis-à-vis de ce qui nous fige (et nous défend de rêver), mais devienne aussi l'agencement d'un amour innocent. C'est ce que l'épouse de Boonmee, Huay, semble vouloir lui exprimer : « Les fantômes ne sont pas attachés aux lieux, mais aux personnes. Aux vivants. »

Et si nous étions déjà en vie?

## Notes

1. Et Didi-Huberman d'ajouter : « Inéluctable est pourtant la scission qui sépare en nous ce que nous voyons d'avec ce qui nous regarde.

Il faudrait partir de ce paradoxe où l'acte de voir ne se déploie qu'à s'ouvrir en deux » (1992 : 9). Il s'agit bien, pour Didi-Huberman, d'emboîter le pas au phénoménologisme de Maurice Merleau-Ponty, autour notamment d'une inéluctable Visibilité. Voir à ce sujet le chapitre « L'entrelacs – le chiasme » dans Merleau-Ponty 1979.

2. La thèse de l'éternel retour chez Nietzsche est splendidement exprimée dans l'un des discours de Zarathoustra, « De la vision et de l'énigme » : « De cette porte nommée Instant une longue rue éternelle va en *arrière* : derrière nous s'étend une éternité. Ne faut-il pas que tout ce qui sait courir ait déjà suivi cette rue en courant? Ne faut-il pas que tout ce qui peut arriver soit déjà une fois arrivé, ait déjà été une fois fait ou soit déjà passé une fois en courant? [...] Et toutes les choses ne sont-elles pas ainsi fermement liées, de telle sorte que cet instant entraîne toutes les choses à venir derrière lui? *Donc* – lui-même aussi » (Nietzsche 1983 : 191).

3. Au surplus, un air de quotidienneté flotte autour de leur paisible idylle, au point où les prises d'images et de sons (sur un mode proche du documentaire) se font par endroits intrusives, quitte à perturber leur intimité. L'image du soldat, concomitante au générique et qui, du regard, nous retourne la pareille, semble faire écho à la gêne occasionnée par la présence, tout aussi intrusive, de la caméra. Et c'est ici que se profile l'une des thématiques abondamment commentées par la critique : l'étrange naturalité, voire familiarité, des mises en images du cinéaste. Pour Claire Valade, la façon même dont Weerasethakul mêle le fantastique avec le quotidien « comme si c'était une chose tout à fait naturelle » suffit à décrier son réalisme et à ne pas « s'y attacher », alors qu'au contraire, aux yeux de Natalie Boehler elle « cultive une sorte de naturalisme du surnaturel » qu'il s'agit de célébrer (Valade 2011 : 50-51; Boehler 2011 : 302, ma traduction).

4. Qu'on me permette une note au sujet de cet inexplicable, d'autant qu'il n'induit en rien son annulation dans l'ordre infra-empirique. Il en va même autrement : rien n'explique sur le plan des images-corps cette différence essentielle, cruciale qui les coupe en leur sein. L'explication ne peut être identifiée à son négatif, à son impossible, à ce qui s'y oppose le plus farouchement. Aussi, c'est l'inexplicable qui produit le choc des images, et non l'inverse. « Que la différence soit à la lettre "inexplicable", il n'y a pas lieu de s'en étonner. La différence s'explique, mais précisément elle tend à s'annuler dans le système où elle s'explique. Ce qui signifie seulement que la

différence est essentiellement impliquée, que l'être de la différence est l'implication. S'expliquer pour elle c'est s'annuler, conjurer l'inégalité qui la constitue » (Deleuze 1968 : 293).

5. Noi Inthanon est le nom de plume de Malai Chupinit, auteur du livre *Long Phrai : Suea Kueng Puthakan* (1955) d'où est également extrait le titre thaïlandais du film : *Satpralat*, littéralement « monstre ».
6. Il ne faut pas se laisser « leurrer » par la numérotation qui donne à séquencer le déroulement du film. 1 et 2, mais nous pourrions tout aussi bien avancer 1 et 1 et..., en vue de souligner l'éternel commencement de ce que nous éprouvons dans la perception.
7. On reconnaîtra le leitmotiv de *L'Anti-Œdipe* (Deleuze et Guattari 1972).
8. Guattari de préciser qu'une des finalités de ce détour est de « cadrer une mise en scène *dis-positionnelle,* une mise en existence, autorisant, en "second" lieu, une intelligibilité discursive » (1989 : 26). Cette « mise en existence » est ce que nous appelons individuation, métamorphose des sujets ou des choses qui participent d'une situation (mouvement) loin de l'équilibre.
9. Soyons d'avis à dire que c'est justement cette torsion de l'habitude qui définit cette manière qu'a Weerasethakul de batailler, et que la passion de ses images pensantes est complice d'une défamiliarisation d'avec celles qui les ont précédées. *Contre l'accoutumance.*
10. « Dans le temps un même objet n'est pas le même à 1 seconde d'intervalle » (Duchamp 1999 : 21). L'inframince est le thème d'une perception promise au devenir, à sa vitesse comme à son échelle trans-apparitionnelle.
11. Ce sont nos perceptions qui ne durent et n'endurent pas assez pour entrevoir qu'une simple articulation ou prise de forme peut prendre autant de temps que sa capacité lui en fournit. La vitesse dans la perception est une affaire dont la philosophie du futur ne pourra que tirer de nouveaux livres et de nouvelles théories.
12. Whitehead ne prêche que par cette forme d'empirisme transcendantal, et c'est sans doute ce qui le rapproche d'un penseur comme William James. « Each moment of experience », dit-il dans un style sympathique aux idées de James, « confesses itself to be a transition between two worlds, the immediate past and the immediate future » (Whitehead 1967 : 192).

13. Delany est de ceux qui, dans l'écriture même, ne savent où et quand commencer, livrant ses personnages à un temps sans queue ni tête, comme le démontre parfaitement la trilogie *Nevèrÿon*. Autre chef-d'œuvre de la littérature afro-spéculative : *Kindred,* de la romancière Octavia E. Butler, qui nous porte au cœur de cette complexité, par-delà les restrictions (historiques, scientifiques) et formulations (nécessités, déterminations) du temps.

14. J'avance ici ma propre interprétation de ce syntagme whiteheadien. On peut lire dans *Le concept de nature* qu'un tel démembrement de la réalité « consiste à bifurquer la nature en deux subdivisions, c'est-à-dire la nature appréhendée par la conscience et la nature qui est la cause de cette conscience. La nature qui est le fait appréhendé par la conscience contient en elle-même le vert des arbres, le chant des oiseaux, la chaleur du soleil, la dureté des sièges, la sensation du velours. La nature qui est la cause de la conscience est le système conjectural des molécules et des électrons qui affectent l'esprit de manière à produire la conscience de la nature apparente » (Whitehead 1998 : 54-55). Il me semble justement que Weerasethakul, tout comme Whitehead, désobéit au principe subjectiviste de séparation entre apparence et réalité, et cherche à plonger dans une immédiateté de conscience, voire une immanence, où la perception humaine ne peut plus se distancier de quoi que ce soit. L'opacité du geste weerasethakulien rechigne à mettre la perspective soi-disant fauve et le point de vue soi-disant humain en porte-à-faux. Le fait est que le tigre non seulement *sait penser* pour lui-même, mais aussi, et peut-être même surtout, *fait penser* (il est agissant). L'essentiel de l'opération-Weerasethakul n'est donc pas de faire bifurquer la réalité, dont il affirme au contraire la pluralité des parlers et rationalités.

15. Le *temps nuit* – s'il est une chance, c'est-à-dire un déclencheur pour le cinéma comme tentative d'amplification du réel – s'apparie de manière directe aux saisies (physiques, photo-chimiques) d'Apichatpong : sa nécessité va jusqu'à épaissir la couverture du catalogue d'une de ses installations, *For Tomorrow, For Tonight.*

16. Weerasethakul : « Film is like an entity by itself. The phantom is not disappearing but something that transforms itself. Cinema also has been transforming itself. Thus cinema can be a phantom in this sense : because it's something that you really need to dream. Cinema is a vehicle we produce for ourselves and as part of us. It's like an extension of our soul that manifests itself » (Kim 2011 : 52).

## Bibliographie

Bataille, Georges. *L'expérience intérieure*. Paris : Gallimard, 1954.

Bergson, Henri. *Matière et mémoire. Essai sur la relation du corps à l'esprit*. Paris : PUF, 1939.

Boehler, Natalie. « The Jungle as Border Zone : The Aesthetics of Nature in the Work of Apichatpong Weerasethakul. » *ASEAS – Austrian Journal of South-East Asian Studies* 4.2 (2011) : 290-304.

Delany, Samuel R. *Flight from Nevèrÿon*. Middletown : Wesleyan University Press, 1994.

Deleuze, Gilles. *Nietzsche et la philosophie*. Paris : PUF, 1962.

Deleuze, Gilles. *Proust et les signes*. Paris : PUF, 1964.

Deleuze, Gilles. *Différence et répétition*. Paris : PUF, 1968.

Deleuze, Gilles. *Logique du sens*. Paris : *Éditions de* Minuit, 1969.

Deleuze, Gilles. « L'épuisé. » *Quad et autres pièces pour la télévision*. Paris : Éditions de Minuit, 1992 : 56-106.

Deleuze, Gilles et Félix Guattari. *L'Anti-Œdipe* : *Capitalisme et schizophrénie*. Paris : Éditions de Minuit, 1972.

Didi-Huberman, Georges. *Ce que nous voyons, ce qui nous regarde*. Paris : Éditions de Minuit, 1992.

Didi-Huberman, Georges. *L'image survivante. Histoire de l'art et temps des fantômes selon Aby Warburg*. Paris : Éditions de Minuit, 2002.

Duchamp, Marcel. *Notes*. Paris : Flammarion, 1999.

Fuhrmann, Arnika. *Ghostly Desires: Queer Sexuality & Vernacular Buddhism in Contemporary Thai Cinema*. Durham: Duke University Press, 2016.

Glissant, Édouard. "Edouard Glissant in Conversation with Manthia Diawara." *Nka: Journal of Contemporary African Art* 28 (2011): 4-19.

Glissant, Édouard. *Poétique de la relation*. Paris : Gallimard, 1990.

Guattari, Félix. *Les trois écologies*. Paris : Galilée, 1989.

Guattari, Félix. *Chaosmose*. Paris : Galilée, 1992.

James, William. *Essais d'empirisme radical*. Paris : Flammarion, 2007.

Joo, Eungie. « Present Again. » *Apichatpong Weerasethakul : For Tomorrow For Tonight*. Ed. Maeve Butler. Dublin : Irish Museum of Modern Art, 2011.

Kierkegaard, Søren. *La reprise*. Paris : Flammarion, 2008.

Kim, Ji-Hoon. « Learning about time : An interview with Apichatpong Weerasethakul. » *Film Quarterly* 64.4 (Summer 2011) : 48-52.

Lispector, Clarice. *Agua Viva*. Trad. Regina Helena de Oliveira Machado. Paris : des femmes, 1973.

Merleau-Ponty, Maurice. *Le visible et l'invisible*. Paris : Gallimard, 1979.

Nietzsche, Friedrich. *Crépuscule des idoles ou comment philosopher à coups de marteau*. Textes et variantes établis par Giorgio Colli et Mazzino Montinari. Trad. Jean-Claude Hémery. Paris : Gallimard, 1974.

Nietzsche, Friedrich. *Ainsi parlait Zarathoustra. Un livre pour tous et pour personne*. Trad. Georges-Arthur Goldschmidt. Paris : Librairie Générale Française, 1983.

Nietzsche, Friedrich. *Humain, trop humain. Un livre pour esprits libres*. Trad. R. Rovini revue par M. B. de Launay. Œuvres philosophiques complètes, III-1. Éd. G. Colli et M. Montinari. Paris : Gallimard, 1988.

Quandt, James (ed.). *Apichatpong Weerasethakul*. Wien : Synema, 2009.

Valade, Claire. « Oncle Boonmee (celui qui se souvient de ses vies antérieures) : la vie dans l'entre-monde. » *Séquences : La revue du cinéma* 270 (2011) : 50-51.

Viveiros de Castro, Eduardo. *Métaphysiques cannibales. Lignes d'anthropologie post-structuale*. Trad. Oiara Bonila. Paris : PUF, 2009.

Weerasethakul, Apichatpong. « Ghosts in the Darkness. » *Apichatpong Weerasethakul*. Ed. James Quandt. Wien : Synema, 2009 : 104-117.

Whitehead, Alfred North. *Adventures of Ideas*. New York : The Free Press, 1967.

Whitehead, Alfred North. *Process and Reality*. New York : The Free Press, 1978.

Whitehead, Alfred North. *Le concept de nature*. Trad. J. Douchement. Paris : Vrin, 1998.

Whitehead, Alfred North. « Nature et vie. » Trad. N. Thyssen-Rutten. *La fonction de la raison et autres textes*. Paris : Payot, 2007.

## Table

www.ingramcontent.com/pod-product-compliance
Lightning Source LLC
LaVergne TN
LVHW091121080826
845145LV00008B/2001

* 9 7 8 1 7 8 5 4 2 0 4 2 9 *

# Nocturnal Fabulations

Ecology, Vitality and Opacity in the Cinema of Apichatpong Weerasethakul

# *Immediations*

Series Editor: SenseLab

> "Philosophy begins in wonder. And, at the end, when philosophic thought has done its best, the wonder remains"
> – A.N. Whitehead

The aim of the Immediations book series is to prolong the wonder sustaining philosophic thought into transdisciplinary encounters. Its premise is that concepts are for the enacting: they must be experienced. Thought is lived, else it expires. It is most intensely lived at the crossroads of practices, and in the in-between of individuals and their singular endeavors: enlivened in the weave of a relational fabric. Co-composition.

> "The smile spreads over the face, as the face fits itself onto the smile"
> – A. N. Whitehead

Which practices enter into co-composition will be left an open question, to be answered by the Series authors. Art practice, aesthetic theory, political theory, movement practice, media theory, maker culture, science studies, architecture, philosophy ... the range is free. We invite you to roam it.

# Nocturnal Fabulations

## Ecology, Vitality and Opacity in the Cinema of Apichatpong Weerasethakul

Érik Bordeleau, Toni Pape, Ronald Rose-Antoinette and Adam Szymanski

With an introduction by Erin Manning

()
OPEN HUMANITIES PRESS
London 2017

First edition published by Open Humanities Press 2017


Cover Illustration © Kick the Machine
Cover Design by Leslie Plumb

Typeset in Open Sans, an open font.
More at http://www.google.com/fonts/specimen/Open+Sans

Print ISBN 978-1-78542-040-5
PDF ISBN 978-1-78542-041-2

Freely available online at:
http://openhumanitiespress.org/books/titles/nocturnal-fabulations

OPEN HUMANITIES PRESS

Open Humanities Press is an international, scholar-led open access publishing collective whose mission is to make leading works of contemporary critical thought freely available worldwide. More at http://openhumanitiespress.org

# Contents

*An illustrated version of this book can be downloaded for free at:*
*http://openhumanitiespress.org/books/titles/nocturnal-fabulations*

Erin Manning

# Introduction

> Intercessors are essential. Creation is all about intercessors. Without them, there is no work.
> *Gilles Deleuze (1995: 125, translation modified)*

When the Immediations book series at Open Humanities Press was launched, it was done with Gilles Deleuze's concept of the intercessor[1] in mind. We were looking for a way to give voice to a kind of collaboration that would work from within the weave of research and writing, a collaboration that would give texture to a voice (or a multiplicity of voice) toward a conversation to come. A conversation to come is one that invents interlocutors, one that refuses to know in advance where the encounter will lead. Deleuze calls this a minoritarian discourse: "We must catch someone fabulating, catch them 'in the act' of fabulating. Then a minoritarian discourse, with two or many speakers, takes shape... To catch fabulation in the act is to seize the movement of the constitution of a people. A people never preexists (translation modified)" (Deleuze 1995: 125–6).

*Nocturnal Fabulations: Ecology, Vitality and Opacity in the Cinema of Apichatpong Weerasethakul*, an eight-handed, four-bodied book by Érik Bordeleau, Ronald Rose-Antoinette, Toni Pape and Adam Szymanski, is an essay in intercessing. This is not a book that is simply "about" the work of the cinematographer Apichatpong

Weerasethakul, though it does engage his work in detail. It is a book that deeply questions *what else* might be at stake in setting up the conditions for collaboration across two genres – cinema and writing. It is a book that asks *what else* this uneasy interstice of image-thought can look like when it moves onto the page. This thinking-with can be understood as an engagement with how the films of Apichatpong themselves propose collective ecologies of thought and how these ecologies foreground new ways of seeing the image as a movement of thought. This gesture of thinking with and across image and text, of being moved by a work that intercesses two discrete but intertwined perceptual processes, developing vocabulary not to "explain" the work but to reactivate it by other means, proposes a wholly different ethos of engagement. Refusing to position itself outside Apichatpong's work in an effort to situate it once and for all within a genre, or within a historical period, or order it using a theoretical method, what *Nocturnal Fabulations* proposes instead is a direct engagement with the forces of thought that move through the work and make it work. It is an attempt, in writing, to see *where else* these forces can lead. Apichatpong Weerasethakul is a perfect match for such a project: there is always a sense, in watching his films, that he is a participant in a process that has yet to quite unfold, and that his work is, before all else, dedicated to a people (and a conversation) yet to come.

Apichatpong describes his work as "open cinema", and often seems at odds with questions interviewers pose, uneasy with their probing into plot sequence and intentionality: "Sometimes you don't need to understand everything to appreciate a certain beauty," he tells one interviewer. "And I think the film operates in the same way. It's like tapping into someone's mind. The thinking pattern is quite random, jumping here and there like a monkey" (Rose 2010). In another interview: "I believe that cinema has its own life," and then, when the interviewer prods a bit more: "Yeah, but the more I explain, the more the movie loses

its mystery so I think I should stop! [...] [I]t's the mood and the feeling that matters to me" (Peranson 2010).

With some filmmakers, one might have the sense of these being anti-intellectual attempts to avoid taking a stance – "you just have to feel it – as I can't explain it" a stand-in for "the artist has an intuition that comes from outside the everyday and defies explanation." This is not what is at stake with Apichatpong, for his films do always take a stance, and he does not shy away from complex conceptual-aesthetic issues. But he does trouble language, especially the kind of language that would like to frame experience, his effort more directed toward the complexity of what feeling can do at the edges of ineffability. Here feeling is not so much outside of language as *with* its uneasy telling, the plot not carried by the tenor of an emotion that orients the image as by the affective tonality of a thinking-feeling that resists stable time signatures. Language is made uneasy precisely because it does not easily speak in the cacophony of time unmoored. What is felt in Apichatpong's work, what matters in the feeling, is carried forth by an image that cannot quite be left behind in the explaining. To explain the work, to categorize it sequentially, as interviewers (and critics) are wont to do, is to misunderstand how its movements undermine any kind of linear telling. It is to underestimate what the image can do.

There is great richness in what is carried forth in Apichatpong's work, and it is this that the texts that follow embrace. In this sense, theirs can also be imagined as a kind of futurist archeological work, a speculative gesture not of this time that touches the limits of *what else* the image can do, asking, with Apichatpong, what it might mean to think like a monkey jumps.

To be an intercessor is to attend to the qualities of the thresholds of an encounter between forces and forms of thought, and to inquire, each time anew, how the threshold carries incipient form from image to experience, from experience to image.

For how we perceive really matters in Apichatpong's works: "everything matters, [...] you're not really looking forward to the finished work but looking forward to every moment; enjoying every moment" (Elphick 2015). What is unusual, however, is that this mattering isn't primarily inward-looking: the image's thinking-feeling does not begin and end here, in this cinematic experiment, in this plot sequence.

> Before I used to think of film as maybe just one project. With my process being finishing it piece by piece, before moving on to different themes or interests. But lately I think of film like satellites: surrounding this ongoing universe; even building that universe. So when I finished *Cemetery of Splendour*, it wasn't really finished. It's almost like a platform, to move onto another work that can be built from it. But it all ends up being one piece; all together". (Elphick 2015)

Open cinema as punctually expressed singularity across a series that cannot be reduced to the sum of its parts. Open cinema as relational platform across times in the cinematic making.

To be an intercessor is to *participate* in this relational platform, not to *mediate* it. It is to recognize how the immediacy of an encounter with an image, with a movement of thought, or better yet, with the intervals of thought-images yet to come, affects what it means to perceive. Intercessors change the norms of contact. Changing the norms of contact is always a creative gesture: there is no intercessor that would exist once and for all, nor is there a creative act that can flourish without intercession. "Fictive or real, animated or inanimate, one must make one's intercessors. It is a series. If you don't form a series, even completely imaginary, you are lost. I need my intercessors to express myself, and they would never be able to express

themselves without me: we are always many at work, even when you don't see it" (Deleuze 1995: 125, translation modified).

To act is to have been intercessed, to have been moved by conditions beyond the frame of an encounter predetermined. A creative act, it must be underscored, is not something that belongs to me: the work is activated in a field of relation that is always lively with intercessions. And so to seek to know a work is to be curious about how it has been intercessed.

Intercession occurs at all levels: the artist is intercessor, the writer is intercessor, the ecologies that orient their coming together are intercessing. In the case of Apichatpong, the intercessions are wildly layered: histories that refuse to remain unspoken, tales retold in settings too strange to serve as placeholders for simple ideological positioning, characters (re)emerging from future-pasts, haunting the image that itself refuses to stand still. It is the complexity of intercession that keeps the image moving: the creative impulse is no longer restrained to that which flies off the screen today into the movie theatre or tomorrow into the textual analysis. Intercessions move through Apichatpong's films, activating cinema's potential for coming-between in times as yet uncharted.

Toni Pape, Ronald Rose-Antoinette, Adam Szymanski and Érik Bordeleau tend to this perception-in-act. "The feeling of a story exceeds the hard facts of its plot and outlasts its delivery," writes Toni Pape in this collection (20). What else can the image do, he wonders, in the intervals of its own becoming, a time he calls "no-longer-not-yet: no longer street vendor, not yet storyteller; no longer documentary, not yet fiction?" (Pape, this collection: 23). What fabulations, Pape asks, can operate in the seriality of an image-time that defies chronology while not resisting strong moments of representation, a time of consistency more than of coherence? *What else* can populate the living screen when "cinema creates an opening in life and gives us a chance to

fabulate a detour, to meander along life's indirect ways?" (Pape, this collection: 30)

These open questions are everywhere present in this book that engages in a very close reading of Apichatpong's work without ever forgetting that the action of pinning-it-down threatens to weaken the intercessory collaboration. For to know is not to intercess but to settle into position. How might writing alter what else is happening here, each author seems to wonder, how might writing follow the detours invited by the images? How might writing further the thinking-feeling that opens the image – the cinema – to its outside at every turn? How might it create intercrossings that themselves become invitations for intercessors to come? *How else* might the conversation take place between mediums so potentially incompatible as the temporality of the image undone and undoing, and the words relacing and knotting?

But, their writing also suggests: wouldn't it be unwise to underestimate the power of words, and to miss the force of what a gesture of intercession that moves between language and image can compose? In this book which presents itself in both English and French – a book written across two languages and discussed always in the crossing of these languages, read and re-read by its authors with the kind of attention that retains the singularity of each contribution even as it suggests a practice of collective writing – the potentials are many, including the potential of language to activate the force of what an image can do when it gives itself over to the text.

A collective writing doesn't have to be four-bodied at each turn. Like the becoming-image, like the movement of thought, it can be an across-ness, a punctual gesturing toward a collective project that refuses to succumb to a oneness of perspective. This gesture is similar to what Adam Szymanski sees in Apichatpong's films when he discusses their ecological reach – ecological not

only in the sense of their reverence for nature, but equally in their concern for how an ecology is co-inhabited by a range of different beings usually separated by the divisions built up between humans and non-humans and between the living and the dead. An engagement with an ecological approach to image-thought, or what Szymanski calls an "ecosophic aesthetic" is one that recognizes the taut and elastic connections between tendencies in an evolving environment. An ecosophic aesthetic hones techniques for perceiving more closely the forces that compose and dissolve a community, those forces that make felt the undercurrents of existence as we know it. These forces are everywhere present in Apichatpong's work – they are what detours the story, what prevents the plot from giving itself too easily to the curious interviewer.

These forces, I want to suggest, are also active in the listening-across of these four texts. As are the detourings. The collectivity of the writing is more ecological, more ecosophically aesthetic, than it is univocal. Resonances are there, but they are there more in force than in form: these four texts do not cite one another, or even necessarily engage with the same films. Sometimes their views have a quality of divergence that differentiates them at a level that language can't quite pinpoint. Something more complex than agreement is at stake – a curiosity, perhaps, with what travels with the words, with the unsaid and its power of articulation. For, like Apichatpong's images, the words that intercess must also carry a certain uneasiness with recognition. They must also trouble the tendency to be held in place.

But how to begin when forces are everywhere active in an aesthetic ecosophy? This is Ronald Rose-Antoinette's question and the refrain that moves his text. The answer is simple: in the middle. This is not a simple task, however, constrained as we are by language's tendency to place thought subjectly-verbly-objectly in a row. Language must break, must almost reach its absolute resistance, and here, perhaps, the image's potential will be felt.

The image's potential, Rose-Antoinette suggests, recasts what memory can be. In Apichatpong's work, a memory is crafted that troubles an account of recognition. This is not a memory for that which is known, for a past contained. It is a memory of a futurity, a memory of a trace. A future "unforgettable" (Rose-Antoinette, this collection: 113).

An image of the future. With monkeys lurking, unsettling both thought and image, bringing language to its limit. But that's the point: that the image refuses to stand still, even when at its most still, as when the camera encounters the monkey-ghost looking straight at us with his red eyes.

We are haunted by the red eyes, haunted by the magic lantern that keeps us in the atemporality of an image that refuses to settle. We are "called" as Rose-Antoinette writes in this collection, "to err into a future" that is more orientation than goal. No film of Apichatpong ever leaves us with a sense of knowing what comes next (or even what has come to pass). Time errs and takes us into that erring.

An allure is present, a style. This is Érik Bordeleau's contribution. "For the word 'allure' points toward the singular manner that courses through a being and characterizes it, a sort of evanescent signature – a style – charged with a force of affective propulsion that invites further folds and relays" (Bordeleau, this collection: 70). The image seduces us, but it also causes a certain disquiet. It moves slowly, the takes often long, the visuals strangely more-than real. Of this place and yet beyond. An uneasiness lurks even while we feel ourselves pulled in, caught up, a lure for feeling taking over that disorients, that calls attention toward itself in a way that exceeds expectation. We watch in ways unaccustomed. We are made uneasy by the way the image errs, and we are moved in this erring.

When Deleuze says we must invent our own intercessors, what he also means is that we are never wholly ourselves.

Apichatpong provides a window into this unseemliness and invites us to linger here, to be engaged in what matters via the image, via its magic lanterning – the history of Thailand, its repression, the role of death in experience, the place of sickness, and of dreams, the relation of animal and human worlds, the environmental crisis – without providing a sense of where to go or who to be. For that is not the work of the image. It is not the image's work to narrate where the process can go. The film is a platform, and as a platform, it will only ever be as good as its intercessors. What the image can do matters, but its mattering moves far beyond where the image-as-content can go. The image-mattering must call intercessors into the act.

This is also true of writing. The writing with an artwork can only ever do its work if it proposes operations that exceed its bounds. The condition of a people to come, as Deleuze might say, is that the work always remains to be done.

The cinema of Apichatpong Weerasethakul needs to be acted. It needs to be dreamed. "Thus cinema can be a phantom in this sense: because it's something that you really need to dream. Cinema is a vehicle we produce for ourselves and as part of us. It's like an extension of our soul that manifests itself" (Kim cited in Bordeleau, this collection: 79). It needs to be dreamed not to unravel its content, but to create more capacity to dream, to explore what Bordeleau calls the "unprecedented degrees of defocalisation that Apichatpong manages to operate directly on the subtle element [that is cinema]" (Bordeleau, this collection: 79).

Apichatpong's films make us visionaries. This is perhaps their first act of intercession. In doing so, they force us to ask not what we've seen, but what we have not yet been able to see. And they invite us to see it with the eyes of an other, more-than real, more-than human.

## Notes

1. It is important to note that the English translation speaks of "mediators" when Deleuze writes of "intercessors". Intercessors are the opposite of mediators: they don't move between already-identifiable terms. They create the terms of their eventual intercession. They are immediators.

## Works Cited

Deleuze, Gilles. *Negotiations. 1972–1990.* New York: Columbia University Press, 1995.

Elphick, Jeremy. "Cemetery of Splendour – An Interview with Apichatpong Weerasethakul." *4:3 Film.* Published on October 22, 2015. Available from: http://fourthreefilm.com/2015/10/cemetery-of-splendour-an-interview-with-apichatpong-weerasethakul/ (accessed on June 17, 2016).

Rose, Steve. "'You Don't Have to Understand Everything': Apichatpong Weerasethakul." *The Guardian.* Published November 11, 2010. Available from: https://www.theguardian.com/film/2010/nov/11/apichatpong-weerasethakul-director-uncle-boonmee-interview (accessed on June 17, 2016).

Peranson, Mark. "Ghost in the Machine: Apichatpong Weerasethakul's Letter to Cinema." *CinemaScope* 43 (2010). Available from: http://cinema-scope.com/spotlight/spotlight-ghost-in-the-machine-apichatpong-weerasethakuls-letter-to-cinema/ (accessed on June 17, 2016).

*What is a "mode of life"? A first, rather technical attempt at an answer might come to the term mode from the perspective of grammar. We would then think of a mode (often also "mood") as a grammatical marker that expresses one's attitude towards a statement. Do we express a fact, an order, a possibility, a desire? Accordingly, we would speak (at least in the few Indo-European languages that we know) in the indicative, imperative, conditional or subjunctive moods. And, indeed, one can live by "facts" and order-words. Or one can live by potentials and desires.*

*Such a technical approach lends itself to diffuse a bit the grandeur that one might attribute to the expression "modes of life". For starters, nobody lives in only one mode just like nobody speaks in just one grammatical mode. The potentiality of the "maybe" in its pure form would be as unlivable as the oppressive determination of a continuous imperative. A life is composed through the interplay of various modes. (In other words, a mode of life is not a "way of life".) So with respect to the cinema of Apichatpong this means that there is no single, definitive mode of life we could ascribe to him as the "auteur". Rather, his films create moods or tonalities that infuse our lived reality and can inflect our lines of life.*

*The second point then is that modes of life are minor forces that can act temporarily. If we expect a film to "completely change our life" we are bound to be disappointed. But if we can think of change on a microscopic scale, then we can begin to register the minor inflections produced by the mood of a film. The force of* Mysterious Object at Noon *consists precisely in infusing people's everyday life with the unassuming "what if" of fabulation, making way for so many other "maybes". A similar thing happens in* The Adventures of Iron Pussy *when we co-perform new (minor) genders with the image. That, to us, is a mode/mood of life. And thought in this sense, Apichatpong's cinema opens up the possibility for new modes of life.*

*One more word about what is "new" about them because that is of course another grand word. Many of Apichatpong's films*

*deal in one way or another with the history of Thailand. Now, in what mode does cinema usually stage the encounter with history? Mainly in the factual mode of the indicative. Think of Hollywood's historical dramas and their obsession with realism as well as a very conservative notion of mimetic "method" acting. Or think of the many documentaries which, even if they re-write history, tell us "how it really was". (Of course, there are numerous interesting exceptions.) It is in this context that Apichatpong's cinema really makes a difference, proposing an encounter with history in the conditional and subjunctive modes, asking not only what could have happened but also how the past could still be acting today, asking what the past desires. One interesting thing that happens when you infuse history with the "maybe" of the conditional is that time stops being linear. This is what the chapter on* Mysterious Object at Noon *and* Iron Pussy *suggests when it talks about concurring re-tellings of the past. Somebody who says "Oh, let me tell the story. You've got it all wrong!" is effectively recreating a mood that is bound to shape the present moment. The past, as it is now experienced in retrospect, really was different. In a similar way, Apichatpong's films productively falsify one another across time, ultimately making chronology a rather useless concept. There is no chronological beginning or end to Apichatpong's oeuvre. There is beginning only in the sense that we give to it (following Nietzsche and Guattari) of cosmic emergence or eternal return. A beginning that is always in the present.*

Toni Pape

# The Vitality of Fabulation: Improvisation and Clichés in *Mysterious Object at Noon* and *The Adventure of Iron Pussy*

## The Feeling of a Story

Let's begin with a cliché: everybody enjoys a good story.

From here, one may go on and ask what constitutes a story. Or one could continue and dispute the contentious criteria that make for a *good* story. Either way, one has already moved to the end of the sentence. What if one lingers in the proposition, general though it may be? We may, in that case, discover a concern with joy. We may even encounter a collectivity cloaked as "everybody". Storytelling, even for the solitary writer, is an affair of the many, an experience of the multiple. The telling of a story, of *any* story from family lore to shared mythologies, is a force that, among many other effects, can bind or dissolve a community. You can notice it in the sharing of stories in a family or between friends: "How did you two meet?" or "Remember that prank we played on our history teacher? What was her name again?" And so the ball gets rolling. What unravels from such balls of yarn is not just a sequence of events as related but a *feeling* of past life that colors the present. The feeling of a story exceeds the hard facts of its plot and outlasts its delivery. Think of a novel or a film that affected you as a teenager. Do you remember

the story? Somewhat, but hardly. What remains is a feeling, an affective tone which, strictly speaking, you don't even need to remember because it returns effortlessly and wholly, all by itself. The telling of a story, remembered or invented or a bit of both, opens towards a collective dreaming, in which life-*as-is* softens and becomes sensitive to its own potential: life in the mode of *what if*. This mode of the *what-if* suspends the evidentness of the everyday, the routines of the *as-is*, and flushes the moment with the joy of speculation. "What would you do if you won the lottery?" The thrill of this most inconsequential question arises from the opening it creates: for a moment, nothing is obvious, everything could be different. It's not much different for the past. "Oh, let *me* tell the story. You've got it all wrong!" The past could have been different; it depends on the telling. Storytelling makes for joyful speculation because it becomes momentarily possible to reinvent life. This collective feeling spills over the narrative proper and resonates forth into life-living.[1] The cliché's "everybody" is really an anybody in the making.

## Fabulation and Joy

*Mysterious Object at Noon* is a story invented over the duration of three years by various people all across Thailand. The film is shot in black-and-white on 16 mm film, which contributes to a pronounced lo-fi, documentary aesthetic. Inspired by the surrealist procedure called *cadavre exquis*, Apichatpong Weerasethakul – who is credited here as a mere "story editor" – meanders from the northern provinces of Thailand to the south and, in a series of chance encounters, asks street vendors, farmers, local theater groups, and children to collectively tell a story. Each storyteller has to continue the tale where it had been left off. Together, they slowly turn a fairly straightforward exposition into an intricate tale of humans, animals, and aliens.

The first shot of the film is from inside a vehicle, a vending truck selling seafood, that makes its way through busy city streets.

For minutes, we roam through the urban landscape; a radio soap opera offers a wistful tune on the radio soon accompanied by the voice of a narrator relating a story of love and loss. The vendors have a purpose but no particular destination, roving the neighborhoods to sell their goods at this street corner or another. Open drift and dreamy song set the tone for the next hour and a half or so. We'll never lose this momentum as the camera moves from one storyteller to the next, even as it stands still to record bits of story. As the truck comes to one of its many halts, we meet one of the vendors who becomes the first narrator in the film. She relates her own story: sold by her parents for two bus tickets back to their village home, she now ekes out an existence on the streets of Bangkok. She has barely finished her story when the "editor" behind the camera asks: "Now, do you have any other stories to tell us? It can be real or fiction. [...] Any story ... from a book or something." Tell us any story besides yours. Or rather: now that we have heard your story, tell us something else, something more that isn't you. You + *n*. This is how *Mysterious Object at Noon* passes through the personal into the impersonal, in a continuation of a familiar gesture into the unknown. Continue the telling and extend it into the untold. The vendor hesitates longer than the camera. Before she begins to fabulate, the image already holds the scene: a boy in a wheelchair doing his schoolwork at a desk; a woman stands by the window, her back towards the camera.

The sound is still that of the busy street corner: "Big tuna fish is coming... tuna fish." What are these images that flash onto the screen unannounced, right out of the bustling street? We could say that, structurally, the image simply precedes the speech-act that will produce it by a few seconds – a stylistic choice. But the specific relation between sound and image brings something else into sensation, which I would call the *incipiency of fabulation* that is also a feeling of potential. For the image of the boy and his teacher does not yet signify the vendor's story; rather, it signals the force of a story forming itself, preparing to cast itself into

words. The divide between image and sound gives us a sensation of the fullness of an interval in which everything is allowed to differ from itself, creatively. It is in those few seconds of suspension that the vendor exceeds her role as a "social actor" in a becoming-storyteller, but not without the director's becoming-illustrator and the documentary's becoming-fabulation. In other words, this sequence signals the multiplicity of becoming that *Mysterious Object at Noon* activates. The image can precede its own verbal invention because chronologies of before-and-after do not operate in this interval of becoming. The time of becoming is a no-longer-not-yet: no longer street vendor, not yet storyteller; no longer documentary, not yet fiction.

Eventually, the story comes into language, in voice-over:

> Let's say there was a house. There was a disabled boy and a teacher who came to teach him everyday. He didn't have a chance to see the outside world. So she brought lots of photographs for him to see. The boy was happy with a chance to be able to study like others. His parents hired his teacher but they were never home. But I am happy to see him with a good teacher.

Then the street vendor falls silent. The subsequent interactions between the boy and the teacher are rendered in images and intertitles. "What did you do in the outside world today?" he asks her. We see her negotiating for prices on a market. Intertitle: "'Then I had my hair done,' the teacher says." Through the intertitles, the film takes on a new aesthetic consistency, which is not so much that of the silent film era but of the impersonal written word. Again only for a brief moment, language does not belong to anyone. Of course, we can assume that it is still the street vendor who tells the story. Clearly, it is the teacher who says, "I had my hair done." But in both cases, on both levels of narration, the telling of the tale has detached itself from the

human body and can appear as a pure enunciative act, as pure experience. This intensity is difficult to sustain. And indeed, *Mysterious Object at Noon* will soon move back towards the personal, at the latest when we encounter the next storyteller-farmer-performer. But impersonality as such is not the goal. *Mysterious Object at Noon* weaves together storytelling as a personal creation and as a pure, impersonal experience in order to unleash the potential of storytelling as a collective invention towards a re-invention of the collective in the process.

This is fabulation. It is a matter of:

> providing [oneself] with 'intercessors,' that is, of taking real and not fictional characters, but putting these very characters in the condition of 'making up fiction,' of 'legending,' of 'fabulating.' The author takes a step towards his characters, but the characters take a step towards the author: double becoming. Fabulation is not an impersonal myth, but neither is it a personal fiction: it is a word in act, a speech-act through which the character continually crosses the boundary which would separate his private business from politics, and which *itself produces collective utterances*. (Deleuze 1989: 222, translation modified)

Neither personal, nor impersonal. *Collective*. One does not differ from oneself without an intercessor – a human being, a camera, a story – that pries open the habitual frame of the subject and lures one into self-differentiation. By way of these encounters creative of a world, fabulation can count as a mode of living. It opens life to the unknown and tentatively composes a new temporary and liveable constellation. In this sense, fabulation is a catalyst for self-differentiation.

How, then, can we qualify life in the fabulatory mode? It is certainly improvised rather than scripted. The fabulators in *Mysterious Object at Noon* pick up the strands of a story where

they have been left off by someone else. It is impossible for them to know what form their tale is going to eventually take. The next storyteller in line might take it and, more or less carefully, turn it into something completely different. If Apichatpong's film resonates with the Surrealists' exquisite corpses, it is through this indetermination of form. Consider the *cadavre exquis*, *Nude*, collectively drawn by Yves Tanguy, Joan Miró, Max Morise, and Man Ray in 1926 and 1927.

The experiment produces a body that is as yet unorganized – a leafy snail-human – that does not yet know how its various parts will function together. And yet it is there, on the page, as a lure for the imagination. This appeal to fabulate can be felt all the more strongly if we consider the process rather than the product. Indeed, the most important aspect of the *cadavre exquis* is not its fabulous outcome but the collective experimentation it requires. You cannot see Tanguy, Miró, Morise, and Man Ray draw this impossible body, but imagine them. Or remember an occasion on which you've played this game with friends. You pick up the end of a few lines with a minimum of information – the distance between the lines and their direction – and have to continue the drawing. The task involves hesitation and doubt about the figurative content of those lines. All you can do is advance in a speculative mode, that is, continue without knowing what will have taken form. But there is also joy in continuing with a difference, in knowing that you will connect and cut at the same time. Here, as in any improvisation, the first rule is to always say "yes and…". Improvisation harnesses the indetermination of form in an affirmative way, trusting that the leap of faith will land the experiment in a safety net of collective care only to rebound into another moment of suspension.

*Mysterious Object at Noon* is a series of such affirmative acts, each of which brings out the joyful suspense of the relay. Here is the first such instance in the film. After Apichatpong, the

"story editor", has illustrated the beginning of the tale, the street vendor's voice returns:

> While they were studying, the teacher, her name is Dogfahr, left for a restroom. [...] Then he [the boy] became suspicious. Why there was no word from the teacher. He entered the room and saw the teacher lying on the floor. [...] He tried to open the door. He desperately wanted to help her. He dragged her into the room, to the bed. He... He saw... He saw an object rolling out from her skirt... That was very strange.

And cut. We're back in the car. The story – suspended at the cliffhanger moment of the mysterious object rolling out of a skirt – ambulates into the countryside, stopping at a small cottage and a farmer.

> Grandpa, what do you say? They just came in with this... That object must be round-shaped. Can it... Can it turn into a kid? I don't think it can.
>
> Yes. Anything you want.
>
> That object was like... It looked like a star. It fell down from the sky and turned into a human. It resided in a boy's body. After around a week or two, that boy woke up. He said "I'm OK, I'm OK. I was just by myself. I can foresee everything. I know my brother and sister but now I'm just a kid. I cannot stay with my mother, my father, or anyone. So I was residing in this floating object.

Hesitation – "can it?" – is followed by a pronounced act of fabulation. The farmer tentatively probes the margin of maneuver and, once certain that the story is open wide, she makes the cut and pulls out the next, quite magical segment of the story. Within the next twenty minutes of the film, the story

will have traveled to a group of teenagers who, yes, transform the boy into a doppelgänger of the teacher. The teacher and her double then, yes, vie for a place in the boy's life – a story that is acted out by a theater group. And, yes, then the boy turns into a giant... and the ball of yarn rolls on. Two things stand out in this movement of suspensions and cuts. First, *Mysterious Object at Noon* brings out the fullness of the interval between the storytellers. As we move from one intercessor to the next, the film makes sure to provide enough time for us to consider the story-thus-far, to appreciate how it has come into itself. This appreciation is also a momentary holding of its potential. In those moments of suspension, we feel the present moment *and* everything that could come out of it. We feel this all the more vividly because we also know that somebody, *anybody* really, is going to come along and make the cut. It is this certainty of the next cut that makes the interval vibrate with potential. But what comes out, secondly, is that there is no continuation of the story without the cut. There is no invention, no novelty, no time without the actualization of virtuality. Perhaps one of the storytellers in *Mysterious Object at Noon* is aware of this duplicity when he begins by saying: "My story is not really connected." Not really. But all the more because continuation *depends* on disjunction. The cut *is* the connection.

There is, as I said at the beginning, something joyful in this process. Each new storyteller makes us tremble with giddy anxiety at the prospect of her ruthless intervention in the tale of Dogfahr and the boy. This thrilling commotion builds over the length of the film and reaches its climax towards the end when the story is handed over to a group of schoolchildren. What a risk to take! It's like giving your best china to a bunch of kids to play teatime with. You know you're on the losing end. But, oh, the excitement! Within a few moments, Dogfahr has been eaten by a tiger and the boy has been stabbed by the star child. "That's the end." But then: "He has an idea," says one boy pointing at another. And they start over. After all,

it's just a story; we can go back and rewrite it. Renewed time and again, invention can approach chance and practise the necessary cut. Creation by accident. Perhaps it is just a lucky accident that *Mysterious Object at Noon* ends with a group of children. Nietzsche's Zarathustra sings "Let chance come to me, it is innocent as a little child" (Nietzsche 1978: 175, translation modified). Child's play is haphazard and effective at the same time, like a throw of dice: the throw both opens up to an array of possibilities and necessarily reduces them to a single outcome. "The dice which are thrown once are the affirmation of *chance*, the combination which they form on falling is the affirmation of *necessity*" (Deleuze 1986a: 26). We have already encountered the inseparable duo of chance and necessity in the guises of the holding-of-potential and the cut. What the children's unabashed fabulation brings out is the double affirmation of both chance and necessity. "What? The teacher's dead?" Apichatpong, behind the camera, asks in surprise. The response is a resolute "Yes and" which does the boy in as well. But, as we have seen, the end is another beginning. What returns in each affirmation is the joy of inventing in collusion with chance. When improvising, you have to appreciate without being precious: hold the potential, make the cut. Enjoy.

## The Stroll and Clichés

If this aimless joy is what holds *Mysterious Object at Noon* together despite its various settings, storytellers, and the long timeframe of the shoot, it gives the film the rigorous vagueness of a stroll, which is so rarely encountered in cinema as in life. Think of it, a good stroll is hard to come by. You really need to want to move *without* any particular destination in mind, content not to know which way you turn at the next corner. The movie theater should be an ideal space for this. After all, we commit a considerable stretch of time to something that has little-to-no direct relation to the pragmatic concerns of our life. For ninety

minutes or so, cinema creates an opening in life and gives us a chance to fabulate a detour, to meander along life's indirect ways. And yet we often prefer a more "coherent" film that goes straight to the end, that tells us a well-made story. But even under these conditions, there "is always a moment when the cinema meets the unforeseeable or the improvisation, the irreducibility of a present living under the present of narration, and the camera cannot even begin its work without engendering its own improvisations, both as obstacles and as indispensable means" (Deleuze 1986b: 206). Apichatpong's cinema gives us just such moments, which are both a challenge and a condition for his style. In *Mysterious Object at Noon*, the indispensable obstacle is the story of Dogfahr and the boy, which loosely connects the different acts of fabulation and creates openings for each narrator to improvise with the camera but also lays down a challenge for the story editor. How will he illustrate the doubling of Dogfahr? How will he show us the alien boy's transformation into a giant? And Apichatpong's illustration is as heterogeneous as the story itself: it is spoken, written, sung, signed, and acted out (each character by several different actors). Coherence is less important here than *consistency*, the holding together of heterogeneous elements within an assemblage. This question of consistency is crucial for thinking with Apichatpong because his films are often incoherent. Much has been said about how his films – most of them segmented into two or three parts – actually *hold together*. It is often done through a doubling that is felt as an affective intensification (certainly the case in *Tropical Malady*, see Chapter 4). In *Mysterious Object at Noon*, the procedure of the exquisite corpse functions as an enabling constraint ("indispensable obstacle") because it constitutes a shared concern, a concern that holds the film together across its scattered spatial and temporal coordinates. Furthermore, it must be said, the narrator's inventions, haphazard and surprising though they may be, are hardly unheard of. The doublings, transformation, and "devourings" are in fact fairy tale clichés.

They are the refrains of popular storytelling and reach into an impersonal past that binds a community even as the cliché disrupts all narrative progression. This is what Gilles Deleuze calls film as "the stroll, the voyage and the continual return journey":

> It happens in any-space-whatever [...] in opposition to action which most often unfolded in the qualified space-time of the old realism. [...] Now, what consolidates all this, are the current clichés of an epoch or a moment, sound and visual slogans. (1986: 208)

In light of this, one can say that Apichatpong has in fact developed a set of audiovisual slogans by which one can stroll through the entire body of his work. He produces "floating images" that "maintain a set [*ensemble*] in a world without totality" or coherence (Deleuze 1986b: 208). Besides the segmentation of most of his films into several parts (mostly two), think of the many long takes shot from inside a car going down a country road or driving through a city landscape. This cliché allows you to stroll from *Mysterious Object at Noon* to *Uncle Boonmee* via *Blissfully Yours* and, with slight variations, *Tropical Malady*.

Or consider all the scenes in a doctor's office, which link *Mysterious Object* to *Syndromes and a Century* and again *Blissfully Yours*. The work of this cliché across Apichatpong's films is to articulate *encounters*: of an individual and an institution (Orn's struggle to obtain medication for the illegal immigrant Min); of modern and traditional medicine (the Monk's herbal potion in *Syndromes*); between physical and spiritual cures (Dogfahr's amulet). Think also of Boonmee being attended to by the ghost of his wife Huay. The return of these scenes acts as a refrain that reminds us of the multiplicity of experience in Apichatpong's films. Each time we see a doctor argue with her patient about, say, the efficicacy of a homemade remedy, we feel this encounter

between different spheres of life all the more intensely because the foregone iterations of the refrain vaguely return to imbue the actual image with the tone of memory and open it towards the future. The cliché, understood as a ready-made phrase if we follow its original meaning in relation to typesetting, is deflected from dead repetition through its activation as a refrain. This refrain has the duplicitous force to hold a film together and at the same time create a rift in the image that opens it to its predecessors but also to an indeterminate to-come.

I pose the problem of consistency in this way to frame my discussion of *The Adventure of Iron Pussy.* Given Apichatpong's recognizable aesthetics, how can one account for a film that clearly diverges from his signature style? Do we have to consider the film an "inconsistency" within the director's "oeuvre"? James Quandt seems to suggest just that:

> Made as a lark on hiatus from *Tropical Malady, Iron Pussy* was cooked up and co-directed by gay performance artist Michael Shaowanasai, and, though Joe [i.e. Apichatpong] seems very fond of it, it is Shaowanasai's show, despite the many auteurist imprints an over-zealous critic can detect. (2009: 58)

Quandt goes to some rhetoric lengths here to all but exclude *The Adventure of Iron Pussy* from Apichatpong's "oeuvre". Moreover, he deplores the filmmaker's various collaborative endeavors: "Alas, Joe prizes collaboration but sometimes gets lost in the process" (Quandt 2009: 60). This is the underlying tone of Quandt's piece on "*The Adventure of Iron Pussy* and Other Collaborations": he assumes a self-contained artistic individuality for a filmmaker who is, in fact, rarely credited as "director" and whose films consistently articulate a plurality of modes of existence and the leakiness of the individual. Perhaps, then, it is through *Iron Pussy* as the odd one out that we can perceive how Apichatpong's films hold together: "Even

in a territorial assemblage, it may be the most deterritorialized component, the deterritorializing vector, in other words, the refrain, that assures the consistency of the territory" (Deleuze and Guattari 1987: 327).

## *The Adventure of Iron Pussy*: A Time Machine

Iron Pussy is one of Thai performance artist Michael Shaowanasai's various avatars: a former go-go-boy who finds his vocation as a transvestite secret agent fighting against international crime and for the rights of the downtrodden. Pussy's style and demeanour are inspired by 1960s and '70s Thai movie legend Petchara Chaowarat. The movie itself is a remix of uncountable film clichés, ranging from obsolete genre norms to stereotypical characters, from over-the-top musical scenes to a cliché ending (including a cliffhanger and a Pietà).

> The concept was to simulate the working style of the old Thai films of the past. The film is made as if composed of the junk left in the trash bins of the abandoned Thai film studios. It is designed to celebrate the old style of 'quickie' cinema that nobody makes anymore in contemporary Thai cinema. Among the artifacts used were the lost sounds, the dubbed voices that are so distant but so cherished in memory. (Apichatpong in Quandt 2009: 223)

*The Adventure of Iron Pussy* is not a parody, nor a caricature. It is a "celebration", a homage to a past that, in its very obsolescence, remains touching. How do we have to think the notion of *simulation* and *composition* here? What does it mean to simulate a working style or to as-if-compose a film?

Cinema always composes with clichés, today perhaps more than ever. Watch any superhero film or romantic comedy and you can easily spot them. But the clichés *of the present* easily go

unnoticed; they circulate surreptitiously because they do their job as a narrative device so well. We might not even know our own clichés of the present yet (Sontag 1999: 60). In the case of *Iron Pussy*, however, composition in the mode of the *as-if* is a return to the clichés *of the past*: they can be reanimated but will inevitably bear the ambiguous mark of the ghostly. On the one hand, they are impotent in that they no longer give to see the world as they did in their own time: as serious, suspenseful, action-laden. On the other, and just like ghosts, these clichés *act* in the present by virtue of their quasi-presence: they open perception to that which lies beyond the currently given and beyond the accepted ways of showing the world in cinema. The past returns as potential. Consequently, the notion of simulation does not in this case indicate a false reality. When Apichatpong and Shaowanasai "simulate the working style of the old Thai films of the past", they immediately create a real difference within their lived experience as filmmakers. In this sense, Apichatpong's simulation is not false; rather, it harnesses the powers of the false as it "replaces and supersedes the form of the true, because it poses the simultaneity of incompossible presents" (Deleuze 1989: 131). *Iron Pussy* is an opportunity for Apichatpong to inflect his mode of living with film. How else can we make a film? What are the affordances of "quickie cinema" that other modes of filmmaking lack? As-if-composition is to *Iron Pussy* what the exquisite corpse is to *Mysterious Object*: the enabling constraint that allows for a rigorously vague film procedure. They are two manifestations of the speculative *what-if* mentioned at the beginning of this chapter.

In *Iron Pussy*, this procedure consists in a falsification of our tried-and-tested protocols of composition through an experimentation with the worn-out, with that which can only return by differing with itself. The difference that is produced in the simulation of an obsolete working style is the rediscovery of the joy of filmmaking itself. *Iron Pussy* is not a film that wants to tell a good story; it revels in making images. And nothing makes us feel that joy in

cinema like a film cliché that shamelessly exposes itself. Pussy is a trained secret agent: she knows how to do reconnaissance work and stealthily gather information over her shoulder; we see her climbing up the wall of a house and immediately know that the scene was shot horizontally on a fake wall. These shots are all the more delightful because the story doesn't make any sense. Pussy has a number of impossible costume changes (from one shot to the next within the same scene). On a hunting excursion in the jungle, she saves her love interest Tang from a Tiger (!), then confronts him at gunpoint about his drug trafficking, only to learn that the two are in fact brother and sister. At another moment, Tang uses another spy-film cliché as he pulls off the maid-supervisor's face to unmask Major Rungranee from the Special Forces Unit who is also his betrothed. Betrayal? Yes. And Doublings? Yes! And Tiger attacks? Of course! Much as *Mysterious Object*, *Iron Pussy* veers from one stereotype to another, affirming its vitality in each of them.

How are these feelings of vitality and joy created? It is here that *Iron Pussy* and *Mysterious Object* diverge and develop their own procedures. Both films employ clichés as landing sites but in slightly different ways. In *Mysterious Object at Noon*, the cliché provides a safe landing for a story that is precariously suspended between narrators. The cliché allows for a gesture of care, in which each narrator can acknowledge the *act* of fabulation and the collective of storytellers at the same time. It provides a secure discharge for suspense and a familiar point from which to continue. The cliché is a moment of contraction, a flash of the familiar and settled that lays the ground for a fragile novelty. In this sense, the cliché in *Mysterious Object at Noon* is a relay technique that allows for a story to safely circulate within a collective. In *Iron Pussy*, the work of the cliché is not so much to create a storytelling relay but to open onto the history of filmmaking as a practice. We may never believe in the adventure of Iron Pussy, but *The Adventure of Iron Pussy* makes us believe in cinema as a mode of living.[2] Each topos of the spy film genre

contributes to this opening onto the past: a poorly executed cut that turns a feeble arm twist into an impressive wrestling throw releases countless memories of stylized editing techniques that have always been too good to be true. Every fake glass bottle that goes down on someone's head shatters into myriad splinters of amusing pasts in which a body could be either knocked out by one bottle or survive a dozen gunshot wounds. Each familiar shot, cut or gesture continues a holding-open of a cinematic past. In *The Adventure of Iron Pussy*, film history provides a liveable milieu for the present.

The sound of the film is central to sustaining this milieu. It must be noted that, contrary to the fullness of ambient sound in most of Apichatpong's films, the soundscape in *Iron Pussy* is flat and artificial. All the voices are dubbed in post-production; each fist punch comes with the same sound effect; the music is right out of the cheapest synthesizer you can imagine. The film wants its viewer to notice the abyss between the image and the sound. It is through this odd discrepancy that we realize that this kind of film is actually a twofold endeavour. And all of a sudden the apparent joy that Shaowanasai takes in posing as Iron Pussy is doubled by the banter of the sound artists. While you may never hear an authentic sound in the film, you can sense a genuine delight in the over-the-top voice acting. When Iron Pussy performs a solitary puja by the river, she is interrupted by a Buddhist nun: the voice actor's surprised "huh" in her voice is mischievously theatrical, inventing a reaction that can hardly be found in Shaowanasai's acting. This kind of dubbing, a relic of the past, is itself an act of fabulation. It complicates and thickens the ecology of the film and effectively invents what the film will be. In the multiplicity of the creative process, the filmmakers craft an aesthetic that is immediately political.

## The Politicality of Joy

The aesthetics of the 1970s action film are immediately political because they make us perceive certain concerns of the present differently. Through *Iron Pussy*'s audiovisuals from the past, we get a new perspective on gender normativity and sexuality. In fact, the two often intersect in Thai culture: "There's only one word that means both 'transvestite' and 'gay' in Thai" (Apichatpong in Quandt 2009: 58). How, then, does *Iron Pussy* make us perceive this complex of issues differently? To conclude, I want to suggest that the film modulates perceptions of gender and sexuality through humor and joy.

Resisting a didactic approach, *Iron Pussy* never asserts a strict distinction between gender and sexuality as a corrective to the linguistic and cultural conflation of terms in Thai. It harnesses the confusion as a complexity to create openings for new individuations. Thus, instead of separating out different categories for identification, the film foregrounds the processual dimension of the individual. Against a stabilization of identity (which has found its political expression in identity politics), *Iron Pussy* shows that self-differentiation is in fact a continuous queering. Furthermore, the film shows that thinking and perceiving beyond stable identities needn't be a loss of certainty and agency. The individuations of the film are always joyful creations that affirm experimentation and potential through the body's becoming. Once again, this is shown particularly well in the ambiguous embodiment of Iron Pussy herself: the male body in drag and its female voice remain amusingly disjunct throughout the film. Even though we can easily think them as one character, there is something that persistently exceeds this rational consolidation. I believe that the ethico-aesthetic consistency of Iron Pussy lies here, in a relation between components – male body, female voice – that refuse to connect without "com[ing] into effect in excess over themselves" (Massumi 2011: 20). This excess is the comedic effect, the joyful

vibration that the body can't shake off all through the film. *Iron Pussy*'s political acumen lies in this interstice between established modes of identification, in a "relation-of-nonrelation" that is viscerally felt (Massumi 2011: 20). This is not to say that *Iron Pussy* "does not work". On the contrary, the film *works with* the divergent image and sound to create a joyful appreciation of sexual and gender indeterminacy. In this way, *The Adventure of Iron Pussy* harnesses obsolete aesthetic standards to playfully generate new and increasingly complex individuations.

There is a politicality to this playfulness and this joy because they bypass intellectual discourses on gender and sexuality. Before you can resort to received notions of masculinity and femininity, you are already smiling, caught up in the fabulation of Iron Pussy. The beautiful feat of this film consists in making its viewers unwittingly rethink the potentials of a body *through* their very own bodies. Joyfully moving with the image in your seat, you may raise a mischievous eyebrow or purse your sassy lips; you may jerk your head with each blow of Pussy's iron fists as they come down on her enemies with a musical *kapow*! Particles of Pussy's unidentified sex shoot off the screen and prick your body into the uncountable alternatives to established gender identities. In the encounter, you rediscover your body's capacity to engender "a thousand sexes", thousands of sexes (Deleuze and Guattari 1987: 278).[3] This engendering is an open-ended process, in excess of what you understand yourself to be. There is always another sex to be invented, always a +1. Sexuality vivaciously outruns conscious identifications.

In this way, Iron Pussy draws our attention to the futurity that animates drag performances in the present. In resonance with Deleuze's concept of fabulation, Judith Butler describes drag performances as creating "culturally unintelligible" genders belonging to "a set of parodic practices based in performative theory of speech acts that *disrupt* the categories of body, sex, gender, and sexuality" (2006: 186–93, xxxiv, emphasis added).

Because this work focuses on the ways in which drag and other parodic practices interfere with established and culturally intelligible conceptions of gender, their main achievement is thought to consist in disrupting those gender conceptions. From this perspective, Iron Pussy challenges our *understanding* of gender as we know it. *Yes*, and more. From the point of view proposed here, one that engages with the immediate experience of an image, it becomes clear that *new genders are already lived before we can even begin to think of them as unintelligible*. For Iron Pussy, gender is not primarily an epistemological problem but one of *vitality*. Before asking "what will and will not constitute an intelligible life" (Butler 2006: xxiii), Pussy raises the question: how do you compose your next gender, collectively? This is also why it is so important to think the mismatched image and sound that compose Pussy's body as *disjunctive* rather than disruptive: the disjunctive synthesis of image and sound is *creative* of a new sex, immediately lived with the image. The cut creates life before it disrupts knowledge.

What, then, if we began to think, feel and live sexuality from the exuberance of the +1? We would be able to recognize the minor differences in sexuality between people who previously occupied the same gender category, between this straight woman and that straight woman, between one transgender person and another. We could perceive convergences and divergences across the entire field of sexualities that have little to do with gender identities. We could resist gender normativity not through opposition but by shooting our innumerable minor differences through molar gender formations. Adventurers like Iron Pussy "produce *n* molecular sexes on the line of flight in relation to the dualism machines they cross right through" (Deleuze and Guattari 1987: 277).

What if... *The Adventures of Iron Pussy* foregrounds speculative joy to explore how gender and sexuality can be *lived* differently. *Mysterious Object at Noon* embraces speculation to ground a

community not in a discourse of national identity but in the care for a collectively told story. These films continue their speculative work after the last image has left the screen: within the viewer, as a feeling of vitality, life's enjoyment of itself. To feel the films of Apichatpong is to infuse life with the zest of fabulation.

## Notes

1. The expression "life-living" is used by Erin Manning in *Always More Than One* to articulate the life's propensity towards collective individuation (2013: 60, passim). As such, life-living is closely related to Gilles Deleuze's notion of "a life" with, however, an added emphasis on the creative movement of vitality (Deleuze 2006: 384-389).
2. Thomas Elsaesser and Malte Hagener propose that cinema should be thought of as a "life form" (2010: 10). The question arises then of *how we live with* different cinemas. How do or can we live with the films of Apichatpong as opposed to rom-coms and superhero movies?
3. The notion of "engendering" is adopted from Manning (2007: 84–109).

## Works Cited

Butler, Judith. *Gender Trouble: Feminism and the Subversion of Identity.* New York: Routledge, 2006.

Deleuze, Gilles. *Nietzsche and Philosophy.* London: Continuum, 1986a.

Deleuze, Gilles. *Cinema 1: The Movement-Image.* Minneapolis: University of Minnesota Press, 1986b.

Deleuze, Gilles. *Cinema 2: The Time-Image.* Minneapolis: University of Minnesota Press, 1989.

Deleuze, Gilles. *Two Regimes of Madness: Texts and Interviews 1975–1995.* Ed. David Lapoujade. Los Angeles/Cambridge: Semiotext(e)/MIT Press, 2006.

Deleuze, Gilles, and Félix Guattari. *A Thousand Plateaus. Capitalism and Schizophrenia, vol. 2*. Trans. Brian Massumi. Minneapolis: University of Minnesota Press, 1987.

Elsaesser, Thomas, and Malte Hagener. *Film Theory: An Introduction Through the Senses*. New York: Routledge, 2010.

Manning, Erin. *Politics of Touch: Sense, Movement, Sovereignty*. Minneapolis: University of Minnesota Press, 2007.

Manning, Erin. *Always More Than One: Individuation's Dance*. Durham: Duke University Press, 2013.

Massumi, Brian. *Semblance and Event: Activist Philosophy and the Occurrent Arts*. Cambridge: The MIT Press, 2011.

Nietzsche, Friedrich. *Thus Spoke Zarathustra: A Book for All and None*. Trans. Walter Kaufmann. London: Penguin, 1975.

Quandt, James. "*The Adventure of Iron Pussy* and Other Collaborations". *Apichatpong Weerasethakul*. Ed. James Quandt. Wien: Synema, 2009. 58–62.

Sontag, Susan. "Notes on 'Camp.'" *Camp: Queer Aesthetics and the Performing Subject*. Ed. Fabio Cleto. Ann Arbor: University of Michigan Press, 1999. 53–65.

*One of the reasons why Guattari's thinking lends itself so well to analyzing the aesthetic challenges presented by Apichatpong's cinema is because his schizoanalytic cartography of ontological functors machines the production of subjectivity. If by "ontology" we take Guattari at his word and insist on it being traversed by the four ontological functors, then the term implies a hauntology: it is always haunted by the "what if?" of functors having functioned differently, which haunt every movement, every machination, every bifurcation, every line of flight. The singularity of (Thai) history is haunted by the multiplicity from which its own becoming emerges. Making felt, and sometimes even making seen, the multiplicities that never actualized are key to the Weerasethakul-operation and what makes him an archivist of abandoned potential, of the virtualities that history failed to select in its process of actualization.*

*Machines don't distinguish between the living and the dead: either can be put into motion and made to function. Either can desire. Deleuze and Guattari's rereading of the Freudian theorizations of Eros and Thanatos applies here:*

> *[I]t is absurd to speak of a death desire that would presumably be in qualitative opposition to the life desires. Death is not desired, there is only death that desires, by virtue of the body without organs or the immobile motor, and there is also life that desires, by virtue of the working organs. There we do not have two desires but two parts, two kinds of desiring-machine parts, in the dispersion of the machine itself.*

*Life and death: two regimes of machinic desire. Once the notion of being is approached from the perspective of machinic multiplicities, ontology – and even hauntology – takes on an entirely different sense.*

*Whether hauntology or machinic ontology, both insist on the reality of the virtual. Hence the importance of registering the presence of non-presence in Derrida's hauntology and the significance of the n*

*term in Guattari's schizoanalysis. The virtual is a quantum of alterity. That's exactly why we turn to the schizoanalytic cartographies, because by deploying quadrants, and insisting on a fourth term in analysis, a cartography is opened up onto alterity. The fourth term is the* $n^{th}$ *term. Something – even something spectral, a virtual non-thing – can always enter the event, and in relational movement, recompose its ontological organization.*

*By thinking the event of the production of human existence as a truly machinic process, any natural distinction between the living and the dead starts to dissolve. The living can haunt the dead as much as the dead can haunt the living. Are not events always "haunted" by the* n *factor of being's* more-than?

*Is the word "ontology" still appropriate under these conditions of machinic ontogenesis? We think it can remain a useful, and vital, frame of analysis, as long as the novelty of machinic processes is emphasized every step of the way, so as to encourage belief in the potential of subjective recomposition based on encounters with alterity.*

*By privileging the machinic co-composition of the living and the dead in the realization of the cinematic-image-as-event, the relationship between the felt and the seen takes on a new complexity. Because forces need not be seen to be made felt – they need not even be "alive" in the organic sense of the term. Apichatpong's ghosts are felt, and this shifts the ontological composition of the scene of their (non) presence. In some instances, they are also rendered visible, and given corporeal form. To a certain degree, that's why Apichatpong's images are "ecosophically sensitive" – they adopt a range of perceptibility that accommodates difference, and different degrees of visibility. But the being made visible of the ghosts which populate Apichatpong's world is not entirely congruent with their being made felt. There are indefinite animals, ghosts, and spirits who are felt throughout the film world – even if they never actually, visually appear. Once you*

*are absorbed in Apichatpong's film world, it is impossible not to feel them all around!*

*That which is made seen is only ever the cusp of all that is felt. Not that the seen represents, or stands in for all that is felt. But rather it carries the affective charge of all of the multiple and virtual intensities that traverse and intersect it. Watching Apichatpong's films, we know there are other monkey-ghosts populating the jungle, because we can feel them even if we can never see them. This phenomenon can be taken as a cinematic variant of what Deleuze and Guattari write in* Anti-Oedipus*: that we never make love with each other, we make love to worlds.*[2] *So when the spectral is given visibility, it makes an entire range of spectrality felt along with it, even if it remains hidden by opacity. Boonsong isn't an individual monkey-ghost, he is the enunciatory limit of an endangered, or even extinct, species – an entire world of collective spectrality that is inseperable from his very existence and that his being seen makes felt in a myriad of ways (découpage, long takes, etc.): a true haunting of his being by the excess of the world that machinically produces it.*

*Ghosts don't need to be made seen in order for the image to have enough contact with the radical alterity of the outside (including the force of "other" temporalities/histories) to prove themselves amenable to recomposition. It's precisely this metastability, this openness to the outside implicit in actual formations, which politicizes Apichatpong's work since it truly believes that the world is up for grabs, and that interventions (whether they be filmic or meditative) make a real difference. Peace is at once a pragmatics of belief and commitment: a belief in the potential for subjective recomposition (a broadening of feeling) and a commitment to remaining open to an encounter with alterity that could bring it about.*

## *Notes*

1. *Deleuze, Gilles and Félix Guattari.* Anti-Oedipus: Capitalism and Schizophrenia*, vol. 1. Trans. Robert Hurley, Mark Seem and Helen R. Lane. Minneapolis: University of Minnesota Press, 1983. 329.*
2. *Ibid. 294.*

Adam Szymanski

# *Uncle Boonmee Who Can Recall His Past Lives* and the Ecosophic Aesthetics of Peace

The fantastical population of Apichatpong's film worlds – the mystical creatures, benevolent ghosts and talking animals who repeatedly appear and disappear in their travelling of time – offer an oblique access point into Thailand's war-torn history, especially the American-backed military occupation and communist purging of Isaan province that took place from the 1960s through to the 1980s. As a child, Apichatpong became intimately familiar with the region and its history after his parents relocated their medical practices to the province out of solidarity with its leftist organizing. He witnessed that amidst the violence of the occupation, villagers threatened by the military fled their homes and hid in the jungle.[1] Many of them never returned. *Uncle Boonmee Who Can Recall His Past Lives* is set in Isaan,[2] and is premised on the affective-historical fact that the region's purging is still felt by the widows and descendants of the disappeared communists, despite the reigning royalist regime's attempts to silence and censor this history in the name of national unity.[3]

Isaan is thus a site of conflicted signification in Thai culture. As a principally rural and agricultural province it lends itself to signifying as "rural utopia" and "cornerstone of Thai heritage", two ideological discourses taken up by forces as opposed as

left-wing intellectuals and royalist-nationalists (Boehler 2011: 293). In defiance of these national heritage discourses, the rural space of the Isaan jungle simultaneously signifies as anti-nation[4] because of the region's historical association with communist resistance (and its ties to various ethnic minorities in Thailand such as the Chinese and Laotians).[5] *Uncle Boonmee* does more than signify on one side of this ideological conflict between nation and anti-nation, geopolitical centre and margin, royalist and communist. In defiance of censorship threats and distribution difficulties in Thailand, Apichatpong's cinema endeavours to bring back the disappeared peoples who were driven into the jungle and lost to military aggression and to make reverberate the ethos that the government tried to extinguish when it disappeared the people of Isaan. From the heart of the jungle – a blot on the Thai political unconscious – *Uncle Boonmee* recomposes the thresholds of the three ecologies, and in doing so, brings repressed cultural memories out of obscurity to bear on a society that has had great difficulty acknowledging the willed omissions of its history, including the peoples and values that have been lost.

## Ecosophy as a Call for Peace

Human subjectivity, the socius and the environment together constitute what Félix Guattari calls "the three ecologies". The practice of ethically-politically thinking the pragmatics of their co-composition is called "ecosophy", and its chief problematic "is that of the production of human existence itself in new historic contexts" (Guattari 2008: 24). It is possible to read Guattari's late works on ecosophy as a call for "peace", at least in the sense that A.N. Whitehead gives to the word. As process theologist Mary Elizabeth Mullino Moore points out, Whiteheadian peace "is not the absence of war and violence, but the presence of other relationships ([in Whitehead's words,] 'a broadening of feeling') with the wider world" (Mullino Moore 2006: 205). Finding

more heteropoetic ways of living with the "other" in "other relationships" is central to the ethico-political task of ecosophy, and its therapeutic investment in the production of subjectivity. *The Three Ecologies* concludes with an appeal for a revitalized relationship to alterity, "new social and aesthetic practices, new practices of the Self in relation to the other, to the foreign, the strange [...] new solidarities, a new gentleness [...] Individuals must become both more united and increasingly different" (Guattari 2008: 45, 51). With a similar concern for the value of alterity, Isabelle Stengers builds on Guattari's ecosophy to define "peace as the ecological production of actual togetherness where 'ecological' means the aim is not toward a unity beyond differences, which would reduce those differences through a goodwill reference to abstract principles of togetherness, but toward the creation of concrete, interlocked, asymmetrical, and always partial graspings" (Stengers 2002: 248–9). To compose peace is to compose togetherness-in-difference, to assemble a collective that holds, not in spite, but because of its differences in a way that broadens the affective range of collective experience.

Encounters with alterity are opportunities for surpassing established subject positions. The adventurous character of peace – its broadening of feeling – comes about through this encounter with alterity, where self and other cease to be what they were by bringing a novel event of relation into existence. Whitehead writes:

> Peace is a broadening of feeling due to the emergence of some deep metaphysical insight, unverbalized and yet momentous in its coordination of values. Its first removal is the stress of acquisitive feeling arising from the soul's preoccupation with itself. Peace carries with it a surpassing of personality. [...] Peace is the removal of inhibition and not its introduction. It results in a wider sweep of conscious interest. It enlarges the field of attention. Thus Peace is self-control at its

> widest, – at the width where the 'self' has been lost, and interest has been transferred to coordinations wider than personality. [...] Peace is the barrier against narrowness. (Whitehead 1967: 285)

By broadening feeling and widening consciousness to encompass the play of differences that engender an ecology, peace re-coordinates the values governing the production of subjectivity, resulting in a jouissance of collective reindividuation that recasts the world's quantum of potential for cohabitation.

Two scenes in *Uncle Boonmee* are particularly illustrative of how Apichatpong uses ecosophic aesthetics to visualize the processual emergence of such a peace. The first alters its range of perceptibility – and feeling – in order to visualize various degrees of alterity under one ecologically sensitive image. It clears the way for one of the film's concluding scenes, which finally accomplishes the implementation of peace and the overcoming of reified personality through the aesthetic creation of an event that shocks the coordinates of selfhood; coordinates that had started to loosen as soon this alterious collective from the first scene came into existence. Apichatpong's aesthetic composition with the imperceptible makes return a repressed ethico-political force that reconditions the ontological functors immanent to the three ecologies in the service of actualizing a novel sense of peace.[6]

## Encountering Alterity, Broadening Feeling

The first exemplary scene depicts the film's protagonist, Uncle Boonmee (Thanapat Saisaymar), an ill plantation owner, his sister-in-law Jen (Jenjira Pongpas), and his nephew Tong (Sakda Kaewbuadee) calmly eating dinner inside of a windowless veranda. Then, out of nowhere, a ghost materializes. It turns out to be Huay (Natthakarn Aphaiwonk), Boonmee's deceased wife. Overcoming their initial surprise, the three characters speak

with her about Boonmee's illness and impending death, until they are joined by an even more surprising guest. This time it's (what the subtitles refer to as) a "monkey-ghost" with bright red eyes, covered head-to-toe in thick black hair. The monkey-ghost claims to be Boonsong (Geerasak Kulhong), Boonmee and Huay's long-lost son who went missing after taking a trip into the jungle many years ago.

This scene, like the entire film, is entirely devoid of point of view shots. In their absence, the various depersonalized forces active within the ecology of the film world come to guide the logic of the relationship between shots, constituting an ecosophic découpage (and corresponding editing structure).[7] There is action to propel the scene's formal organization, yet this action is as driven by memories, ghosts, far-off sounds and animals as it is by any human-centered drama. The logic of Apichatpong's cut is irrational from the point of view of the human subject and can only be accounted for through a consideration of the unknown and the unseen that are made felt in the broader ecology. The scene's découpage spatially situates the different characters within their broader environment and temporally situates them with regards to their past transformations. It opens with a long shot of a veranda, as seen from the surrounding jungle. The interior space marks the only source of light amidst the long shot of the dark rural area. The characters' voices are heard in the distance. Cut to inside the veranda, the cinematography squarely lines up within its box-shaped architectural form. The camera moves in closer to compose medium shots of the three characters sitting at a table. Then the film mounts a dark landscape shot with the veranda now completely out of frame, decentered in an unknown direction. The sound of an approaching storm rumbles across the soundtrack before the film cuts to an adjacent shot of bushes swaying and rustling. "What's that sound?" one of the characters asks, before a cut back inside, to the original medium shot of the table. The subsequent few shots show Boonsong's entrance. On the axis

of spatiality, the cutaway shots of the mountain, bushes, and neon bug-zappers break from human-centered schemas of scopic organization that coordinate the ecology according to an anthropocentric hierarchy of value. The localized, character-driven action is fragmented and repositioned by the active presence of the adjacent environment just outside the veranda.

The scene also intensively channels Boonsong's mental interiority, his recollection of the events that have brought him to where he is today and made him what he has become. When he recounts the story of his past transformations, the camera takes on a new fluidity, which is abruptly juxtaposed with the scene's darkness and rigidity. Through a découpage equally sensitive to material and mental intensity, the past is made an ecological force. The film sees beyond the actuality of any given plane of temporality and instead renders visible their mutual co-composition of the film world. The present is coloured with a splash of pastness, as Boonsong's recollection interjects into the dinner table gathering and its environmental surround. In beginning to recount his story, Boonsong says, "There are many beings outside right now... spirits and hungry animals, like me." As a sensitive character in an equally sensitive film ecology, he can feel them, even if he can't see them. Boonsong's story recalls how he transformed from an ordinary human photographer to a red-eyed monkey-ghost after he became obsessed with finding the strange creature that had once appeared in the background of one of his landscape photographs. The images of the past that accompany Boonsong's recollection appear as a shared collective heritage. There are no clichéd wipes or dissolves, only an abrupt cut from a shot behind the back of Jen's head to Boonsong's human form inside of a dark room for photography development. The cut is prompted by his narration of the story, words that all of the characters hear. These images are not psychologized, residing inside of Boonsong's head. These images, as much as they make up Boonsong's experience and memory, are exteriorized and socialized – made a concrete part of the

shared ecology (to the extent that they can even be affected by others in the scene). At one point in the recollection, Jen says "excuse me" and gets up from the table to go sit on a nearby bench. The recollection immediately stops and cuts back to the present. All of the characters at the table have access to the recollection and the ability to stop it, because the recollection doesn't belong solely to Boonsong, entrenched in an inaccessible past. It belongs to their shared ecology. Memories affect others, and in Apichatpong's ecosophical aesthetics, others can affect memories.

The ecosophic logic of the découpage described above diverges from *découpage en plan américain* (also called classical découpage); the logic of the relationship between shots that governs most classical Hollywood cinema.[8] Under the classical system, character-driven shot sequences advance a narrative that reproduces visual codes predicated on stock character behaviour, gaze, and movement. This shooting style is most often contrasted with *découpage en profondeur* (shooting in depth). In découpage en profondeur each plane of depth within the shot is in equally sharp focus and part of what excited André Bazin about this artistic development was its ability to "embrace the totality of the event" (Bazin 1997: 103, translation modified). In the oft-cited Wellesian vein of découpage en profondeur, background planes of action complexify and enrich the story and allow for an expanded number of associations between elements in a single shot to be drawn by the spectator, all without recourse to montage. *Uncle Boonmee* is exemplary of découpage en profondeur, but with a key exception: it has no background to be in or out of focus. It has an "outside", a blacked-out zone of metamorphosis[9] without concrete form that puts the foreground of character drama into contact with the indetermination of pure opacity.[10] Ghosts (who used to be human) emerge from this zone of opacity where the jungle lies, and they come out into the light. They are made visible and their memories are depersonalized

and made equally accessible to all, provoking a shift in the scene's ontological consistency.

Guattari's *Schizoanalytic Cartographies* advances the theory that each assemblage of enunciation, or event, is composed of four ontological functors that together give the assemblage its ontological consistency. These functors include existential Territories (T), Fluxes of materiality (F), machinic Phyla of diagrammatic organization (Θ) and incorporeal Universes of value (U). In a passage from *Guattari's Diagrammatic Thought* worth quoting at length, Janell Watson provides a very clear and useful summary of the functors that undergird the myriad cartographies of Guattari's schizoanalytic thought experiments:

> *Fluxes* include physical matter and physical signals; these are subject to the coordinates of energetic quanta, space, and time. The abstract machinic *Phyla* comprise evolution; Guattari's deterritorializing abstract machines; and blueprints, plans, diagrams, rules and regulation (in the cybernetic sense of control mechanisms). Existential *Territories* include subjective identity, the sense of self, and existential 'apprehension.' The incorporeal *Universes* of reference are made up of values, nondiscursive references, and virtual possibility; these 'escape the energetic, legal, evolutionary, and existential coordinates of the three preceding domains.' (Watson 2009: 99)

Cinematographic images, like any other event of perception, are assemblages of enunciation produced through the co-composition of each of the four ontological functors. Firstly, images have a material basis in the Fluxes: signifying and asignifying visual and aural material made up of colours, bodies, movements, landscapes, and text. These cinematic Fluxes function in the realm of sensuous perceptibility. The machinic Phyla can be read as the set of organizing principles

at work in an image. Depending on the image, there could be many of these operating at once, in sync or in opposition to one another. Organizing principles can refer to generic and industrial standards, national cinema traditions, and intertextual references, in addition to the social norms and conventions that may be relayed through a film's dissemination. Both Fluxes and Phyla lie on the side of the actual. Incorporeal Universes and existential Territories contribute to the image virtually. The Territories inform how characters within the filmic world are positioned, often through the granting or denying of scopic agency via point-of-view shots. Finally, Universes of value inflect the image's horizon of references and the coordination of value, giving sense to character subjectivities (T), image intensities (F), and the governing structures of the film (Θ). Together, the four ontological functors co-compose the filmic reality.[11]

For the sake of clarity, the ontological functors have been described separately, but they are never in fact separate. An assemblage of enunciation is dynamically composed out of the reality of the relation immanent to its functioning. In Guattari's own words: "They will only be able to sustain their own configurations through the relations that they entertain with each other; they will be required to change state and status as a function of their overall Assemblage" (Guattari 2013: 27). In order live up to its name, a functor must indeed function – it must move. Starting from a movement in any one of these quadrants, an entire ecology can be reworked (for an ecology is fundamentally an assemblage of enunciation). Or rather, an entire ecology can't help but be reworked by one of the functors' very functioning, precisely because the functioning of a functor is simultaneously a relational movement between the four.[12]

*Uncle Boonmee*'s dinner table scene offers an idiosyncratic take on depth of field (nourished by the opacity of the outside) to invite consideration of its ontological depth. From this perspective, whole domains of desire imperceptible on the

surface of the image are if not "brought to light" and rendered sensuously perceptible then at least brought nonsensuously to thought, in their opacity. Each of the four ontological functors is active in the cinematographic image, but only the Fluxes are sensuously perceptible. The domain of Fluxes is both actual and real, whereas the machinic Phyla, incorporeal Universes of value and existential Territories are all inflected by either the nonsensuous realms of the possible or the virtual.[13] The aesthetic strategy of this scene makes the ontological depth of Apichatpong's film world felt, without needing to visually represent all that is virtually active yet out of sight.[14] The spontaneous arrival of alterity is certainly registered by the Fluxes, as the image alters its range of perceptibility in order to accommodate the bodies that emerge from the darkness of the jungle. Huay's translucent ghost body is registered right next to Boonsong who is covered in pitch-black fur. This feat in découpage completely alters the semiotic arrangement (F) of the image in a manner that allows for diverse forms of life and modes of existence (ghosts, animals, disappeared peoples) to be convoked by the very same image. If this actual semiotic arrangement is an index of anything, it is an index of the virtual movements of the four ontological functors in the process of recomposition, and not an index of a pre-existing reality (the profilmic). With the collective emergence convoked, the abstract machine (Θ) governing the possibility of the event's actual development is different than it was before. The table that originally arranged the characters around it in the act of eating together has become a locus for the emergence of difference harboured by opacity. The real virtual domain of diegetic subjectivity (T) is also altered by the unlikely appearances of Huay and Boonsong – the group subjectivity shifts in composition, as two *others* fold into the scene. Through this mutual inclusion, notions of family, togetherness, and collectivity take on meanings that extend across species and the divide between life and death. In conjunction with all of

this movement, which create a new ontological consistency, Boonmee comes to regret his anti-communist violence and attributes his liver disease to the bad karma of these past actions. The family's relational dynamics are renewed and they take on a new collective character, accommodating alterious forms of life and modes of existence along with memories and premonitions, and whole virtual universes of value that these degrees of difference bring into the scene. The renewal is so profound as to constitute a "group subject", in that it becomes a group "that respects the heterogeneity of its component parts, and does not try to subsume them under an illusion of unity; that it is a group in process that explores and changes as conditions change, instead of hardening into a paralytic hierarchy of mutually exclusive terms with assigned value" (Massumi 1988: 440). Values (U), qualities of virtual possibility, are also modified in the recomposition of group subjectivity, because when Boonsong and Huay emerge from the jungle they carry a repressed set of political values and cultural memories with them. The jungle – a space of hiding, fleeing and taking cover for the communists liquidated by the military invasion of Isaan province – is here a point of emergence. Boonsong and Huay are different when they come out of the jungle, having been transformed by the unrepresentable horrors that took place within it. Emerging and asserting the difference of one's metamorphosis is an unrepresentable historical testimony that demands to be accommodated in the scene of presence. Shifting to accommodate the expressive presence of the repressed is a relational movement of the four ontological functors that alters the assemblage of enunciation, resingularizing the three ecologies. A small group's subjective orientation shifts, making peace with the alterious re-emergence of remnants from an opaque past made virtually active and nonsensuously perceptible. The schizoanalytic cartography demands to be redrawn once more, to account for this broadening of feeling that we could call peace.

## Disappearing/Reappearing: Surpassing Personality

*Uncle Boonmee* and a number of other short films and installations from Apichatpong's *Primitive* project[15] extensively use images of male teenage youth from Nabua, a "town of widows", that suffered immensely at the hands of the military occupation and communist purging.[16] The choice of teenage boys is significant since they are the descendants of the disappeared men and are orphans of the town of widows. Their presence carries the legacy of their disappeared fathers and widowed mothers along with the story of their past struggles for communism. In another important scene that facilitates the implementation of peace, Boonmee has a nightmarish "dream of the future" where "past people are made to disappear". The scene uncannily invokes what Walter Benjamin has to say about the ephemerality of historical images: "Every image of the past that is not recognized by the present as one of its own concerns threatens to disappear irretrievably" (Benjamin 2007: 255). *Uncle Boonmee* shows how Benjamin's observation is true yet incomplete. Yes, the present carries a selective function; selecting presence – or what Whitehead calls the actual occasion[17] – out of the possibilities that a given process has made available to it. Yet what *Uncle Boonmee* adds to this account is that the present not only chooses which images to remember and forget based on its own concerns, but that the presence of an image, or a remembering, can doubly conceal a disappearance, an active forgetting. The forced disappearance of Isaan communists during the Thai military invasion is a prime example. As a people made to disappear, their image is charged with that very disappearance, to the extent that in order to maintain the status quo, such an image must be concealed and censored, even to the point of the image's (and not just the people's) disappearance. The disappearance of the image of Isaan communists in Thailand cannot at all be accounted for based on the fact that the present does not see it as one of its own concerns. Conversely, the very fact of the communists'

disappearance, along with the disappearance of their image, can be attributed to them being a pressing concern to the current Thai political context. The present, so concerned that such an image could usher in a new ethico-political consistency that calls for making peace with this lingering past, restricts the conditions for its appearance. Maybe after long enough the present will no longer need to repress this image if the social landscape has changed to such a degree that its reappearance loses the power to shock subjectivity. In any case, Apichatpong's work is a high-stakes wager on the chance that the reappearance of the disappeared, this making active of the past, can prompt ecological recomposition.[18]

Boonmee's "dream of the future" enacts this wager. On the eve of his death, Boonmee, the ghost of his ex-wife Huan, his sister-in-law Jen, and Tong (the same characters from the dinner table scene) make a pilgrimage to an enormous cave where Boonmee enters a divinatory reverie. The dream is conveyed through ten still photographs that disrupt the film's live-action flow. Boonmee's voiceover monologue reads as follows:

> Boonmee: What's wrong with my eyes. They are open but I can't see a thing? Or are my eyes closed?
>
> Jen: Maybe you need time for your eyes to adjust to the dark.
>
> Boonmee: This cave is like a womb, isn't it? I was born here in a life I can't recall. I only know that I was born here. I don't know if I was a human or an animal, a woman or a man.
>
> [Dream sequence of ten still photographs begins]
>
> Boonmee: Last night, I dreamt of the future. I arrived there in a sort of time machine. The future city was ruled by an authority able to make anybody disappear.

> When they found 'past people,' they shone a light at them. That light projected images of them onto the screen. From the past, until the arrival in the future. Once those images appeared, these 'past people' disappeared. I was afraid of being captured by the authorities because I had many friends in this future. I ran away. But wherever I ran, they still found me. They asked me if I knew this road. I told them I didn't know. And then I disappeared.

The monologue is interlaced with ten still photos which can be briefly described as follows:

Photo one: In a straw coloured open field, a person in an ape suit with a rope tied around its neck is led by a young man in paramilitary attire.

Photo two: A medium close-up shot of three young soldiers laying on the grass. The pattern of the shadows that cover them resemble the pattern of their camouflage uniforms.

Photo three: An eaten away tree leaf takes on the texture of the camouflage pattern and hangs in-between the faces of three young soldiers and the chest of another.

Photo four: Again, two soldiers lying on the ground amidst the bushes with the rifles resting beside them. They camouflage into their green and brown surroundings.

Photo five: A large group of military men dispersed throughout a field similar to the one seen in the first photo. A mysterious orange (human? animal?) figure walks in the background.

Photo six: Medium straight-on shot of the ape figure roped up by the neck, held by the soldier seen in the first photo. They are still in the same field.

Photo seven: The same young men, now dressed in civilian attire, throw stones out of frame to the right. Is the ape figure the target?

Photo eight: The ape figure with his arms around a group of six armed soldiers, looking directly at the camera as if posing for a group photo .

Photo nine: Five of the young men take a photo of a shirtless sixth laying out on the ground. Is he dead or alive?

Photo ten: Crop circles on a dirt path.

The phrasing of Boonmee's voiceover suggests that he is the ape figure – possibly a man inside of an ape suit – who arrives in the future "wearing" a different body. However, this is merely one possible interpretation. He could very well be one of the soldiers, one of the civilians, the group as a whole, or even the photographer of the images. There is a real uncertainty as to where to locate him in his own dream, which fits in completely with the ecosophic logic of the dinner table scene's découpage. Boonmee's dream is not really *his* dream at all. The sunny photographs of the dream rip through the slowly paced and opacity filled images of the present in a manner that parallels Boonsong's earlier recollection. The dream is not localized within Boonmee's psyche, cordoned off from the world. It surpasses Boonmee's personality, enters into the shared ecology. Boonmee is not even identifiable in "his own" dream; he can barely recognize himself in it. It makes little difference whether Boonmee is in fact the ape, the soldiers, or the photographer taking the pictures of these characters – Boonmee cannot find himself in the future. The impossibility of being identified in a dream of one's "own" future proves unbearable to one's self.

Boonmee sees the future as a time where a pervasive conflict plays out between the people of the future and the people of the past. Even if it remains undetermined exactly where he figures

in the dream, or what body he identifies with, he is nevertheless *there*, as are Jen, Tong and Huay. They are enmeshed in a future where they do not have a defined place, and yet they are implicated in its inter-generational and inter-species violence. The prospect of living in a future completely incompatible with one's notion of both "self" and "future" instigates a reappraisal of them both. The future becomes a site in dire need of reconfiguration along the lines of a new ontological consistency of peace, in order to make room for the appearance of the self. Yet the very notion of self will need to become other than it presently is in order to fabricate the future condition for its own habitability. For it is largely humankind's unyielding will to dominate difference that led to the prospect of a future where alterity is suffocated to begin with (in other words, a future not so different from the past). Boonmee and his companions are caught in a double bind: cease to exist or exist amidst the uninhabitable. Making this realization shocks their subjectivity (T). Having shaken the existential territory of the self, the future needs to be re-speculated, accounting for this quality of functional alterity that has rendered the ecology slightly more accommodating and less self-assured.

Now that Boonmee's sense of self has been rattled by the shock of the dream, new possibilities for the organization of ontological consistency have been ushered in. Peace is given a chance. Here, in Apichatpong's cinema, the sons of the "town of widows", marginalized and invisible in the Thai political landscape, claim a presence that defies their historical disappearance. Diegetically, Boonmee is shocked and this visual confrontation forces him to reassess his very sense of self on the eve of his death. He can no longer rationalize and justify the actions of his past (which included purging the communists of Isaan), now that he sees a future in which his fate could be as arduous as theirs. *Uncle Boonmee* has made the absent present and the ontological consistency of the film's images has broadened feeling to accommodate the disappeared, in all

of their alterity. Apichatpong uses aesthetic experimentation to more fully perceive the movement of the ecology in order to make peace with those whose existence has been denied, whose way of life has been extinguished and whose values have been denigrated. *Uncle Boonmee* has listened to the disappeared – those who were killed and whose memory has been excluded from official nationalist discourse – and has given them presence by expanding its range of perceptibility. The speculative risk of the film, which brings back the disappeared in defiance of the powers-that-be, is that such a modulation on the plane of the image, a modulation that brings the disappeared to perceptibility and enunciation can, when seeded in the world and into the Thai mediascape, provoke a similar type of modulation. Putting the ontological functors immanent to the film image in touch with the functors of the world in which the film lives and circulates: the force of art in life. As such, *Uncle Boonmee* carries the potential to broaden feeling towards an ethico-political paradigm of peace that surpasses personality yet respects the right to singularity, and thus cares for the alterious contrasts of the world, even the ones which have not yet been made to (re)appear.

## Notes

1. For an autobiographical account of Apichatpong's intimate relationship to the occupation and more anecdotes about the role that the jungle plays in Apichatpong's engagement with the Thai political unconscious, see "The Memory of Nabua. A Note on the *Primitive* Project" (2009a: 192–206).
2. Isaan is still today one of the most economically disadvantaged regions of Thailand, making it a bastion of red shirt sympathies with an antagonistic relationship to yellow shirt urbanites. In 2005–2006 the Thai People's Alliance for Democracy or colloquially, the Yellow Shirts, organized mass protests against former Prime Minister Thaksin Shinawatra resulting in a coup d'état. The pro- and

anti-Thaksin tensions continue to dominate the Thai political landscape with a subsequent political crisis in 2008 and yet another coup d'état which deposed Thaksin's younger sister and business magnate Yingluck Shinawatra in 2014.

3. Censorship is an active challenge to politicized filmmaking in Thailand, and Apichatpong Weerasethakul is one of the nation's most prominent voices of opposition to the censorship legislation in place. The Motion Pictures and Video Act B.E. 2551 (2008) recently modified the 1930 Film Act and implemented a new rating system, yet it still allows for the state to ban films from being shown in the Kingdom if they are deemed by the National Film and Video Committee (which includes the nation's chief of police) to "undermine social order or moral decency, or that might have an impact on the security and pride of the nation" (Rithdee 2007). For Apichatpong's critique of the (then proposed) legislation, see Weerasethakul (2009b).
4. Philip Rosen (1996) sets up the nation/anti-nation dialectic in order to emphasize how there exists an anti-national component that always troubles national cinemas.
5. See Casella (1970) for a historical account of how communist insurgency in Thailand is tied to the political activities of Chinese and Vietnamese minorities based in Khon Kaen (the city where Apichatpong would later grow up). Alpern (1975) also outlines the ethnic and linguistic makeup of the northeast and its importance to the Communist Party of Thailand's guerrilla strategies in the 1950s–60s. Thomas (1986) traces the rise and decline of Communist Party organization in Thailand from the 1960s through to the 1980s.
6. I use the term "repressed" here because it best articulates the psychic and social character of the targeted militarized purging seen in Isaan province. In Deleuze and Guattari's chapter "Social Repression and Psychic Repression" in *Anti-Oedipus* (1983) they detail how psychic repression and social repression reproduce and reinforce one another, in order to prevent desire's revolutionary force from disrupting established social structures. This psychosocial conception of repression posits that both desiring production and repression are inherently collective acts which condition the life of an ecology and thus overrun the limits of Freud's individualized subject who possess a personalized unconscious of repressed desires. Thus my use of the term repression throughout this paper should not

be confused with repression as used in the more limited Freudian sense, wherein repression is "an operation whereby the subject attempts to repel, or to confine to the unconscious, representations (thoughts, images, memories) which are bound to an instinct. Repression occurs when to satisfy an instinct – though likely to be pleasurable in itself – would incur the risk of provoking unpleasure because of other requirements" (Laplanche and Pontalis 1988: 390).

7. I use the term "découpage" here mostly in the Bazinian spirit of the term that Timothy Barnard evokes in his updated translation of *What is Cinema?* For Barnard's Bazin, découpage is "editing's corollary at the mise-en-scène stage of production" and a way of "organizing the profilmic" (2009: 265, 279). Bazin has also referred to découpage as "composition and camera movement" (2009: 264) and as "the aesthetic of the relationship between shots" (as they are conceived, Barnard tells us, not as they are edited) (2009: 264). Elsewhere, Noël Burch (1981: 4) has described découpage as the "underlying structure of the finished film", which Barnard argues should in fact be called "formal treatment" (2009: 264). In spite of Burch's apparent blindness to the fact that the process of découpage starts long before the film is finished and can be used to discuss creative aspects of film production, Burch's notion of "underlying structure" best encapsulates how découpage can be seen and felt in a film. In the following analysis my use of the term then borrows from both Burch and Barnard as I use the term to speak simultaneously of the film's underlying formal structure (of which editing certainly plays a part in determining), its shot composition, as well as the aesthetic relationship between shots as they are conceived and then edited in line with this guiding directorial vision. I opt to analyze the film's "découpage" rather than solely its "editing" because "découpage" holds onto the importance of shot composition (which is inextricable from how a film like this is structured and later edited) and also because it recognizes that the film's underlying structure is given birth in the filmmaker's mind before being shot, and that the editing of the film is then carried out in line with this original vision, in order to actualize it, rather than suppress it, by cutting it up into short takes that are easily digested by the commercial spectator.
8. *Découpage en plan américain* refers to the logic of shot organization at work in classical Hollywood studio era productions. See the chapter on découpage in David Bordwell's *History of Film Style* (1997) for a

discussion of this term (which contrasts quite sharply with Timothy Barnard's later usage of the term découpage in Bazin 2009).

9. For Deleuze, the outside is "always an opening onto a future [where] nothing ends, since nothing has begun, but everything is transformed" (Deleuze 1988: 89).
10. While the opacity of the outside may not be a background, it nevertheless "re-introduces ambiguity into the structure of the image", which for Bazin is one of the defining traits of *découpage en profondeur* (1997: 101).
11. Reality is here understood in a different sense than it often acquires within film studies discussions of realism. In these discussions, what scholars who use the term reality really mean, is a more specialized notion of the term that could be called "profilmic reality". Profilmic reality is a term that comes from the work of Étienne Souriau and refers to the world that exists before the camera, which the camera then records (see Souriau's *L'Univers filmique* (1953: 8). When I use the term reality here, I am speaking of an entirely different relationship between image and reality. What interests me is not how the camera adheres to a profilmic reality, or even how the camera is productive of reality (which studies of direct cinema documentaries have so frequently pointed out), but that the reality of the image is informed by ontological functors. The Fluxes of the image are really the only domain that exists in a reciprocal relationship with the profilmic reality. Values, Phlya, and the existential Territories of the self remain sensuously imperceptible, yet all still go into producing the reality of the image – what it really contains, what it really expresses, what it really does, and what effects it may really produce in the world.
12. Erin Manning deploys the term relational movement to emphasize movement's metastable and creative quality of "worlding". For Manning, the relational movement of bodies in space literally creates the world in which the movement happens (creates the world *through* movement). For a discussion on relational movement, see Manning (2009). I use the term here to emphasize how the creative act of bringing a world into existence emerges immanent to the movement of the ontological functors at work in a given event, and how the body always carries these functors into the event via the very fact of its existence, and its potential for prompting movements in others that can invoke resubjectifying affects.

13. For Guattari's original chart that lays out the co-compositions between actual and real, and virtual and possible in the ontological quantrants, see page 28 of *Schizoanalytic Cartographies* (2013).
14. Thus Apichatpong's ecosophic aesthetic composition reflects what Brian Massumi has to say about how the entirety of the event always contains a nonsensuous component. "Even if the event's conditioning elements and culmination are actual, the entirety of the event is virtual: doubly nonlocal, nonsensuously present, registering only in effect, and on all three counts really abstract" (Massumi 2011: 24).
15. Some of these other films that use imagery similar to that found in Boonmee's dream sequence include the various shorts that make up *The Primitive Project* (2009), such as *A Letter to Uncle Boonmee* (2009) and *Phantoms of Nabua* (2009).
16. Apichatpong explains the pertinence of his cinematic intervention into the contemporary Thai mediascape as follows: "The story of Nabua undeniably has echoes of the current political turmoil in Thailand. Institutions involved in those events of the past, along with new ones, are the key players in the ongoing chaos. Just as in the past, they manipulate the public psyche, instilling it with faith and fear" (Weerasethakul 2009a: 198). In the same piece he provides a further account of how he encountered the stories of Nabua's military occupation while filming his *Letter to Uncle Boonmee* for the *Primitive* project.
17. Actual occasions are the "final real things of which the world is made up", they are "drops of experience, complex and interdependent" (Whitehead 1978: 27). Actual occasions emerge from process, and thus carry a selective function, for they never actualize all of the possibilities offered by the processual flow from one set of actual occasions to another.
18. Whitehead might have even considered *Uncle Boonmee* a historical adventure film, given its activation of the past: "[A]dventures are to the adventurous [...] a passive knowledge of the past loses the whole value of its message" (Whitehead 1967: 279).

## Works Cited

Alpern, Stephen I. "Insurgency in Northeast Thailand: A New Cause for Alarm". *Asian Survey* 15.8 (August 1975): 684–92.

Bazin, André. *What is Cinema?* Trans. Timothy Barnard. Montreal: Caboose, 2009. 261-281.

Benjamin, Walter. "Theses on the Philosophy of History". *Illuminations*. New York: Schocken Books, 1969: 253–64.

Boehler, Natalie. "The Jungle as Border Zone: The Aesthetics of Nature in the Work of Apichatpong Weerasethakul". *ASEAS – Austrian Journal of South-East Asian Studies* 4.2 (2011): 290–304.

Bordwell, David. *On the History of Film Style*. Cambridge, MA: Harvard University Press, 1997.

Burch, Noël. *Theory of Film Practice*. Trans. Helen R. Lane. Princeton, NJ: Princeton University Press, 1981.

Casella, Alessandro. "Communism and Insurrection in Thailand". *The World Today* 26.5 (May 1970): 197–208.

Deleuze, Gilles. *Foucault*. Trans. Seán Hand. Minneapolis: University of Minnesota Press, 1988.

Deleuze, Gilles and Félix Guattari. *Anti-Oedipus: Capitalism and Schizophrenia, vol. 1*. Trans. Robert Hurley, Mark Seem and Helen R. Lane. Minneapolis: University of Minnesota Press, 1983.

Guattari, Félix. *Schizoanalytic Cartographies*. London and New York: Bloomsbury Academic, 2013.

Guattari, Félix. *The Three Ecologies*. London and New York: Continuum, 2008.

LaPlanche, Jean and Jean-Bertrand Pontalis. *The Language of Psychoanalysis*. Trans. Donald Nicholson-Smith. London: Karnac Books, 1988.

Manning, Erin. *Relationscapes: Movement, Art, Philosophy*. Cambridge, MA and London: The MIT Press, 2009.

Massumi, Brian. "Deleuze and Guattari's Theories of the Group-Subject, Through a Reading of Corneille's *Le Cid*". *Discours Social/Social Discourse* 1.4 (Winter 1988): 423–40.

Massumi, Brian. *Semblance and Event: Activist Philosophy and the Occurent Arts*. Cambridge, MA and London: The MIT Press, 2011.

Mullino Moore, Mary Elizabeth. "Imagine Peace: Knowing the Real – Imagining the Impossible". Ed. Jay B. McDaniel and Donna Bowman. *Handbook of Process Theology*. St. Louis, MO: Chalice, 2006: 201–16.

Quandt, James. Ed. *Apichatpong Weerasethakul*. Vienna: Synema Publikationen, 2009.

Rithdee, Kong. "Thailand Passes Controversial Film Act". *Variety*. Published December 20, 2007. Available from: http://variety.com/2007/film/news/thailand-passes-controversial-film-act-1117978081/ (accessed Septmber 12, 2016).

Rosen, Philip. "Nation and Anti-Nation: Concepts of National Cinema in the 'New' Media Era". *Diaspora* 5.3 (1996): 386–93.

Souriau, Ètienne. *L'Univers filmique*. Paris: Flammarion, 1953.

Stengers, Isabelle. "Beyond Conversation: The Risks of Peace". *Process and Difference: Between Cosmological and Poststructuralist Postmodernisms*. Ed. Catherine Keller and Anne Daniell. Albany: State University of New York Press, 2002: 235–55.

Thomas, M. Ladd. "Communist Insurgency in Thailand: Factors Contributing to Its Decline". *Asian Affairs* 13.1 (Spring, 1986): 17–26.

Watson, Janell. *Guattari's Diagrammatic Thought: Writing Between Lacan and Deleuze*. London and New York: Continuum, 2009.

Weerasethakul, Apichatpong. "The Memory of Nabua: A Note on the Primitive Project". *Apichatpong Weerasethakul*. Ed. James Quandt. Vienna: Synema Publikationen, 2009a: 192–206.

Weerasethakul, Apichatpong. "The Folly and Future of Thai Cinema Under Military Dictatorship". *Apichatpong Weerasethakul*. Ed. James Quandt. Vienna: Synema Publikationen, 2009b: 178–81.

Whitehead, Alfred North. *Adventures of Ideas*. New York and London: The Free Press, 1967.

Whitehead, Alfred North. *Process and Reality: An Essay in Cosmology*. New York and London: The Free Press, 1978.

*Apichatpong has long been one of Tsai Ming-Liang's greatest admirers. Apart from the fact that they are both from Southeast Asia, the two filmmakers share a particular* care for opacity *that impregnates their cinematic gesture and suggests a common set of ethical and aesthetic concerns. The a-dramatic slowness that characterizes their cinema, as well as a multifaceted refusal of conventional narrative and drama questions our constituent relationship both with images and with the rapidly transforming spaces of global capitalism. These features contribute to the production a lasting impression of opacity. Following Aristotle's paradigmatic definition, drama is indeed an* elucidation *of a situation, a way to make it intelligible. What matters for them is, following Tsai's words, to "protect the obscurity of characters, relations and things". How should we envisage this elastically conservative filmic gesture? What kind of conceptual tools and analytical approaches are required in order for the obscure and the vague, for the "mysterious objects at noon" populating their cinema not be explained away? In what ways does their cinema resist to simply signify, in order to propose complex visual and temporal enigmas? How does it nourish zones of non-knowledge and inoperativeness and enter in the composition of renewed ecosophic assemblages?*

*To say that Apichatpong's cinema seeks to mystify us would be to misunderstand it. On the contrary, his cinema aims, right through the heart of the night, to let the world be, in all transparency. It is a cinema of trans-apparition.*

*In this sense, I think one must consider his cinema as an invitation to live life as an initiation. But an initiation into what? Not so much into a doctrine on the processuality of the world or the non-discursive dimension of the event, but as something closer to life itself, a life that is living, imaginal, haptic and gently enchanted.*

Érik Bordeleau

# Percolating the Elusive: Into Apichatpong's Dreamscape

> The theory which I am urging admits a greater ultimate mystery and a deeper ignorance. The past and the future meet and mingle in the ill-defined present. The passage of nature which is only another name for the creative force of existence has no narrow ledge of definite instantaneous present within which to operate. Its operative presence which is now urging nature forward must be sought for throughout the whole, in the remotest past as well as in the narrowest breadth of any present duration. Perhaps also in the unrealised future. Perhaps also in the future which might be as well as the actual future which will be.
> *Alfred N. Whitehead (1920: 73)*

> Movies are a form of black magic. It's instinctive.
> *Apichatpong Weerasethakul (Pansittivorakul 2006)*

## A Natural Aesthetics of Mystery

All things somber and mysterious, fantastic and animated – such as the films of Apichatpong Weerasethakul – pose a particular problem for those who want to approach them by discursive means without mutilating them. One should of course not further obscure them, nor treat them in a mystifying or

"obscurantist" manner; but it is just as important to not elucidate them unduly, and instead develop modes of presentation for them that preserve their relative opacity, their own ways of moving and proposing occasions of encounter. An enticing analysis envelops as much as it explains that which moves us about these things; it beckons us towards *experience*, in the wide and at once rigorous sense that radical empiricists have given that notion. Developed to its full potential by William James, Alfred North Whitehead or John Dewey, the concept of experience – "nothing but experience, but nothing less than experience," James would say – crosses the limits of consciousness or of subjectivity in order to reconfigure our relation to knowing and, perhaps even more so, to unknowing. That is how Whitehead can write without any intention to obfuscate that his concept of nature "admits a greater ultimate mystery and a deeper ignorance" and defines philosophy as a mystical activity that, in the name of a constant renewal of thought and society, explores the unsayable without ever renouncing the requirements of rationality (1968: 73).[1] For John Dewey, philosophy must similarly be wary of the simplicity of the clear and distinct which suits the categorical understanding so well. In a movement of thought that prefigures and justifies the spontaneously transdisciplinary and joyously undisciplined trajectories that characterize the practice of research-creation, Dewey invites us to refrain from hastily dismissing the vague and dark elements that fill experience and to be attentive to the potentials they comprise.[2]

I would like to address the cinema of Apichatpong and more specifically his *Primitive* project in this "naturalist" mindset. In dialogue with his films and the fascinating and elusive images that populate his cinema, these philosophical considerations on the empiricist and speculative conception of experience and its relation to the passage of nature as a creative force suggest something like a natural aesthetic of mystery or, by extension, a mystic nature of the aesthetic. How can one avoid explaining

away in the name of legibility the vague and distinct-obscure that persists in all of our aesthetic experiences? How to account for that unknown element in them which interpellates and draws us in, often without our knowing why? Perhaps it has to do with their *allure*, the more or less virtual movement that adorns certain things or people with an unprecedented propositional power. For the word "allure" points toward the singular manner that courses through a being and characterizes it: a sort of evanescent signature – a style – charged with a force of affective propulsion that invites further folds and relays. But conversely, the word also reveals an interplay of capture and enthrallment, how the captivating allure acts as a *lure for feeling*. This idea of a propositional efficacy that stands in direct relation to the sensible is at the heart of Whitehead's philosophy. It concerns the way in which a proposition, aesthetic or otherwise, acts as an attractor for new feelings and as a vector for new becomings. Indeed, for Whitehead, any propositional feeling is an occasion for the modification of experience, for a bifurcation that could potentially create an event or be taken up again later. As Isabelle Stengers writes in her monumental *Thinking with Whitehead*, "the entertainment [of propositions] lures us into feeling, thinking, speaking, in short, becomes, in the most various ways, an ingredient of the experiences that will follow it" (2011a: 418). Stengers takes great care to specify that the proposition itself does not explain the "entertainment" through which it comes into existence. That is the reason why there is mystery and excess, "deeper ignorance" and encounter, with all the openness, contingency and indetermination this implies.

Like the term *agencement*, which suggests at the same time the elegance of what is well assembled and the underlying work of arranging heterogeneous elements, the word "allure" evokes at once what may be called the *super-natural* ease of a successful envelopment and, beneath the surface, the fine material constellation that the interplay of captures establishes, through

which becomings effectively pass. Exploring the propositional efficacy of Apichatpong's soulful filmic gesture, I wish to focus more specifically on the importance he confers to the notion of the dream in his cinematic practice and its ethopoietic effects.

## A Fantasy that Wants Nothing More Than to Make Night Fall into the Day

> Despite your efforts to avoid having to evoke light in speaking of the obscure...
>
> *Maurice Blanchot (1993: 31)*

Apichatpong says that cinema is a form of black magic, that it is essentially instinctive. Indeed, his cinema operates and submerges us in the "subtle element": he develops a manner all his own to make reality appear and disappear, to refine the real by means of cinema's specific propensity towards the oneiric. Apichatpong's cinema puts things into a mode of suspension: it brims with virtual and fleeting states, transitory twilight worlds where the living and the dead meet, and even moments of carnal grace (think of the sublime insouciance of *Blissfully Yours* and the languor of *Mekong Hotel*). He seems entirely devoted to making us experience the imperceptible meanderings of time's passage, the unstable and indefinite nature of the present.

Apichatpong's cinema seems like a marvelous response to Blanchot's subtle interrogation: how to discover the obscure without uncovering it? Few are the filmmakers who understand so well how to film both the jungle and the night, asking us in the gentlest of ways to give ourselves over to them so that they may eventually pass through us. An active mediation of the obscure-to-be-lived; mysterious passivity of a lived immediacy. The tropical mist – or cloud – of unknowing[3] that engulfs all of Apichatpong's films invites *contemplation* in the creative sense that Deleuze and Guattari have given the term: "Contemplating is creating, the mystery of passive creation, sensation. Sensation

fills out the plane of composition and is filled with itself by filling itself with what it contemplates: it is 'enjoyment' and 'self-enjoyment'" (1994: 212).[4] This mystery of passive creation is an essential ingredient of any *active* relation to the future or, more precisely, to futurity. In a comment on this crucial passage of *What is Philosophy?*, Giorgio Agamben emphasizes the necessity to conceive obscurity not simply as an absence or removal of light but as something that one must be able to produce and articulate – a wander line or, as mystics refer to it, a "night of the soul".[5]

Tilda Swinton describes with moving sharpness the transparent and unassuming mystery that pervades the films of Apichatpong, the call to (impersonally) experience the night as forest and the forest as night. What is at stake for the famous actress is cinema considered as vector for a life initiated to the refined charms of involuntarism:

> I wish I could show my children these films, although I know we won't for some years. I feel they would settle them, give them a *divining rod for the future*, when the light might trick them into thinking editing is the answer to a sense of real power in life.
>
> But I am patient. It's bigger children that need *these archeological remnants of sentient – cohesive – possibilities, of post-choice harmony*, these reminders of the natural order of gesture, of faith, of acceptance. [...] The forest binds the soul and holds it, safe and wild, in his cinema. I am deeply besotted with that particular wilderness. (Cousins and Swinton 2009: 11, emphasis added)

This quotation offers a number of leads towards the threshold of the future anterior and of ethopoietics to which I will return in the last section of this essay. Suffice it to say for now that Swinton gracefully links present, future and past in

an archaeological gesture carried by a harmony that resorbs, at least partially, the excesses of voluntarism that modern En*light*enment has encouraged. This is about an art of immanent attention that knows how to resist causal narratives that simply make the present follow on from the past, a resistance that allows events to come from their virtual beginnings: a future that is always already implicated and whose effects one must anticipate, not unlike a diviner. The real is immanently recharged with the fantastic on this subtle and necessarily elusive threshold, this wild, nocturnal fringe through which spirits – and not only those that pass through the films of Apichatpong – are always to come, always coming about. As discrete but nonetheless insisting events, they effectively *complicate* our relation to time; they mark a territory and call upon the multiple. The nocturnal and forestial effect of Apichatpong's cinema resides in this patient and attentive *disposition of spirits*.

"Perhaps cinema is never as fantastic as when the ghost, before materializing in a body, can already be felt, when the invisible is hardly perceptible" (Leutrat 1995: 59). In Apichatpong's cinema, the invisible gathers in secret; spectres come and go, without tragedy or terror. They participate in a "subtle fantastic, one that has no regard for supernatural manifestations and turns the real, the ordinary, the everyday into an apparition, an epiphany, a ghost, indeed, into a shrouded cadaver" (Leutrat 199: 101). If Apichatpong assigns such a determining role to the night – the time of metamorphoses and transformations *par excellence* – he also takes great care to remind us that ghosts only appear under conditions of liminality, specifically "at the break of dawn and twilight" (Weerasethakul 2009: 192). Apichatpong's films are recognizable for being both initiatory and fundamentally a-dramatic, for the modest way in which they make night fall into the day in order to activate the minimal, liminal and potentially magical threshold of cinema.

## The *Primitive* Project

> The power of dreaming is a divine and mysterious power. It is through dreaming that man communicates with the dark dream by which he is surrounded.
>
> *Charles Baudelaire (1971: 148)*

*Uncle Boonmee Who Can Recall His Past Lives* is part of a larger project called *Primitive* that includes an installation of the same title, two short films – *A Letter to Uncle Boonmee* and *Phantoms of Nabua* – as well as an artist book. The project, which addresses questions of extinction and memory, is set in the northeast of Thailand, a region that has experienced a strong anti-communist repression. In an interview with James Quandt, Apichatpong confides that it was none other than Benedict Anderson who persuaded him to travel through Thailand's northeast to explore the tormented history of his home region.

From the 1950s to the early '80s, communists coming from Vietnam and Laos settled in this part of the country. In the '60s, Nabua had effectively become a "red zone" and, with American support, the Thai government gradually intensified its operations against a local population considered too sympathetic towards the interests of the enemy. The repression was brutal and many peasants had to flee into the jungle to escape the atrocities. *Uncle Boonmee* refers directly to these acts of violence. For instance, Boonmee himself says that the disease from which he suffers is a result of his bad karma, of having killed too many communists. The *Primitive* project is also grounded in Apichatpong's concern for the political troubles that have recently shaken Thailand. He has repeatedly expressed his rather pessimistic vision for the future of his country and been increasingly involved in the fight against film censorship. And yet, he has often pointed out that he does not consider himself particularly politicized and that cinema is for him first and foremost a means of personal expression.

In light of this, the *Primitive* project can be legitimately seen as a poetic and cinematographic attempt at documenting and archiving the memory of a tormented past that is in danger of disappearing entirely. But such a reading would fail to properly grasp what is really at stake in this oeuvre. For, instead of collecting the memories of people who have lived these traumatic events themselves, Apichatpong has decided to focus his attention on the life of the teenagers who live in the village of Nabua. He says:

> Everywhere we went there were stories. Helicopter shot down here, friends shot there, beheadings happened bere. Gradually, just standing in this quiet land became an intense experience for me. Perhaps too intense, for I doubted I was in the right place. [...] For me, the presence of the teens had made Nabua's air breathable. Soon *Primitive* became a portrait of the teenage male descendants of the farmer communists, freed from the widow ghost's empire. (Weerasethakul 2009: 198)

Curiously, one of the principal elements of the project consists in constructing a spaceship in collaboration with the teenage villagers. Apichatpong has been fascinated by science-fiction for a long time. "I always dreamed of making a movie with a spaceship. When could there be a better time to do so than now in Thailand? And somehow Nabua is a perfect place for this vehicle to land and to introduce the idea of a journey" (Weerasethakul 2009: 200). The spaceship incarnates dimensions of the fantastic and futurity that effectively complicate a more conventional relation to the past than we would expect from an artwork that is interested in suppressed memories. Much like the fresh and youthful air that Apichatpong appreciates in Nabua's adolescents, the spaceship brings fresh air and allows for a liberating relation with history. As Karen Newman suggests, his spaceships "give us time and space to re-dream

the past and ask what can be learned to create a better future for the next generation" (Newman 2009: 152). It is this dreamed relation between the past, the present and the future – the transformative and transductive dreamscape in which his project unfolds – that is crucial to Apichatpong's work and is what I would like to explore further. Is the dream not a vague and mysterious operator capable of inducing new becomings? Is it not the essential component of a speculative filmic gesture towards new possibilities of existence?

## Cinema as an Extension of the Soul

> ... an art is never just an art; at the same time it is always a suggested world.
>
> *Jacques Rancière (2014: 38)*

Several filmmakers have described the great proximity between cinema and the oneiric dimension of existence. Pasolini for example has spoken of cinema's power to embody dreams. But to my knowledge, even if Abbas Kiorastami welcomes the fact that people fall asleep during the projection of his films, nobody (besides perhaps David Lynch?) has gone as far as Apichatpong in exploring the oneiric dimension of cinema. One can affirm without too much risk that, together with the ghost, the dream is the principal notion that describes Apichatpong's cinematographic project and around which his poetic relation to history and the entangled dimensions of time are articulated. Discussing the *Primitive* project, he affirms:

> The teenagers provided me with the future of the place. When I went there, it was very much like a performance: you don't know what to do. You just go there and work with them to create dreams. *In dreams you can't take control*. So it's like a collaborative dream-making. (Kim 2011: 50, emphasis added)

Here, the dream appears as an elusive space that escapes voluntary control and in which everyone's existence and desires potentially attune to each other's. To dream, then, is to reach a point where reality ceases to be a principle, to enter a space in which it becomes possible to elaborate and resonate in collective harmonies as yet unknown. Those who follow the open trajectories of a dream surely open themselves to new possibilities, but they also run the risk of a fundamental questioning, if not a radical derealization. Perhaps we are protecting ourselves against just this possibility, as the anthropologist Eduardo Viveiros de Castro has poignantly suggested in his critique of speculative realism's negative anthropocentrism. Quoting his friend during the Cerisy conference on Speculative Gesture (2013), the shaman Ravi Kopenauer, he says, "White people sleep a lot but only dream about themselves". And perhaps it is better this way or, differently put, perhaps it is a welcome protective measure because, following Deleuze, the dream is a site for terrible predations. It is better to dream of oneself than not to dream at all, he seems to tell us in his talk "What is the Creative Act?" from 1987, to the extent that it protects us against the dreams of others. For "as soon as someone else dreams, there is danger. People's dreams are always all-consuming and threaten to devour us" (Deleuze 2006: 318). In short, then, what the dream puts at stake is the becoming of our soul itself. We have been warned.

There is indeed no veritable dream that isn't also shaped by the danger of losing one's foothold. And this is precisely the condition *sine qua non* for an existential transformation, the price at which the fragile and hazardous possibility of being initiated into the dreams of others takes form. In the last pages of *Thinking with Whitehead*, Isabelle Stengers evokes these interstices in which all our dreams meet anonymously, far from any regulated representations and watchwords:

> only dreamers can accept the modification of their dream. [...] And if the exchange is possible, if sometimes – an essentially anonymous event – one dream may induce the modification of another or evoke another, it is insofar as their point of junction is always a tangent point: neither a frontal clash between rival powers nor being swallowed up in the other's dream, not confusion in a banal dream of power but a local resonance, designating past tenses of divergent accomplishments and future tenses responding to distinct tests. (Stengers 2011: 516–8)

This opens up a number of avenues for thought. I am interested first of all in the way in which the dream appears as the site for a differential gathering in which dissimilar elements come together and find the possibility for a new assemblage. The local entering into resonance of which Stengers speaks is a communication between heterogeneous elements; and one easily perceives in the quoted passage how important it is to her that none of the elements that the dreams put into variation ever enter a simple process of collective fusion. This properly cosmopolitical concern corresponds to "the problematic co-presence of practices [...]: the experience, always in the present, of the one into whom the other's dreams, doubts, hopes, and fears pass" (Stengers 2011a: 372).

The dream as defined by Stengers constitutes a determining component of any assemblage charged with metamorphic potential. It offers the – literal and not at all metaphoric – possibility of a composition among beings and that which in them, more or less voluntarily, on the distinct-obscure threshold of their desires, offers itself up to the encounter. But how does Apichatpong's dream and those of Nabua's teenagers pass into us? Through cinema, of course, the art of which Deleuze and Guattari rightly said has a particular aptitude to capture the birth of deliriums and the burgeoning of events "precisely

because it is not analytical and regressive, but explores a global field of coexistence" (1983: 274). Apichatpong's precious remark concerning the relation between dream and cinema must be understood along these lines, with all the required technical considerations:

> [Thus cinema can be a phantom in this sense]:
> because it's something that you really need to dream.
> Cinema is a vehicle we produce for ourselves and
> as part of us. It's like an extension of our soul that
> manifests itself. (Kim 2011: 52)

This assertion confirms the general impression one gathers from Apichatpong's films, namely that in his films dream and cinema are actively thrown into a relation of reciprocal indetermination. This explains, if only in part, the contagious potential of his cinema, its unique ability to profoundly modify the entirety of our perceptions. It is through dreaming the medium of cinema and making it reach [unprecedented degrees of defocalisation[6] that Apichatpong manages to operate directly on the subtle element], creating atmospheres that affect our understanding of the distinction between the real and the imaginary as well as coax our relation to the visible and the invisible along new and unexpected directions.

We are now able to problematize in more detail the tense relationhip between dreaming and the suffocating effect of the positivity of history, as described by Apichatpong with regard to his choice of working mainly with the teenagers of Nabua. This relation is particularly complex in Apichatpong's cinema to the extent that it implies, as with any great filmmaker, a reflection on cinema as a technical medium as well as a profoundly existential dimension that *effectively* concerns our soul. Or rather: in Apichatpong, the reflection on the medium is practically speaking indiscernible from the spiritual considerations that never fail to astound and which some of our critical habits

would rather leave aside. At exactly this point, the tradition of speculative pragmatism, with its expanded conception of experience, is of great help. What does Apichatpong mean to say when he affirms that cinema is "a part of us" and that it is "an extension of our soul that manifests itself"? One might think at first glance that he simply wants to say that cinema is for us a way of expressing ourselves. But express what exactly? Our "interiority"? Our "emotions"? Our "soul"? Via a detour through Buddhism, Apichatpong's cinematographic practice reveals itself to be as immanentist as possible, rejoining the Deleuzian idea according to which "the brain is the screen" (Deleuze 2006: 282). Indeed, Apichatpong is particularly fond of the following anecdote that James Quandt has chosen to place on the inside cover of the book on Apichatpong that he edited:

> A monk recently told me that meditation was like filmmaking. He said when one meditates, one doesn't need film. As if film was an excess. In a way he is right. *Our brain is the best camera and projector. If only we can find a way to operate it properly.* (Quandt 2009: 184, emphasis added)[7]

When Deleuze pronounced his by now famous statement – "the brain is the screen" – he had in mind the developments in molecular biology which he opposed to the linguistic and psychoanalytical models of film analysis. Eager to establish a continuum between the spectator's brain and the cinema screen, he meant to foreground the way in which moving images trace and retrace, immediately so to speak, our brain circuits.[8] In a curious reversal, the image of thought that Apichatpong proposes also indirectly echoes recent developments in neuroscience, which is interested in solving the mystery of the beneficial effects that meditative practices have on the functioning of the brain. Incidentally, Apichatpong says he has always been interested in the activity of the human mind and that he is working on a film in which the characters fall prey to a

sleeping sickness.[9] This will serve as an occasion to explore the influence of daylight on memory and dreams.

But at first glance nothing indicates that this remark of Apichatpong's is in the least compatible with the cuts and connections of Deleuze and Guattari's machinic animism[10] or even with a more conventional exploration of the relation between cinema and the cognitive sciences. On the contrary, its spiritualizing tenor suggests that cinema as media technology is simply superfluous. If only we were able to plunge deep enough into ourselves, if only our relation to the world wasn't so distorted and alienated, we wouldn't need any memorial support or external projection organ – in short, we could dispense with the cinematic apparatus. This is, in essence, what the Buddhist monk seems to say and to which Apichatpong seems to acquiesce: we humans are admittedly prosthetic beings but this could surely be otherwise, provided that we find the path towards an integral use of our spiritual faculties. This apparently conservative, even reactionary attitude towards media technologies is only reinforced by Apichatpong's mixed feelings with regard to the relation between Buddhism and cinema. Indeed, right before the above-cited interview passage, he confides: "I have this conflicting feeling because sometimes I think filmmaking contradicts Buddhism. It is not about looking into yourself, but about making an illusion of that process" (Quandt 2009: 184). But if we can resist ever so slightly our bad academic habits of sending Apichatpong's scruples to the pillory of critical posthuman transformism, perhaps a new perspective will reveal itself that is able to enrich our various ecologies of practices, including the spiritual and the media-technological. For this purpose, one must be willing to take Apichatpong's concerns seriously. And what exactly does he say? That the cinema as an artistic practice which approaches introspection can harm the soul, for the soul is defined by the risk of its loss. It can be torn, dispersed, reduced, forgotten. It can also be saved. The soul and its incessant refocusing. To have a soul is to confront

the improbable challenge of envisioning new possibilities to populate the present and to make life habitable. The soul, as it is understood here, has nothing substantial – if by that it is meant that it contains a stable and immutable core which is capable of holding itself and returning (I will shortly come back to the specific consistency of the movement of return). The soul is *essential* in the dynamic and monadological sense of the term in that it designates a minimum of belonging, a threshold of locality, a differential vulnerability – the expressive interiority of a fold.[11] In the vocabulary of speculative pragmatism, the "[s]oul is a mode of functioning that occasionally happens, not the ultimate truth of our experience" (Stengers 2005: 53–4).[12] In other words and as Whitehead has pointed out with his usual sobriety and rigor, we *become* souls – in this regard, there is no doubt that Apichatpong's cinematographic propositions contribute to this becoming in a utterly fantastic and unprecedented way. From this perspective, the soul testifies to the fact that we are (becoming) capable of entertaining possibilities as such, with all their corollary doubts, hopes, excitations and hesitations. It is proof that we find ourselves in a position to encounter and entertain propositions as so many abstractions to be lived, as so many *lived abstractions*: "The soul is not defined by its limitations, but rather by what I'd call 'leaps of the imagination'; not community of intuition or appropriation, but becomings triggered by something that cannot explain them, by the proliferation experienced as such of these existants that are propositions" (Stengers 2011b: 442).[13] Thus, following speculative pragmatism, to take care of oneself and of one's soul is first of all to care for one's modes of abstraction. Cinema is as much a mode of abstraction as meditation.[14] And one can approach either one from their mystical aspect if only one accepts that the mystical is always already a matter of techniques of existence with their very own possibilities for affective fullness and attunement. Incidentally, Peirce seems to suggest something of this order when he affirms that "[t]he greatest point of art

consists in the introduction of suitable abstractions" (quoted in Massumi 2011: 15).

It seems to me that it is only within this expanded conceptual frame, which integrates technical and spiritual considerations, that we can do justice to the propositional efficacy contained in the spiritual vision that Apichatpong proposes through the anecdote of the Buddhist monk. His filmic gesture is ultimately a matter of *returning* into history/in time – the specific and even paradoxical challenge, falling to all of us, of conceiving this retrospective and, at least seemingly, nostalgic movement as a particular mode of abstraction. In other words, it is a matter of providing oneself with the means for a technical and speculative treatment of the question of returning, both ethopoietically (going back as the essential "sedentary" component of a becoming-soul and a self-caring refrain) and cinematographically (cinema as a time machine). For, as the name already indicates, at the heart of the *Primitive* project is the expression of a desire to return cinema to its origins, "before the image moved, before it became the moving image"; what discloses itself there and then, Apichatpong tells us, is "a kind of unraveling of the apparatus to a time before technology mediated how people remember and relate to the past" (Carrion-Murayari and Gioni 2011: 26).

So if Apichatpong highly values the image of a brain that is at the same time screen and projector, it is because this image nurtures the possibility, realized within the *Primitive* project (if only by way of the diversity of media employed), of de-creating cinema in order to reconnect with a time before moving images. The promise of spiritual plenitude resulting from the optimal use of our mental faculties that the Buddhist thought-image lets us glimpse creates space for a reflection on the cinematographic medium and its complex and entangled relation to time. It acts as a lure for feeling that induces a disjunctive dreaming which corresponds, not unlike a dark precursor of intimacy, to the

delicate disposition of spirits that Apichatpong orchestrates in his cinema.

Apichatpong's cinema is about the fabrication of souls and spiritual conducts. The slow and powerful gesture of return that he establishes in the flow of moving images all the way to the historical threshold of the stilled frame, and the enigmatic doublings that proliferate at various moments of his cinema, constitute as many procedures for multiplying oneiric vortices and other abodes for the soul. It is from exactly this point of view, that of a machinic animism that is equally attached to the specificity of its medium and the possibility to dream this medium, that Apichatpong confronts the technological transformations that affect his practice, at a healthy distance from the foolishness of critical technophilia as well as any concealed nostalgia.

> Cinema is a vehicle we produce for ourselves and as part of us. It's like an extension of our soul that manifests itself. Concerning new technology, the soul is changing and I don't think it's naturally good or bad way. It's just changing and we need to pay attention to how it influences cinema. I don't make a strict judgment of what's going to die in cinema. I wanted to express my longing for the old Thai cinema in Uncle Boonmee, but my aim was less to revive the old cinema itself, than invite the audience to realize what was there before. (Kim 2011:52)

## The Archeological Gesture as a Use of Going Back and Forth

> BUT the Future is only dark from the outside. *Leap* into it – and it EXPLODES with *Light*.
>
> *Mina Loy (1996: 149)*

> Returning is being *but only the being of becoming.*
> *Deleuze (1994: 41)*[15]

In the previously quoted excerpt from her letter to Mark Cousin, Tilda Swinton evokes through her inspired prose the ethopoietic effects of the wild obscurity that envelops Apichatpong's cinema. His films preserve within their depths a reserve of night to be "discovered without being uncovered", archeological and virtual sheets of time to be approached with the circumspection of the diviner, as zones of unknowing that carry new sentient possibilities so that we may resist the temptation of *life editing* and the overly clear cuts of the will. It's as if, to speak with Giorgio Agamben, "this invisible light that is the darkness of the present", the very same that emanates from the films of Apichatpong, "cast its shadow on the past, so that the past, touched by this shadow, acquired the ability to respond to the darkness of the now" (2009a: 53). Thus, the cinema of Apichatpong would possess the remarkable power to transform into seers those who are disposed to be interpellated by its transparent mystery, to make them more attentive to the thin spiritual veneer that laces their gestures and to the share of the unlived that persists in them; in short, to make them, in as gentle a way as possible, contemporaries. "And to be contemporary means in this sense to return to a present where we have never been" (Agamben 2009a: 51–2). But is this even possible?

By way of conclusion, I would like to take up once more the question of the dream as return and path to self-enjoyment by engaging one of the very first publications of Michel Foucault, namely the introduction to the French translation of *Dream and Existence* by the phenomenological psychiatrist Ludwig Binswanger. This text, published in 1954 and revisited by Agamben in the context of his reflection on the archeological gesture in *The Signature of All Things*, is dense and complex. It discusses anthropology's relation to the image and signification, and proposes a critical step beyond phenomenology that already

anticipates the subsequent development of Foucault's work. One of the passages that is crucial for my interpretation of Apichatpong's filmic dreamscape and the creative tension that it establishes with the positive element of history, reads as follows:

> *All imagination, to be authentic, must once more learn to dream*, and "ars poetica" has no meaning unless it teaches us to break with the fascination of images and to reopen, for imagination, its path of freedom toward the dream that offers it, as its absolute truth, the "irrefragable kernel of night." [...] Purified in the fire of the dream, [...] The image is no longer image of something, totally projected toward an absence which it replaces; rather, it is gathered into itself and is given as the fullness of a presence; it doesn't denote something anymore, *it is addressed to someone*. [...] Not that the dream is the truth of history. But in *bringing forth that which in Existence is most irreducible to history*, the dream shows best the meaning it can take [...]. (Foucault 1984–85: 73–44, emphasis added; slightly modified)

The dream as Foucault describes it participates in the emergence of a freedom for the end of *a* world. The present is addressed by it. This foregrounds the speculative and propositional presence of the dream which, in its radical inactuality, calls forth a becoming towards an as yet unnamed hour. For "purified in the fire of the dream," as Foucault tells us, the image no longer acts as a simple designation or recall: it becomes itself the occasion for a fulfillment. As fire takes hold of a being, the dream sweeps up the composition of residual images as a form of life to extract from it a new incandescence, a new possibility of existence. How could one not, in this context, think of the magnificent short film *Phantoms of Nabua*? It shows a screen in the night onto which lightning is projected. In the twilight of the screen, the teenagers of Nabua gradually appear, playing soccer with a burning

football. Every time it is hit, the flying ball produces a powerful hypnotic rustle. The screen eventually lights up in flames, thus laying bare the ghostly light of the projector in the night and a spectator distraught by so much radiance and intensity.

The dream as a "de-actualized peak of the present" interpolates the course of history and releases an unprecedented contemporaneity (Deleuze 1989: 130). It presents itself as the transindividual space and jouissance of a *more-to-live* – the effect of an affective propulsion that inheres to the oneiric plenitude in all its incandescent futurity. In the way it addresses the liveliness that coasts through us, then, the dream is a "natural" creative force and in this sense it is "irreducible to history". But this address is nothing less than paradoxical to the extent that it is most often indirect, elusive, and even impersonal. As if the proper content of the dream or the reverie, its "irrefragable kernel of night" as René Char has it, must remain anonymous, impenetrable, and never become a *matter of concern*, must never concern us. As if the dream – Apichatpong's, in this case – could just as well not take hold of us and move us, and not only because it can only reach us by way of the uncertain grace of its cinematographic articulation. The archeological gesture indicates the essentially *precarious* quality of the dream as element of an art of existence.

*Uncle Boonmee Who Can Recall His Past Lives* tells the story of man afflicted with a kidney disease and whose end is nearing. His imminent death invokes numerous ghosts and spirits that emerge one after the other, as if their presence made palpable the threshold between the living and the dead. With softness and simplicity, the film induces a sense of floatation and reverie, as we drift from one previous life to the next as so many unlived pasts or potential lives of which it matters little in the end to whom they must be attributed. Through this remarkable effect of an a-subjective decentering, the limit between human and animal or the individual and its environment is naturally erased,

following the principle of a "transmigration of souls between humans, plants, animals, and ghosts," as Apichatpong points out in the director's statement that accompanies *Primitive*. In this eminently porous, fluid and marvelously ecosophical world, modes of address multiply and entangle, they compose a fantastic and lush pluriverse in which each element, real or imaginary, constitutes a new perspective; a superior plane of the transindividual on which evolve those beings who, as Frédéric Neyrat formulates in a beautiful reflection on the fantastic and the "constitution of *our* outsides", "have passed from the world's tearing apart to the life cinematographic" (Neyrat 2013).

At the moment of his death, Uncle Boonmee and his family withdraw into a cave. He is caught in a strange vision: a dystopian world to come in which some kind of authority has the power to make "people from the past" disappear by shining a light at them. As this vision is narrated in a voice-over, a series of immobile images interpolate the course of the film. They are troubling and rather low-fi photographs that show a group of teenagers dressed in military uniforms and proudly posing with a ghost they have just caught (which, as in the rest of the film, takes the form of a gorilla). One can recognize them as the illustrious adolescents of Nabua although viewers who do not know the rest of the *Primitive* project would not know. Boonmee explains in voice-over that "[t]he light projected images from their past onto a screen until their arrival in the future. Once these images appeared, these 'past people' disappeared".

How is this rather mysterious allegory of a disappearance by means of photographic or cinematographic projection to be understood? Does cinema not, to the contrary, have the capacity to conserve better than any other art the traces and presence of the past? Apichatpong provides us with an important clue for solving this riddle when he points out that this sequence of the film unfolds from the perspective of a future of the past or, differently put, from a future anterior. This indicates once more

the convergence of his reflection on the filmic medium and his remarkable conception of the dream, as well as their mutual impact on our ways of relating to the history of the present and to times past. Interviewed about this sequence, he says:

> For me, it's the place where Uncle Boonmee and I merge, because what he's talking about is my dream. [...] it's about the future, but at the same time it has connotations of the present. In a way, we live in a totalitarian regime in Thailand, so I wanted to refer to this moment where the maker and the character merge. And when Uncle Boonmee goes back to the womb in the cave *I wanted to take the movie back to its origins, before the image moved, before it became the moving image*. [...] There is a reference to the future, which is what Chris Marker talks about, but it's the future of the past. It's the representation of the future but from the past perspective. I'm very interested in these kinds of time shifts. (Sélavy 2010; emphasis added)

This problematization of the present through the "future of the past" corresponds point by point to Agamben's conception of the archeological gesture. The latter does not consist in the uncovering of factual truths of the past that one would only need to bring to the attention of the present; nor is it about unearthing buried memories for the sake of exposing them to the light of actuality – the allegory staged by Apichatpong shows with sufficient eloquence that this process of "illumination" or of a straightforward elucidation is inefficient, if not destructive. The archeological gesture does not aspire to a restoration of the historical moment because the *arche* that it aims at can never be fully identified with a specific moment in a chronological past. The arche in question does not represent a datum or a chronologically dated substance but rather a tension that traverses the element of history and that persists imperceptibly

across the circumstances and modalities that have constituted it as an origin. In this sense, the archeological gesture, as it is defined by Agamben in *The Signature of All Things*, is the only access to the present: "Archaeology moves backward through the course of history [...] toward the point where history (whether individual or collective) becomes accessible for the first time, in accordance with the temporality of the future anterior" (2009b: 107).

This definition of the archeological gesture is consistent with Apichatpong's mysterious and poetic approach towards the violent repression of the historic memory of Thailand's northeast. For a series of questions traverse the entirety of the *Primitive* project: How to be contemporary to the villagers of Nabua and their numerous ghosts? How to share their dreams? How to film them? The co-presence with one's own present is not self-evident. It is rare and difficult, Agamben tells us, because it implies the constitution of an active relation with a part of the unlived that directly insists in the present. It is at this point that Apichatpong's aerial sensibility and his vivid conception of the dream come to play a decisive role in elaborating the archeological gesture that animates the *Primitive* project. For to summon ghosts without making them flee, to enter into resonance with the complex and entangled temporalities that co-exist in the present, *the filmic archeological gesture has to percolate the elusive*. The regression towards the past that he initiates aims not so much at restoring a traumatic primordial scene as letting past events modulate into new contemporaneities. An entire project of summoning that requires an art of tact, listening and allusion in order to bring to the surface not a distant past but something that could not be lived in another present. As Nabokov once wrote in *Transparent Things*: "A thin veneer of immediate reality is spread over natural and artificial matter, and whoever wishes to remain in the now, with the now, on the now, should please not break its tension film" (1989: 2). The archeological potential of the filmic dream courses

through and rises up to precisely this thin veneer which envelops events lived, unlived and to be lived.

The movement of the dream that insists at the heart of the archeological gesture is not exhausted in the restoration of a historical positivity: it goes far beyond it, and below, taking up again "the first moment of freedom" until it coincides with the creative force of nature's passage that traverses the free "trajectory of existence itself" (Foucault 1984–85: 58, 60). Following such a trajectory implies the risk of a radical "derealization" as was suggested earlier. This derealization or decreation is something that we all experience to some degree in the face of Apichatpong's cinema. If Derrida was able to say that we need to learn to live with ghosts if we want to finally learn how to live, we can say that with Apichatpong, and his unique poetic manner of taking us to the heart of the Thai jungle and its war memories, we will learn to summon the ghosts of the past only to the same extent that we learn how to dream them. Part of the transparent and oneiric mystery of Apichatpong's cinema resides in the free movement of the dream and the way it has of tying itself to the future of the past.

In his recent seminars, Agamben likes to evoke the astonishing richness of the expression "to use" (*chresthai*) in ancient Greek. He particularly appreciates, it seems, the expression "to use (the) return", which in fact means "nostalgia". In the same vein, and at the margin of the archeological gesture, wouldn't "the use of going back and forth" be an appropriate way to evoke the blissful ambivalence of traveling through time – whether on board the spaceship of Nabua or not?

## Notes

1. "The use of philosophy is to maintain an active novelty of fundamental ideas illuminating the social system. It reverses the slow descent

of accepted thought towards the inactive commonplace. *If you like to phrase it so, philosophy is mystical. For mysticism is direct insight into depths as yet unspoken.* But the purpose of philosophy is to rationalize mysticism: not by explaining it away, but by the introduction of novel verbal characterizations, rationally coordinated" (Whitehead 1968: 174, emphasis added).

2. "What is really 'in' experience extends much further than that which at any time is known. From the standpoint of knowledge, objects must be distinct; their traits must be explicit; the vague and unrevealed is a limitation. *Hence whenever the habit of identifying reality with the object of knowledge as such prevails, the obscure and vague are explained away.* It is important for philosophic theory to be aware that the distinct and evident are prized and why they are. But it is equally important to note that the dark and twilight abound" (Dewey 1929: 20–1, emphasis added).
3. I refer here to the English work of mysticism from the fourteenth century, an anonymous guide to the contemplative life that defines darkness as "a lacking of knowing" to be entertained as such to make space for divine love (Anonymous 1922: 30). One can find a rather surprising echo to this classic of negative theology in a recent text by Graham Harman, published on the occasion of Documenta 13. In "The Third Table" he prolongs in an openly mystical tone his object-oriented description of a non-sensual withdrawal of intelligible objects, affirming that "[t]he real is something that cannot be known, only loved" (Harman 2012: 12).
4. The theological acquaintance of the idea of self-enjoyment is underlined in a luminous passage from *The Fold*: "Satisfaction as a final phase, as *self-enjoyment*, marks the way by which the subject is filled with its own data. This is a biblical – and, too, a neo-platonic – notion that English empiricism carried to its higher degree (notably with Samuel Butler). The plant sings of the glory of God, and while being filled all the more with itself it contemplates and intensely contracts the elements whence it proceeds. It feels in this prehension the *self-enjoyment* of its own becoming" (Deleuze 1993: 78).
5. See the seminar "Language, media and politics" (Agamben 2012), available from: https://www.youtube.com/watch?v=5tfv2Hmj6lE. For a rigourous discussion of the "dialectics of endarkenment" at the heart of Giorgio Agamben's thinking, see David Kishik, *The Power of Life: Agamben and the Coming Politics* (2012).

6. I am referring here to Lars von Trier's short "Defocus Manifesto" that belongs to a wider movement of resistance against the dictates of sharpness and storytelling. "The ultimate challenge of the future – to see without looking: to defocus! In a world where media flock to kneel before the altar of sharpness, draining life out of life in the process, the defocusists will be the communicators of our era – nothing more, nothing less!" (Trier 2014: 473). Does the force of dreaming that traverses every shot of Apichatpong's cinema not in the end speak to an irreducible propensity to defocus?
7. In another interview, a charmingly casual Apichatpong proposes a different version of the same anecdote: "In Buddhism, one does not really need cinema if one knows how to make use of our mind because our mind is the best projector in the world. Across the centuries, it accumulates an amount of untold stories – at least that's what Buddhism holds. [...] The trick is to know how to decode that which has been saved on your hard disk and I think that's what meditation does, or at least I believe. For further information, you can always ask David Lynch..." (Weerasethakul 2011), available from: http://www.universcine.com/articles/apichatpong-weerasethakul-le-cinema-tend-a-la-preservation-des-ames-et-notre-esprit-est-un-appareil-de-projection
8. For a multifaceted, schizoanalysis-inspired exploration of the relation between cinema and neuroscience, see Pisters (2012).
9. See Marc Menichini's (2012) "Apichatpong Weerasethakul Recalls His Past Films and Future Plans", available from: http://blogs.indiewire.com/criticwire/interview-apichatpong-weerasethakul-recalls-his-past-films-and-future-plans. The film to which Apitchapong refers has now been released: *Cemetery of Splendour.*
10. See, in this respect, Thomas Lamarre's remarks on the "soulful bodies" that populate Japanese animation films: "The soulful body is analogous to Deleuze's concept of the time-image" (Lamarre 2009: 312).
11. See Deleuze (1993: 11, 23): "Life is not only everywhere, but souls are everywhere in matter. [...] the whole world is only a virtuality that currently exists only in the folds of the soul which convey it, the soul implementing inner pleats through which it endows itself with a representation of the enclosed world."
12. This text echoes with remarkable clarity the theological regions of Whitehead's thought, taking as a starting point this marginal

affirmation from *Modes of Thought*: "The account of the sixth day should be written, He gave them speech and they became souls" (Whitehead 1968: 41).

13. This is my translation from the French original (2002). This passage has been quite significantly changed in the English translation. Here is the new version of it (most probably re-written by Stengers herself): "The specificity of human experience is not defined by its limitations, but rather by 'leaps of the imagination" that respect no limitation. Of course, community of intuition still rules and even proliferates. But it may also be experienced as such. In addition, the entertainment of a new proposition is felt as an event" (Stengers 2011b: 442).
14. In *Semblance and Event*, Brian Massumi offers an insightful perspective on this question when he affirms that "proprioception is natively inventive. It is the body's in-born technique for the production of nonsensuous similarity. The body's automatic abstraction method. [...] All techniques of existence bringing forth virtual events work with proprioception and its privileged connection with thought" (2011: 125).
15. About the "element of return at work in every becoming", see Frédéric Neyrat's book, *Homo labyrinthus: humanisme, antihumanisme, posthumanisme* (2015: 162–6).

## Works Cited

Agamben, Giorgio. "What is the Contemporary?". *What is an Apparatus? And Other Essays*. Stanford: Standford University Press, 2009a: 39–54.

Agamben, Giorgio. *The Signature of All Things: On Method*. New York: Zone Books, 2009b.

Agamben, Giorgio. "Language, media and politics". Published March 18, 2012. Available from: https://www.youtube.com/watch?v=5tfv2Hmj6lE (accessed September 13, 2016).

Anonymous. *The Cloud of Unknowing* [*A book of contemplation the which is called the Cloud of unknowing, in the which a soul is oned with God*]. London: John M. Watkins, 1922.

Apichatpong, Weerasethakul and Thunska Pansittivorakul. "A Conversation with Apichatpong Weerasethakul". *Criticine*. Published April 29, 2006. Available from: http://www.criticine.com/interview_article.php?id=24 (accessed Septemebr 12, 2016).

Apichatpong, Weerasethakul. "The Memory of Nabua: A Note on the Primitive Project". In: *Apichatpong Weerasethakul*. Ed. James Quandt. Vienna: Synema, 2009. 192–206.

Apichatpong, Weerasethakul. "Le cinéma tend à la préservation des âmes... et notre esprit est un appareil de projection." *Univers Ciné*. Published on February 17, 2011. http://www.universcine.com/articles/apichatpong-weerasethakul-le-cinema-tend-a-la-preservation-des-ames-et-notre-esprit-est-un-appareil-de-projection (accessed on February 16, 2016).

Blanchot, Maurice. *The Infinite Conversation*. Minneapolis: University of Minnesota Press, 1993.

Carrion-Murayari, Gary, and Massimiliano Gioni. Eds. *Apitchatpong Weerasethakul: Primitive*. New York: New Museum, 2011.

Cousins, Mark, and Tilda Swinton. "Two Letters". *Apichatpong Weerasethakul*. Ed. James Quandt. Vienna: Synema Publikationen, 2009: 7–12.

Deleuze, Gilles. *Cinema 2: The Time-Image*. Minneapolis: University of Minnesota Press, 1989.

Deleuze, Gilles. *Difference and Repetition*. New York: Columbia University Press, 1994.

Deleuze, Gilles. *The Fold: Leibniz and the Baroque*. London: Athlone Press, 1993.

Deleuze, Gilles. *Two Regimes of Madness*. Ed. David Lapoujade. New York/Los Angeles: semiotext(e), 2006.

Deleuze, Gilles, and Félix Guattari. *What is Philosophy?* New York: Columbia University Press, 1994.

Dewey, John. *Experience and Nature*. London: George Allen and Unwin, 1929.

Foucault, Michel. "Dream, Imagination, and Existence". *Review of Existential Psychology & Psychiatry* 19.1 (1984–85): 29–78.

Harman, Graham. "The Third Table". *Documenta 13: 100 Notes - 100 Thoughts, no. 85*. Ostfildern: Hatje Cantz, 2012.

Kim, Jihoon. "Learning about Time: An Interview with Apichatpong Weerasethakul". *Film Quarterly* 64.4 (2011): 48–52.

Kishik, David. *The Power of Life: Agamben and the Coming Politics*. Stanford: Stanford University Press, 2012.

Lamarre, Thomas. *The Anime Machine: A Media Theory of Animation*. Minneapolis: University of Minnesota Press, 2009.

Leutrat, Jean-Louis. *Vie des fantômes: Le fantastique au cinéma*. Paris: Cahiers du cinéma, 1995.

Loy, Mina. *The Lost Lunar Baedeker.* Ed. Roger L. Conover. New York: Farrar, Strauss and Giroux, 1996.

Massumi, Brian. *Semblance and Event: Activist Philosophy and the Occurrent Arts*. Cambridge: The MIT Press, 2011.

Menichini, Marc. "Apichatpong Weerasethakul Recalls His Past Films and Future Plans". *IndieWire.* Published on August 10, 2012. Available from: http://blogs.indiewire.com/criticwire/interview-apichatpong-weerasethakul-recalls-his-past-films-and-future-plans (accessed on February 16, 2016).

Nabokov, Vladimir. *Transparent Things*. New York: Vintage, 1989.

Newman, Karen. "A Man Who Can Recall His Past Lives". *Apichatpong Weerasethakul.* Ed. James Quandt. Vienna: Synema Publikationen, 2009 : 143–52.

Neyrat, Frédéric. "Se sauver. Éléments pour une nouvelles alliance du cinéma et de la philosophie". *Débordements*. Published on April 8, 2013. Available from: http://www.debordements.fr/spip.php?article170 (accessed on February 18, 2016).

Neyrat, Frédéric. *Homo labyrinthus: humanisme, antihumanisme, posthumanisme*. Paris: Éditions Dehors, 2015.

Pansittivorakul, Thunska. "A Conversation with Apichatpong Weerasethakul." *Criticine*. Published on April 29, 2006. Available from: http://

www.criticine.com/interview_article.php?id=24 (accessed October 6, 2016).

Pisters, Patricia. *The Neuro-Image: A Deleuzian Film-Philosophy of Digital Screen Culture*. Stanford: Stanford University Press, 2012.

Quandt, James. "Push and Pull: An Exchange with Apichatpong Weerasethakul". *Apichatpong Weerasethakul*. Ed. James Quandt. Vienna: Synema Publikationen, 2009: 182–92.

Rancière, Jacques. *The Intervals of Cinema*. London: Verso, 2014.

Sélavy, Virginie. "Uncle Boonmee: Interview with Apichatpong Weerasethakul". *Electric Sheep Magazine: A Deviant View of Cinema*. Published on November 13, 2010. Available from: http://www.electricsheep-magazine.co.uk/features/2010/11/13/uncle-boonmee-interview-with-apichatpong-weerasethakul/ (accessed on February 18, 2016).

Stengers, Isabelle. "Whitehead's Account of the Sixth Day". *Configurations* 13.1 (2005): 35–55.

Stengers, Isabelle. *Thinking with Whitehead: A Free and Wild Creation of Concepts*. Trans. Michael Chase. Cambridge: Harvard University Press, 2011a.

Stengers, Isabelle. *Cosmopolitics, vol. 2*. Minneapolis: University of Minnesota Press, 2011b.

Trier, Lars von. "Defocus Manifesto (Denmark, 2000)". *Film Manifestos and Global Cinema Cultures: A Critical Anthology*. Ed. Scott MacKenzie. Los Angeles/Berkeley: University of California Press, 2014: 472–3.

Whitehead, Alfred N. *The Concept of Nature*. Cambridge: Cambridge University Press, 1920.

Whitehead, Alfred N. *Modes of Thought*. New York: Free Press, 1968.

*I believe that a film like* Tropical Malady *tries to imagine a world beyond the forms, substances and universal laws of scientific reason, and that this is accomplished not through time travel (obeying its penchant for universal definitions and reasoning) but from a revirtualization (in imagination) of time.* Tropical Malady *is a film that reinvents itself, almost spasmodically, starting from "something" that resembles travel, which returns even before coming, reintensifies itself elsewhere, and which I declare to be – perhaps in slightly too ceremonial a manner – time. I tried to study (ethologically speaking) what the film could be made, and remade, out of, by following its untimeliness, and not its spacing or gaps (which one might simply fill with being), but rather by emancipating it from what I call "the [universal, scientific] reason of the thinkable".*

*Indeed, that any resemblance between the two segments of the film, and its two protagonists proves impossible – that organizational structures and themes of efficient causality (before-after) are held in abeyance (by the unexplained passage between films) – convokes an entirely new ethics based on the "moods" of the aesthetic and its micro- or infra-components. In such a way that "other possible ways of knowing and doing can be contemplated without the charge of irrationality, mysticism, or idle fantasy". "Ethology" is the word that I give to this contemplation that Denise Ferreira da Silva wishes for. Like her, and the poethical figures that she encounters in the works of Octavia E. Butler, I am interested in whatever undoes the fixity of Time and Space. It is an effort, or an attempt of the imagination – and no doubt that fabulation is at the forefront of such an undertaking.*

*There is a passage in Fred Moten's* In the Break *that is worth sharing, if only to complicate this matter of the return, of the Same, the Iconic, of that which appears to irreversibly re-present (itself). Here is what he writes:*

> *Something slips through the cracks or cuts of iconicity, likeness, metaphor, such that thinking operates in the*

> *absence of any real correspondent and translational manipulation of the concept of internal similarity or pictorial internal relation. [...] The question, then, is how to describe that experience, and bound up in this question is the assumption (pointed to above, bitten off Wittgenstein) that description, rather than explanation, is the task with which we must now be concerned. More precisely, we must attempt a description of an experience whose provenance or emergence is not reducible to logical structure, pictorial internal relation or internal similarity; it is an experience of the passage or cut that cannot be explained because those formulations upon which our explanations must be grounded – spooky actions at a distance; communication between space-time separated entities; rigid, naturalized, but anti-phenomenal samenesses – are themselves so profoundly without ground. Like the strange correspondence between distant particles, like the mysteries of communication with the dead (or with tradition), the paradoxically elective and imperative affinities of and within ensemble are to be described within a radical improvisation of the very idea of description (in and through its relation to explanation), one that would move us from hidden and ontologically fixed likeness to the anarchization of variation, variation not (on) but of – and thus with(out[from-the-outside]) – a theme.*

*There are many things to be pulled out of this quotation, but I would like to draw attention to the idea of an "anarchized" description and* variation *that leaves no chance or respite for generalized equivalences. In the cut, whether it be internal (to a film) or external (between films), something happens and something "strange" occurs and is transmitted, in spite of the irreversibly separated. It is the affinities, the bonds, that are themselves strange. And how can we describe these passages, these speeds (against aggressive deterritorializations or explanatory accelerations)? It seems to me*

*that each essay in this book tries to describe in its own way how the variation (and deformation) of an event is the effect of an outside more distant than any form of exteriority, a passage that is irreducible to any given symptom or symptomatic explanation. It is from the outside that the variation of what we believe to be the same operates. This outside – these intensive affinities – remains inexplicable from the point of view of someone who records the movement of variation's forces.*

*In a collaboration, in order to be able to make something (through improvisation and/or composition), one must invest in this* confidence from one to another, *this belief or this "love supreme" as it is incarnated in one of John Coltrane's albums. In the case of Apichatpong, I would go so far as to say that the film-to-be-made participates in the construction (and continuation) of a friendship, a bond, an attachment. Take* Cemetery of Splendour: *the entire film is an ode, if not a love letter to Jenjira Pongpas. She and Apichatpong have known each other for such a long time that she is a part of his life (perhahps even his lives, the kind that breathe life into his films). Each one of Apichatpong's films is like a family portrait, or portrait of friends. There are things, relations (between actors and directors, for example), alliances, pacts and linkages that are undone more slowly than others, and even some for which one would do anything to never have to let them go. If one engages the question of irreversibility, one quickly realizes that it is inseparable from the problems raised by duration and the ephemerally given.*

*There are tendencies that cannot be reversed, but that is also what defines us as provisional effects. Irreversible does not mean eternal, let alone immortal. If our tendency is to endure – but only with the transience this verb gives us – what is it that we hold dear, that moves us, which gives life, again? Who do we want near and be close to? What sort of surrounding or sociality do we want? What materials are our alliances made of? What is it that we care about? And my answer to each of these questions barely varies: that the world has the capacity to believe in us and establish mutual trust. That*

*Apichatpong creates a cinema* out of love *(for a people, a person, for the cinema itself) is what touches me the most deeply and makes me want to write "with" him. I'm interested in that which creates or makes a link, beyond these notions of irreversibility and chronology.*

*I will always remember this story, told to me years ago by my father, about our neighbour, a real fan of television series who, in spite of passing years in front of her tiny screen, couldn't understand how a character who died in one series could be resurrected and survive in another,*[3] *before dying and coming back to life yet again. Clearly, she couldn't take as given or normal this (dis)continuity effect, even if death (disjunction) had already struck once. It's because the return of the same remains the exception to the rule. Thus, it is evident that a work of art has this wonderful, miraculous capacity to short-circuit common sense, the logic of the living and the dead, the logic of from-life-to-death. That is what the following study of* Tropical Malady *elaborates. It makes habits falter in order for a whole new series of perceptions, and even suspicions, to arise, so that, in the encounter, they can inspire other ways of speaking (to each other), touching (each other) and thinking (oneself). We must, just like Apichatpong, develop a sort of patience, a slow and rigourous pragmatism in front of something that we believe to be identical with something else.*

*M. NourbeSe Philip comes to mind and this sentence in particular: "Repetition drives the event and the memory simultaneously, becoming a haunting, becoming spectral in its nature." Apichatpong's actors are those who, in the proper sense of the word,* haunt *his cinema relentlessly, exchange roles no matter their age, and repeat themselves in spite of having aged – irreversibly mortal. This is, among other things, what I wanted to describe in saying that his films are "dreams to be followed". Fantasies and ghosts that are at once to be followed and to be continued [*à suivre*]. For me, the friendship, the love, that I suspect between Apichatpong and his actors is at the centre of this haunting* and *this continuation (differentiation, dramatic variation), without which there would be nothing left to do.*

*Intercession invokes this differentiation. There is a sentence by Eunsong Kim that makes me think of Apichatpong's practice and mine: "You cannot do what I do because you do not love who I love." The question of practices (of making) is entangled with a love that also needs to be made.*

## *Notes*

1. Denise Ferreira Da Silva. "Toward a Black Feminist Poethics". *The Black Scholar: Journal of Black Studies and Research* 44:2 (2014): 90.
2. Fred Moten. *In the Break: The Aesthetics of the Black Radical Tradition*. Minneapolis: University of Minnesota Press, 2003: 91–2.
3. M. NourbeSe Philip. *Zong! As Told to the Author by Setaey Adamu Boateng*. Toronto: The Mercury Press, 2008: 201.
4. Eunsong Kim. "Found, Found, Found, Lived, Lived, Lived". *Scapegoat* 9 (2016): 59.

Ronald Rose-Antoinette

# Of That Which Gives Life, Again

> I live from an underlying layer of feelings: I am
> barely alive
> *Clarice Lispector (2012: 19)*

It begins with a quotation by Japanese novelist Ton Nakajima, gracing the film's opening, that must be read as a warning ("We are all, by nature, wild animals. Our task as human beings is to become like the tamers who hold their animals under control and train them to do things that go against their bestial nature"), quickly followed by an image of outstanding cruelty. It is prefaced by a statement insisting as much on our "human nature" as our "task" of becoming human (at this point, one may fear that the film is an elaboration of this inaugural commandment) and, shortly after, with the meeting between a nameless, lifeless body, and a squad of armed soldiers who encircle it; a pale, cadaveric body strewn on the grass in the middle of a forest. There lies a dead body, yet the soldiers, all smiles, don't miss the opportunity to rejoice and delight as if all tragedy could be avoided. Nobody mourns the passing of this unidentified body (we never see the face of the victim) that one of the soldiers simply happened to "find". Each of them wants to be pictured, victorious, in the company of the cadaver; they smile and nobody moves. The photographic moment inserts itself into the cinematic flow of

images. The photo's primary function is not to remember the deceased through a mnemonic technique that conjures up the forgotten; no, this photo that the soldiers take, and that we ourselves see being taken, is meant to capture the moment and archive the event to which they respond as present and alive. It is not death which precipitates their memory, but the life proper to them. They do not see human death, but the gaze of an other mixed up with theirs, the vision of the screen, the elective site of their attention.

The remains of the dead end up being carried on a stretcher. One of the soldiers, holding a walkie-talkie, attempts a radiophonic liaison with a woman with whom he has fallen in love. Yet the signal quality starts to fade; the speech of his interlocutor reaches him as a bunch of cryptic sounds. (For the temporality of a long-distance romance is bound to produce interferences that alter meanings and generate new ones.) Pop music starts to play. An individual, stripped naked, wanders through the image, partnered, it seems, with the landscape where the soldiers were seen. In any case, it is possible that the naked man and the armed soldiers never cross paths.

But still: a few minutes later, it begins yet again when the credits appear on top of one of the soldiers who, considering his presence on the screen, is surely aware of his being exposed. *Tropical Malady*: the title of the film, amidst an orchestra of crickets, fully reveals itself. Keng (Banlop Lomnoi), the soldier who falls in love before our eyes, maybe even for our eyes, feigns indifference for that which takes place behind or in front of this image without counter-shot (an image that assures the alterity of our intimidating gaze – us being the vision of the screen). This smile and this look, both mischievous, uncover us; we know ourselves to be seen, and even charmed. Or according to Didi-Huberman's formulation, "that which we see only gives – or lives – itself to our eyes by that which regards us" (Didi-Huberman 1992: 9). Keng's eyes can't be stopped from rolling and sweeping

across the screen, stretching an erotic gaze between his world and the scene of our own projection. So reluctant to confront us, or even face us directly, his eyes move from one part of the shot to another, in order to better latch onto our existence which, as ghostly as it is, would not know how to succumb to indifference.[1] Their movement undoubtedly stems from the actor consciously playing his role, as they reinvest a sense of modesty and naivety that falsely departs from the narrative project. The soldier's hesitant attitude towards the camera lens goes as far as to raise suspicion about the fictive character of the work – it needs to be said that Apichatpong's protagonists occasionally take advantage of their roles to entertain the possibility of belonging to (and longing for) a film world, acknowledging the dreamlike quality and ghostly assemblage of their experience.

Appearing close to ten minutes after the first image, the credits bother (what appeared to be) the beginning of the film. But someone – or is it the film itself? – proclaims that an image has already-always started without us; that it is impossible for the force of change to begin and end *for us*.[2] Alas! Even though we took care to arrive on time (or was it before time?). But after all what, strictly speaking, constitutes a beginning? Is it true that cinematic art, in order to function, requires a human decision (and gaze)? And most of all, to what extent is it even necessary to ontologize traditions – being at the beginning/ beginning for being – when art can easily do without punctuality and measurement? Apichatpong's cinema never stops singing the refrain of a time liberated from volitional and individuated forms. One can agree with Guattari, channeling Nietzsche, and say: "Everything has to continually begin again from zero, at the point of chaosmic emergence: power of eternal return to the nascent state" (Guattari 1995: 94). For it is hardly after beginning that the film re-establishes a "point of emergence" that has been but also will be. And:

> As you can see, it's impossible for me to deepen and take possession of life, which is aerial, is my light breath. But I do know what I want here: I want the inconclusive. I want the profound organic disaster that nevertheless hints at an underlying order. The great potency of potentiality. (Lispector 2012: 20)

And if, wanting the inconclusive, we ricochet off the limit of thought, it is because we are struggling with the gravity of our finitude, of our held breath. So fugitive and exhaled is this life which Lispector perceives, that it leaves us with images "barely alive" and words barely finished, barely there. If the eternal didn't want the cut, if the cut didn't want the eternal singularity of time-without-time, we would continue to believe in the rarity or preciousness of things. And to think that by a feeling, if not an intuition, we dismiss the tragedy of apnea, exhaling the inestimable "potency of potentiality".

Neither beginning nor conclusion. All the less because: as Keng arrives at his beloved's home and begins to browse a photo album; as we witness the birth of a loving relationship between Tong (Sakda Kaewbuadee), a young man from the country, and the soldier (who ends up succumbing to his charms); and while nobody objects to their love affair – punctuated by long walks in the city and forest, ordinary enough of activities,[3] consisting as much of modesty as romantic clichés – the inexplicable makes itself felt.[4]

I say the inexplicable only because I want to account for a *cut* whose intervention into the stream of images can't be clarified, conditioning the start of an *n*th film, the establishment of an *n*th fabulation around a spirit that, wandering in the forest, torments its residents. A story of ghosts, of "wild animals". The story of a soldier who takes himself for a hero and hunts this demon capable of appearances equally strange and familiar in the

meanderings of the jungle-night. It is the course of the film that finds itself deviated, most of all from its narrative tendency.

Thus we veer towards *A Spirit's Path,* following the appearance of the credits on top of a coarsely drawn tiger, in a becoming-painting of the screen (that oscillates with the drawing). By way of the cut, *A Spirit's Path* becomes Apichatpong's *n*th proposition, one inspired by a Noi Inthanon's short story[5], with Banlop Lomnoi and Sakda Kaewbuadee in the title roles. Except that, in this case, we land in the year of aphasia: since instead of assuming the roles they play during the first half of the work – which we can call *film 1* for the purpose of this study – the protagonists find themselves propelled to another level of action. The two men are no longer recognizable in the same way, neither to us nor to themselves. It is their excessive and omnipresent smiles from *film 1* that lie beneath the malicious traits of *film 2*.[6] It is *Tropical Malady* (*film 1*)'s pop sensibility that slides underneath *A Spirit's Path* (*film 2*)'s logic of predation. The possible is distributed otherwise. Enough for us to press for – in light of the reversal to which we bear witness, the positions that are activated, the antagonisms and (counter)tendencies that operate – an ethology of images.

Yet, the problem isn't to determine how we arrive at such a *détournement*, but to admit into our study the types of perception that it triggers, as Weerasethakul's words seem to entail: "In film, it's more of a gradual accumulation of feelings" (Kim 2011: 48). And as it feels increasingly, *a film* – indefinite from its own perspective – emerges. Certainly, the faces are not unfamiliar to us, but the shape of their encounter reshuffle the cards of our normal (habitual) modes of perception. We are called to be attentive to the ruse, to the new forces thrown into the defamiliarized bodies; the undressing of one revealing a tattooed body from head to toe. What anguish, what fright, fills the eyes of the naked man and the soldier once they are face-to-face for the *n*th time!

The paradox of the return is that they may have encountered each other twice, each occasion having also been the first; they haven't forgotten anything either since they are only, each time, discovering each other/themselves. One is not even the same in the eyes of the other, since it appears to have never been. "The forgotten thing appears in person to the memory which essentially apprehends it" (Deleuze 1994:140). The forgotten in the *n*th: how then to dissociate the before from the after if the principle of recognition applies to neither of them? The reappearance of their habitual modes of perception must necessarily be suspended: undoing the habit that we have contracted; contracting new ones; giving value to the variation of the performance. Vulnerable, neither seen nor known, is how the soldier and the naked man appear to their respective memories: it is by the cut that they essentially come into sight. Their meeting speaks for a time that neither comes before nor after, a time that attests to *this* encounter and not another one. Forgotten, that is how *Tropical Malady* appears, having fallen into the shadow of a block of amnesic images, "almost aphasic, now standing in the void, now shivering in the open" (Deleuze 1995: 9). It is time itself that doesn't remember anything, that opens beyond its personalizations and recollections. Only a singularity remembers – which is a way of saying that *one* remembers everything, but also nothing without being judged.

No doubt, it is an illness to believe in the return of individuated forms and subjects, and to believe in the universality of a lived perception. But it is an illness that needs to be overcome. As it is true that that which returns through the earth's centrifugal expression is not the same, or in other words identical, but a *dramatic variation*. That the cut resets the counter to zero and releases a new memory taking the already seen for the unseen, for something forgotten and unknown: it is without remembering the other that one appears, that one finds oneself apprehended, seized by the memory of the other. Recognition does not prevail since the event of archaic fixations is offset and because the

film itself unarchives the memory of its previous occurrences. The dismissal of recognition parallels the dissolution of a measured time, one that is dictated by individuated forms and subjected to apodicted certitudes. Truth does not have to be unmasked, but in various ways, the mask meets the conditions for an affirmation of the multiplicity of being. Why would a thinker like Kierkegaard draw out two different trends of time (and its rehearsals)? Maybe because one would never be able to conquer the melancholia of existence without having to unleash its own prophecies. "Repetition and recollection are the same movement, just in opposite directions, because what is recollected has already been and is thus repeated backwards, whereas genuine repetition is recollected forwards" (Kierkegaard 2009: 3). Such that, in clear opposition to the retrogression of memory, the two men are called to *remember forwards*, that is to activate the differential element of their existence. And if, under the sting of the forgotten, nothing comes before and nothing comes after, it is because the cut, neatly executed, testifies to the contemporaneity of *films 1* and *2*. At the same time, that which has taken place coexists with that which will come into existence. At the same time, by way of the cut, the present has happened and has not happened yet, deprived of all clarity and instantaneity. In short, no time has passed between *1* and *2*. The cut could possibly be mistaken for a dividing line between a before and an after, but the fact of the matter is that through the absence of recognition between *films 1* and *2* it is the arrow of time that proves to be broken. To echo a well-known expression of Deleuze and Guattari, the cut here has the value not of lack but of desire.[7] A desire of and for itself; desiring desire, without any goal but to dissolve the beating of time. Thus it is neither with the past nor with the future that one needs to break, but with a certain habit that situates them on both sides of an agonizing present, exhausted of its potentialities, even though the latter has not stopped giving (or desiring) with its untimely figurations. Clarice Lispector's "I am barely alive," cited in the

epigraph, is not to be confused with a person full of agony, but corresponds more closely to the more-than-aware singularity of an event equally unbearable as uncontainable by a subject.

That through which we pass – from *1* to *2* – is nothing but a temporal complex whose memory is integral to its proper break: a break with the usual, clichéd sense of time; with the need to submit each image to comparison, as if between them, in spite of them, the manufacturing of a narrative should occur, following a scheme of intelligible reduction. The passage from *1* to *2* (and vice versa since the ordering of efficient causality is a product of such reduction) enacts a type of "pseudo-narrative detour"[8] that leaves no dogma standing and no certitude binding their alliance. In passing (away, with, from, towards), the very meaning and necessity of an ethology of images emerges based on the attitudes and the affects that traverse them, rather than on their supposed sensory-motor liaisons.

If it seems difficult to understand the film's temporality based on a metric denominator, it is precisely because it obscures all definition or measure, and because the *tropicality of the spirit* and the *path of the malady* never stop modifying and implicating one another. We may try to add them up yet we must return to the cuts that each begin and end *with*. As long as it is, the film (but which film?) is always simultaneously and topologically more *and* less than we consciously determine. The reality of the film-during-the-film is there to remind us such elusiveness. For from the point of view of any beginning everything seems without precedence – anoriginally and indefinitely open.

Pragmatically speaking, our knowledge of the film, of its duration, is undermined the moment we pay attention to (and inquire about) its intensive qualities: we do not know how to delineate its contours as long as its lines continue to inform a cartography that does not begin nor end with our decision. It is, practically speaking, impossible to have a clear vision or

understanding of its body. Any ethological study of the film, therefore, must admit a topology of latitudinal (according to this or that degree of intensity) and longitudinal (under this or that extensive set of relations) forces according to which the film exceeds and composes (with and beyond) itself. The telos of beginning-and-end is unworthy of the film's anexactitude, of its anti-narrative and anti-psychological singularizations.

Deformation of people, dissolution or involution of forms: it seems that in keeping from sacrificing the detours and the sentience of the event, Apichatpong facilitates the contemplation of a variety of existential styles that are unlocalizable with respect to a desubjectivized time. It is not that the stories have to be followed or told in a particular order but, rather, that a tale (which Apichatpong multiplies) guides us across a field of fugal/transversal experimentation, a *film-during-a-film*, to liberate the dramatic variations of speed between rhythmic becomings and appetitions of all sort. "Weerasethakul's unique compression of past, present and future defines a filmic present that encapsulates everything that has happened before as something that is happening again" (Joo 2011: 92). In spite of narrative development, the time of *Tropical Malady* is at once unlocalizable and ineffable.

*Wherever, whenever:* a film is a dream to follow and be continued. A film comes alive and vibrates in its own right, setting its precedent. All this to say that by deviating from the romantic narrative between the two men, Apichatpong does not pretend that it ends. For it continues, or could be continuing, along another trajectory, one that refuses the status and the identity of the present. *Film 1* could be the alternative to begin with (*+1*). The alternative never being anything but folded inside of the image, co-present in the actual regime of experience – refusing the dilemma (to choose) between a before and an after. The event takes place but the intensification continues elsewhere (otherwise), thus exceeding the finished image-concept and the

narrative project. It is a matter of abolishing the individuality of the present: past-present and present-future coexist in the differential and transitional element of the cut.

That which goes on between the two regimes of images (+ *1*) affirms them both as alternatives and as manners of existence. This is how Apichatpong discovers an even richer life, more contingent and varied than one may think: triggering a series of micro-perceptions that look beyond (or below) the strictures of the actual to locate barely lived trajectories. As a result, Apichatpong's images of the everyday – the sort that appear during the credits of *film 1*, exemplified by fleeting shots of shopkeepers noticing the camera's presence – are always concurrent with (and transversal to) otherwise realities. At every occasion, Apichatpong assumes the right to disarm truth of its promontory authority.

***

"I would like to remember the time when I was still in my mother's womb, but I don't have the concentration for that" (Weerasethakul 2009: 105). When and where did everything begin? Neither Weerasethakul, nor anybody else for that matter could know how to remember a life that was never entirely their own. This is a proposition that can be annexed to the fact that the beginning is a limit that Boonmee (from the eponymous film), ghost of his past lives, is unable to reach. And Boonmee's memory does not exhaust itself unless the possible withers away, and the faculty of vision reaches its proper limit, in a blind image ("What happened to my eyes? They are open, but I do not see anything"), and that thought comes up against its own confines, to the point of making memory impossible ("Here is where I was born, in a life that I no longer remember"). Thus, could there not be something unforgettable only in the broadest of lives, vaster than any immensity, any qualified extension? Could there not be something unforgettable only

in that which has not yet started; wherein the beginning, the birth, the start, never came? It is on the contrary everything that has been rendered possible which exposes itself to being forgotten. What memory is the most capable of, all things considered, is apprehending the lived as something forgotten and irrecoverable. A future, unforgettable.

> To call up the past in the form of an image, we must be able to withdraw ourselves from the action of the moment, we must have the power to value the useless, we must have the will to dream. Man alone is capable of such an effort. But even in him the past to which he returns is fugitive, ever on the point of escaping him, as though his backward turning memory were thwarted by the other, more natural, memory, of which the forward movement bears him on to action and to life. (Bergson 1991: 85–6)

If what "bears [one] on to action and life" can be called belief, it must undeniably be found in the conditions where we are ready to *contract* whatever necessary, to struggle for new spaces of thought, sensation and perception. One needs to have the temperament of a warrior – one that troubles the established values and moral codes that turn this world into an appearance and life into an anomaly. It is the ethic in which one must believe in order to pass from *film* to *film* without being dominated by an image of the past. Except that this passage effects a liquidation of a certain type of learning, the evisceration of certain ways of intervening in the past and selecting that which seems useful to our actual perception. Yes, perception must learn what it takes to acquire a habit![9]

> I am humble and don't without uneasiness awaken a past for a long time dead. Whatever knowledge they have of it, the livings do not possess the past as they believe to: if they think to hold it, the latter escapes

> them. I give myself excuses: building my theory, I didn't forget that it leads to a movement which is elusive; I could situate only thus the sacrifice which is incumbent upon us. (Bataille 1988: 133–4)

Staying as close as possible to this "movement" in which Kierkegaard, Bataille and Bergson participate, we must now ask how the ethical contraction that Apichatpong proposes is conditioned by the runaway movement that agitates many of his images.

Taking *film 1* for example: we are at Tong's workplace, an ice factory where the images flow in intermittent manner, without any explanation. We surprise the young man cutting a block of ice, before he stands and directs his gaze off-screen; the following shot frames a statue in the foreground depicting a swan about to take flight. The background is populated by a river lined with houses, a road, etc. The camera remains fixed, punctuated by the occasional zoom. The worker is evacuated from the profilmic field; the image only retains the constant whine of the factory's ice cutting machines. A swan, a river, a riverbank, houses, cars, trees, the sky: nothing extravagant or beautiful in this image of a banal byroad apparently so trivial that it only makes sense to itself. How could the image teach us anything about the psychological state of the character, when Tong's gaze exhausts itself and merges with the image (the shot ends with a fade to black), in its elementarity (muddy water, a milky sky, the earth, a riverbank whose meaning we know not), and its vivacity (everything is in movement, including the swan "caught" in his tracks, and the slicing of the ice sawing away off-screen)? *Tropical Malady* (*films 1* and *2*) is laced with details, gestures of this type, images filled with ineffability, opening onto indeterminacy, without precise direction.

Or this other scene from *film 1*, where Tong's dog watches over his master sleep in a hammock. The animal is caught in

anticipation, ears perked, ready to… Ready for what, all things considered? Neither man, nor dog is determined to move; one sleeps while the other watches. And yet, all we try to imagine is the movement that could lead one or the other to move in one way or another. Image at zero intensity, animated by a degree of irresolution. What will it do? What will happen to it? What the animal is capable of, we do not know. But how long (this) perception is! To wait or anticipate. But wait for or anticipate what? That is how much the sign of the image is on the verge of unraveling.

It's the entire Weerasethakul-operation that is a counterpointed un-telling, interspersed with various channels – in fugal composition – like so many pathways or subterranean plans. A number of the "pseudonarrative" digressions in *Uncle Boonmee Who Can Recall His Past Lives* exemplify how each of Apichatpong's films is offset by some other story: a fugitive buffalo returns to his master, a photographer is caught in a becoming-monkey, a deceased spouse reappears at dinner time, a princess and a catfish are sexually coupled, a ghost (re)appears, Boonmee dies (again), burning red eyes sparkle, a monk births his own doppelgänger, and so on… Such is the force (and the cut-up style) of the pseudo-narrative deviation: to thwart our need for efficient causality. Even in the interior of each story emerges an adventure, an alternate route, inhabiting and multiplying points of view. Each line establishes itself as the blueprint of another one, each point of view as the milieu of an alternative thrust.

***

A soldier mourns in verse (and song) at the end of *A Spirit's Path*: "At present, it is myself that I see. Mother. Father. Fear. Sadness. All of this has been so real, so real, that it has given me life." But what is this "it" to which the man refers? What is this *it* "so real" that is for him the breath of life even when faced with the threats of a tiger? One would think that it was for him, as for Lispector,

to live "from an underlying layer of feelings", to be barely alive, barely there. And that he never knew how to live life (and never could), having long since wandered in the jungle like a ghost of the future, of the past, who never had the chance to feel the fear nor the sadness of being incarnated. That is exactly why the experiential unconscious (*it*) is at once father, mother and orphan, generativity of all generations (illegitimate and non-causal). It is also why the indefiniteness of *that* which gives life, as much as it is made of the tiger, trees, people, and cosmos that innervate his vision, is without memory of anyone or anything.

> Becoming is that which literally evades, flees, and escapes mimesis, whether imitative or reproductive ("Mimicry is a very bad concept"), as much as *memesis*, both mnemonic and historical. Becoming is amnesic, prehistorical, aniconic, and sterile: it is difference in practice. (Viveiros de Castro 2014: 159–60)

How could we doubt for even a moment that a life has always preceded us, and always passes us by? How could we doubt that a lifeline runs through the self, exceeding all beginnings and endings of subjective existence? Nothing is *self*-evident, and life is in no way reducible to a few well-ordered traits or behaviours. The becoming in the *it* is not made in anyone or anything's image, or to please anyone, and without any historical generalization. This is what the cut from *+1* to *2* exemplifies (the becoming of *a* film – left undefined "in practice" – is itself "amnesic" and "prehistorical": an image without an image, that is to say without memory). This is also what the soldier in *A Spirit's Path* admits with an emotion that makes felt the importance and intensity (the *so* contained in the *so real*) of a life that is given to him. That is to say, by the vigorous passage of that which remembers nothing and thus gives life (this "difference" that Viveiros de Castro speaks of), the latter finds himself in the vertiginous moment of a life barely lived.

***

The force of the image against the reason of the thinkable: we have not sufficiently underlined to what extent Apichatpong's cinema serves an *indefinition* of the present, working in the immediacy of the relation between past and future, and the extent to which his films enact a time-without-time, that is to say a *passage*, an emotion entirely exempt from beginning or end. To say it in the manner of Duchamp, this passage is "infrathin": the delay between pastness and futurity can *barely* be isolated.[10] And if *Tropical Malady* calls forth a thought of the infrathin, perhaps it is because the film inspires a trans-apparitional practice of the image – of an *image for the making*, to be assembled from the middle of what defeats the distribution and evaluation of time. A thought that transforms itself into the equivalent of an ethical act, an act of faith: not in the hereafter, but in a *life during life*, contemporary (and not posthumous) to this life. Indeed, nothing stipulates that individuality is the site of a dream or the epicentre of a life. It is in this vein that Whitehead can write: "Life lurks in the interstices of each living cell, and in the interstices of the brain" (Whitehead: 1978: 105–6). And it is in this vein that Apichatpong never stops splitting his characters apart, situating them outside of themselves, beyond true and false, like when the monk in *Uncle Boonmee* sees the man who he has been in spite of who he will be, all in the very same moment. As if time itself lives according to a mode of *interstitiality* and *ghostliness,* far from homeostatic equilibrium, irreducible to any given cell or individualized image. Apichatpong's modes of existence, even when they enter into strange relations, bow to the necessity – the innocent necessity – of an in-between where they oscillate and eclipse one another.

At once terrifying and inspiring: an effect *can* precede its cause.

The *making* of time: is it not that which Apichatpong's images look towards? Beyond the labor of re-membering and dis-membering.

But how to extract a sensibility from the force of change? How to give life to "the moving web of time," to take up Didi-Huberman's formulation (Didi-Huberman 2002: 273)?[11] We understand here the difficult challenge of the film that Apichatpong is committed *to make*: channelling this inordinate time-without-an-image, that "in order to become visible, 'seeks bodies and everywhere encounters them, seizes them to cast its magic lantern upon them' " (Deleuze 2008: 13).[12] There is no cause for concern about the fact that Apichatpong invents so much time to create his images: a duration, even an eternity, but an eternity that needs to be conceived no matter what. The image (and the so-called narration that compliments it) becomes the flight plan (a slow eternal detour) of a time-passage which can only be made – as long as there is a desire for and especially from it. The time of images, thus desired by Apichatpong, breathes entanglement and indefinition, so that we cannot say exactly where we land, or where we stop to rest, as brief as such a pause may be. At least, if we were to read Whitehead's cosmology through Lispector's ode to life, we could argue that every time we say "now" or "I live" we create nothing but a plane of experimentation, *trying* to get a hold of that which is all too elusive.

> Life is the enjoyment of emotion, derived from the past and aimed at the future. It is the enjoyment of emotion which was then, which is now, and which will be then. This vector character is of the essence of such entertainment. The emotion transcends the present in two ways. It issues from, and it issues toward. It is received, it is enjoyed, and it is passed along, from moment to moment. (Whitehead 1968: 44)[13]

Apichatpong's images and situations never fail to underline that experience is beholden to this emergence ("from" and "towards") that Whitehead houses under the notion of – at first sight, personalized – emotion. If the past never ceases to be, but continues to haunt, it must also be said that the future is never

quite exempt from a present that ceaselessly moves in it, and "that the same '*now*' both ends [the reader's] past and begins his future" (James 2003: 42). But in what, and why, should we rejoice if we live more in/of these entanglements than in/of a categorical present? Maybe because the experience of passage (whose terms must not be given in advance and violence) is tantamount to the creative emotion that defends us from all individual isolation. Because passages are the only points of view, the only realities that prevail under the beam of an *aesthetic of the earth*: de-touring (with, away, from, towards) itself. In fact, in light of Apichatpong's propositions, we must reshape this idea of emergence as laid out by Whitehead, and fostered by James: one cannot help but see that *Tropical Malady* gives a sense of emergence that is not as straight and unilinear as it sounds in the latter quotes. With respect to Apichatpong's time-images, provenance and aim do not belong to any apprehension (or region) of time. Future-past, transversibly and indefinitely desired: a movement must be experimented in order to arrive at their limit.

To restore this ante-linear passage: there is no better way to conceive Apichatpong's artistic trajectory, his manner of constructing (with his own) refrains. Arnika Fuhrmann's claim about Keng and Tong's homosexual desire, as one that comes against the normative enactments and rehearsals of time, through its ordinary rendition and "noncoherent quality," can't be emphasized enough (Fuhrmann 2016: 131). With *Tropical Malady* it is the image of time (of its re-production) that is queered out by a love relationship that belongs neither to a before (as primitive) nor to an after (postponed as a threat), but is expressed outside the beating of time.

"A vagrant now and again" (Delany 1994: 20, 79):[14] this is the sort of refrain that makes science-fiction heavyweights like Samuel R. Delany, who want to capture that all too elusive and ephemeral pull from the faintest light at the end of the tunnel,

a must-read alongside films like *Tropical Malady*. Apichatpong never renounces the idea of a time that is essentially floating and entangled, implying the coexistence of a past that is no longer and a future that is not yet with an open, undefined present. "In the singularity of paradoxes," affirms Deleuze, "nothing begins or ends, everything proceeds at once in the direction of both past and future" (1990: 80). The force and singularity of the journey, not in time, but of time itself, is to know how to "pass-ify" and "futurize" itself all at the same time, to not give itself as such. But is not emotion, or the "with" in the *com*-plex, the only indefinitely multiple (non)sense of "at the same time"? Apichatpong best articulates this idea through the character of Boonmee (a dreamer, or someone who remembers his own future anterior, which the film title refers to as "lives"), or even through the amorous/hateful relationships in *films 1* and *2*. The problem of sense (as tendency) in Apichatpong's work is not reducible to a contradiction, it is before all else paradoxical, struck with (e)motion.

***

I find the following passage in Georges Bataille's *Inner Experience*: "Experience is, in fever and anguish, the putting into question (to the test) of that which a man knows of being" (Bataille 1988: 4). And I realize, in a transversal reading of Bataille, that it is in sweat and wonder that the soldier of *film 2*, after having crawled in a style contrary to his human nature, has no other option but to confront the tiger whose spirit he stalked; that it is in the dangerous proximity between feline and soldier, both immersed in a night of ecstasy, that what it means to be human is put to the test. It's that, suddenly, the animality of the soldier is skittishly linked to the tigerly eloquence of the spirit. The tiger's language enters into a process of transduction (of fabulatory subtitling, similar to the monkey who addresses himself to the soldier earlier on), wherein it instructs the human to surrender. There

are no lips to read or interpret, only flowing voices that collide and distort.

But who considers themselves human and who considers themselves animal in this story? It's a deceptive situation. To be honest, I do not know if the word "reversibility" refers as adequately as possible to this transition of animality, but nevertheless I can assert that a real indeterminacy concerning each body's position on the spectrum of living flesh erases the anthropological division that would invalidate the perspective, the *by-path*, or the *by-way*, of the tigerly human. Apichatpong's intercession, or shamanism, ecstatically rises up against such a "bifurcation of nature" [15] in a final sequence that mutually implicates the spoken reality of the animal and the bestial becoming of the soldier. The moral injunction of the film's opening scene, attributed to the Japanese novelist, fades before the night, before the beast, before the indeterminacy of the soldier's speech and subjection. And I say "indeterminacy", not only because the night becomes feline, but because it is also solar. This can be seen quite clearly in *Tropical Malady*'s epilogue, where the greenery of the treetops recedes into the dawning of a new day, coupled to the unveiling of another night.

> Even though I grew up in a small town where the land is flat, there were strange animal sounds in a quiet night not unlike those up on the hills. The tales and the landscapes were imprinted in my mind. I always imagine a parallel world with these elements, one where I did not physically live. When I had a chance to make films, which in itself is to create another world, I always resorted to this jungle. The love and fear of mysterious darkness and jungle became my addiction, along with filmmaking. (Weerasethakul in Quandt 2009: 225)

A condition, a request from and for cinema: that the day is eclipsed for the duration of an image, a dream, of a ghostly existence. But one essential question remains: where to place the limit between day and night if not in a contrast,[16] in a passage liberated from systematic and formal pretentions? How and where can one make an image of a time-without-time, that is, an image without beginning or end, if not from the "mysterious opacity" of a vitality – albeit it a ghostly vitality – irreducible to the conventions of perception? Accordingly, the untranslatability of the monkey and the tiger's speech, in spite of the words they are endowed with, may be simply a symptom of their anoriginary entanglement. Fabulation – if the term is susceptible enough to this kind of spooky-*talk*-at-a-distance – is an essential part of the human/non-human junction, and the nurturing of their mutual opacity. There is no difference to reduce, no strangeness to elucidate/see through the motif of a higher *ap*prehension.

> In this version of understanding the verb to grasp contains the movement of hands that grab their surroundings and bring them back to themselves. A gesture of enclosure if not appropriation. Let our understanding prefer the gesture of giving-on-and-with that opens finally on totality. (Glissant 1997: 91)

Transparencies (relations to the self) are abbreviations of a trans-forming world. But if we insist on the creation of difference, from difference (as departure), it is because the only way to succeed in doing so is to remain concerned with the ineffable (that is untranslatable) share that eludes the empire of the possible. If we already think of the passage as a way of getting across, of overcoming two differences, as with a password for instance, we miss a tremendous opportunity: that of generating something else – more and less than a vessel. Opacity is the attitude that must guide us once we take Apichatpong as an intercessor. Wrapped in nocturnal noise, I cannot bring this surround, this dream that is Apichatpong's cinema back to me

("my hands"). I do not pretend to understand it, or explain it (to myself). I have a sympathy for it (a "giving-on-and-with") that aims to prolong the wonder, the love and the fear of the mode of opacity that Apichatpong practices. The trajectory of this text – strewn with deviations – refuses to evaluate his work on the "scale of transparency" (Glissant 2011: 14) desired and instituted by Western philosophies. Yet, I see Apichatpong's cinema as one that creates an interesting friction with the ideas and propositions that have travelled with me; one that troubles and, at the same time, parallels the signifiers that have hitherto dominated the context of my thinking process. Though I do not want to place his films before the horizon of transparency drawn by European onto-epistemologies, I deeply desire their encounter in order to unleash *something* that may intimidate my perception of, and belief in the theories that have shaped the stage of the return. I see Apichatpong's cinema as one that may allow us to imagine a greater outside to the forms and images that have currency in the spaces which have (more or less successfully) disciplined the intellectual life of many contemplators of time, including me. If it seems hospitable to the ideas prompted and promoted by a Eurocentric (predominantly white, male) cohort of thinkers, it nonetheless interrupts or halts their transcendental legitimacy by provoking these limits and cuts that exhort us/them to think *again*. So we don't go straight, we only begin to open on the totality of the world. Neither a confirmation (of) nor in conformation (with), his cinema, as experience, that is, as *thought*, puts into test the onto-epistemological resistance of what I think-"*I*"-know of being and becoming. In other words, the unsettling of perception cannot be done without taking the propositions or ideas that one lives with (and is haunted by) somewhere else – finding the alternatives with-in. As the writer and filmmaker Trinh T. Minh-ha so eloquently claims, the only attitude that is worth pursuing is one that allows us to *speak nearby*, by adventure and creativity.

***

Apichatpong is a time-*maker* in the sense of appreciating and dramatizing its untimeliness. Time (of history, of survivance, of becoming, of the night-jungle) and images knot themselves in an experiential fabric with the figure of the ghost, that which leaves and yet comes back, that which haunts without being any less real and capable of (inter)action. However they appear (as effects of the film-dream[17]), Weerasethakul's ghost-travellers are unable to come to life ("now and again") without having to *pass away* (from and towards). The gaze of the soldier that repeatedly provokes the camera during the opening credits of *Tropical Malady* (*film 1*) calls the time of the image into question: perhaps it evokes his embarrassment, barely concealed, of addressing himself to us or seducing us as his ghost counterparts, after having erased or complicated all screenic distance. Perhaps we, as well, (will) have passed away! But: "From where, from what place and what time, does this ghost speak to us?" (Didi-Huberman 2002: 32). If a "truly 'historical' rendition," proposed by Nietzsche "would be ghostly speech before ghosts" (2007: 242) how then could we avoid thinking that it is through this quality – spectrality – that Boonmee addresses those who come to visit him ("What if I'm already dead?" he asks, anxious about his passing); that it is in the ghostly manner and contemporaneous presence of those who are no longer or not yet living that Apichatpong haunts – the image of – time?

Hence Didi-Huberman's question: "Can we ever *foresee* that which, of the past, is called to *survive* and haunt us in the future?" (Didi-Huberman 2002: 512), a question that I modify as follows: How to think and feel that which from today haunts – already – the hypothetical tomorrow? And how will we recognize that which from our "vagrant now" will be "called" to err "again"? Only the force of change (with its fabulatory variants and infrathins) can trouble the categories of repetition and recognition, and offer an opportunity to marvel at the art of variation. And only

one sole eternity – not just of a Nietzschian type, for we also need to project ourselves into the activity and the technicity of the detour – can "see" that which could have defeated memory's terrifying act of forgetting. But, to think about it for a moment, do we want to persist in the present of those who will inherit ours? Not only must modes of fugitivity be parasitic towards (protest against) that which petrifies us (and prevents us from dreaming), but also become the architects of an innocent love. This is what Boonmee's wife, Huay, seems to suggest to her beloved one: "Ghosts aren't attached to places, but to people. To the living."

So: what if we're already alive?

## Notes

1. Didi-Huberman adds: "Inevitably there is a split that separates in us that which we see from that which sees us. One must start from this paradox where in unfolding, the act of seeing opens itself in two" (Didi-Huberman 1992: 9). For Didi-Huberman, it is essential to follow Maurice Merleau-Ponty towards an inevitable Visibility. For more on this subject, see the chapter "The Intertwining – The Chasm" in Merleau-Ponty's *The Visible and the Invisible* (1968).
2. Nietzsche's hypothesis of the eternal return is splendidly expressed by Zarathustra's speech in "Of the Vision and the Riddle": "From this gateway Moment a long, eternal lane runs *back*: an eternity lies behind us. Must not all things that *can* run have already run along this lane? Must not all things that *can* happen *have* already happened, been done, run past? ...And are not all things bound fast together in such a way that this moment draws after it all future things? *Therefore* – draws itself too?" (Nietzsche 1969: 179).
3. An air of the quasi-quotidian, the quasi-documentary, floats around their peaceful romance, to the point where the recording of the images and sounds intrude on their intimacy. And the image of the soldier, accompanying the credits, who returns our look, seems to be embarrassed by the presence of the camera. It's here that one of the main themes that is noticed by critics appears: the strange

naturalism and familiarity of the images. Thus, for Claire Valade, the way that Weerasethakul mixes the fantastic and the quotidian "as if it was totally natural" serves to discredit his realism and not "attach himself", when on the contrary, in the eyes of Natalie Boehler, the film "cultivates a sort of naturalism of the supernatural" that begs to be celebrated (302). See Claire Valade's "Oncle Boonmee (celui qui se souvient de ses vies antérieures): la vie dans l'entre-monde" (2011) and Natalie Boehler's "The Jungle as Border Zone: The Aesthetics of Nature in the Work of Apichatpong Weerasethakul" (2011).

4. A note on the subject of the inexplicable is warranted, in that it fails to induce its proper erasure in the infra-empirical order. It does otherwise: nothing can account for this essential difference that crucially cuts within the plane of the image-body. The (sensuously) explicable cannot be thought as its negative, or its impossibility, as that which it most fiercely opposes. Furthermore, it's the inexplicable that produces the shock of images, and not the inverse. "It is not surprising that, strictly speaking, difference should be 'inexplicable'. Difference is explicated, but in systems in which it tends to be cancelled; this means only that difference is essentially implicated, that its being is implication. For difference, to be explicated is to be cancelled or to dispel the inequality which constitutes it" (Deleuze 1994: 228).
5. Noi Inthanon is the pen name of Malai Chupinit, author of *Long Phrai: Suea Kueng Puthakan* (1955) from which the Thai title of the film, *Satpralat*, is taken: literally "monster".
6. One must not be deceived by the numbering that sequences the film's passing. One and two, but we can also count one and one and... in order to underline the eternal beginning of what we experience in perception.
7. Desire being the leitmotif of *Anti-Oedipus*.
8. Guattari specifies that one of the aims of this detour is a "*dispositional mise-en-scène*, a bringing-into-existence, that authorizes, 'secondarily', a discursive intelligibility" (Guattari: 2008: 26). This "bringing into existence" is what we call trans-apparition, the metamorphosis of subjects or things that participate in a situation (movement) that is far from equilibrium.
9. We believe that it is this twisting of habit that defines Weerasethakul's way of fighting for a broadening of feeling, and that

the passion of his images are complicit in a defamiliarization with those that preceded them.

10. "In Time the same object is not the same after a 1 second interval" (Duchamp 1983: note 7).
11. It is our perceptions that do not last long enough to glimpse even one process of individuation whose movement through form takes all of the time afforded to it. The speed of perception is a matter that the philosophy of the future must endow with new books and theories.
12. Here, Gilles Deleuze builds on a passage from Tome I of Marcel Proust's *In Search of Lost Time*.
13. Life is enjoyment: which means that it is nothing other than activity, and not simply passion. Whitehead writes according to this form of transcendental empiricism, which undoubtedly brings him close to a thinker like William James. "Each moment of experience," he writes, in a style that sympathizes with the ideas of James, "confesses to be a transition between two worlds, the immediate past and the immediate future" (Whitehead 1967: 192).
14. This refrain appears multiple times in *Flight from Nevèrÿon*, Middletown: Wesleyan University Press, 1994. Delany is a writer that doesn't know where and when to begin. Another groundbreaking work of afro-speculative fiction is *Kindred* by Octavia E. Butler: the story takes us to the core of this complexity, beyond the strictures (historical, scientific) and formulations (necessities, determinations) of time.
15. Here I put forth my own interpretation of this Whiteheadian syntagm. We can read in *The Concept of Nature* that such a dismembering of reality "bifurcates nature into two divisions, namely into the nature apprehended in awareness and the nature which is the cause of awareness. The nature which is the fact apprehended in awareness holds within it the greenness of the trees, the song of the birds, the warmth of the sun, the hardness of the chairs, and the feel of the velvet. The nature which is the cause of awareness is the conjectured system of molecules and electrons which so affects the mind as to produce the awareness of apparent nature" (Whitehead 1964: 30–1). It seems to me that Weerasethakul, just like Whitehead, disobeys the subjectivist principle of separation between appearance and reality, and looks to delve into an immediacy of consciousness, an immanence where human perception can no longer

distance itself from anything. The opacity of the Weerasethakulian gesture is reluctant to put the perspective of the so-called feline at odds with that of the so-called human. The fact is that the tiger not only knows how to think for himself, but also, and maybe most of all, makes think his felt surrounding. The essential aspect of the Weerasethakul-operation is not to bifurcate reality, but on the contrary, affirm the plurality of dialects and rationalities.

16. The *night-time* – a chance, that is to say a trigger that allows cinema to attempt to amplify the real – is directly put together through Apichatpong's (physical, photochemical) seizures: a necessity that goes to the length of appearing on the catalogue cover of one of his installation entitled *For Tomorrow, For Tonight*.

17. Apichatpong suggests that cinema, just like spectres and even dreams, is metamorphic in essence: "Film is like an entity by itself. The phantom is not disappearing but something that transforms itself. Cinema also has been transforming itself. Thus cinema can be a phantom in this sense: because it's something that you really need to dream. Cinema is a vehicle we produce for ourselves and as part of us. It's like an extension of our soul that manifests itself" (Kim 2011: 52).

## Works Cited

Bataille, Georges. *Inner Experience*. Trans. Leslie Anne Boldt. Albany: State University of New York Press, 1988.

Bergson, Henri. *Matter and Memory*. Trans. Nancy Margaret Paul and W. Scott Palmer. New York: Zone Books, 1991.

Boehler, Natalie. "The Jungle as Border Zone: The Aesthetics of Nature in the Work of Apichatpong Weerasethakul". *ASEAS – Austrian Journal of South-East Asian Studies* 4.2 (2011): 290–304.

Delany, Samuel R. *Flight from Nevèrÿon*. Middletown: Wesleyan University Press, 1994.

Deleuze, Gilles. *Difference and Repetition*. Trans. Paul Patton. New York: Columbia University Press, 1994.

Deleuze, Gilles. *Nietzsche and Philosophy*. Trans. Hugh Tomlinson. London and New York: Continuum, 2002.

Deleuze, Gilles. *Proust and Signs*. Trans. Richard Howard. London and New York: Continuum, 2008.

Deleuze, Gilles. "The Exhausted". Trans. Anthony Uhlmann. *SubStance* 24.3, no. 78 (1995): 3–28.

Deleuze, Gilles. *The Logic of Sense*. Trans. Mark Lester with Charles Stivale. Ed. Constantin V. Boundas. New York: Columbia University Press, 1990.

Didi-Huberman, Georges. *Ce que nous voyons, ce qui nous regarde*. Paris: Éditions de Minuit, 1992.

Didi-Huberman, Georges. *L'image survivante. Histoire de l'art et temps des fantômes selon Aby Warburg*. Paris : Éditions de Minuit, 2002.

Duchamp, Marcel. *Marcel Duchamp, Notes*. Trans. Paul Matisse. Boston: G.K. Hall & Company, 1983.

Fuhrmann, Arnika. *Ghostly Desires: Queer Sexuality & Vernacular Buddhism in Contemporary Thai Cinema*. Durham: Duke University Press, 2016.

Glissant, Édouard. "Edouard Glissant in Conversation with Manthia Diawara." *Nka: Journal of Contemporary African Art* 28 (2011): 4-19.

Glissant, Édouard. *Poetics of Relation*. Trans. Betsy Wing. Ann Arbor: University of Michigan Press, 1997.

Guattari, Félix. *Chaosmosis: An Ethico-aesthetic Paradigm*. Trans. Paul Bains and Julian Pefanis. Bloomington/Indianapolis: Indiana University Press, 1995.

Guattari, Félix. *The Three Ecologies*. Trans. Ian Pindar and Paul Sutton. London and New York: Continuum, 2008.

James, William. *Essays in Radical Empiricism*. Mineola, New York: Dover Publications, Inc., 2003.

Joo, Eungie. "Present Again". *Apichatpong Weerasethakul: For Tomorrow For Tonight*. Ed. Maeve Butler. Dublin: Irish Museum of Modern Art, 2011.

Kierkegaard, Søren. *Repetition and Philosophical Crumbs*. Trans. M.G. Piety. Oxford: Oxford University Press, 2009.

Kim, Ji-Hoon."Learning about time: An interview with Apichatpong Weerasethakul". *Film Quarterly* 64.4 (Summer 2011): 48–52.

Lispector, Clarice. *Água Viva*. Trans. Stefan Tobler. New York: New Directions Publishing, 2012.

Merleau-Ponty, Maurice. *The Visible and the Invisible*. Ed. Claude Lefort. Trans. Alphonso Lingis. Evanston: Northwestern University Press, 1968.

Nietzsche, Friedrich. *Thus Spoke Zarathustra*. Trans. R.J. Hollingdale. Middlesex: Penguin, 1969.

Nietzsche, Friedrich. *Twilight of the Idols*. Trans. Duncan Large. Oxford and New York: Oxford University Press, 1998.

Nietzsche, Friedrich. *Human, All Too Human: A Book for Free Spirits*. Cambridge: Cambridge University Press, 2007.

Quandt, James. Ed. *Apichatpong Weerasethakul*. Vienna: Synema Publikationen, 2009.

Valade, Claire. "Oncle Boonmee (celui qui se souvient de ses vies antérieures): la vie dans l'entre-monde." *Séquences: la revue du cinéma* 270 (2011): 50–1.

Viveiros de Castro, Eduardo. *Cannibal Metaphysics: For a Post-Structural Anthropology*. Trans. Peter Skafish. Minneapolis: Univocal Publishing, 2014.

Weerasethakul, Apichatpong. "Ghosts in the Darkness." *Apichatpong Weerasethakul*. Ed. James Quandt. Wien: Vienna: Synema Publikationen: 104–17.

Whitehead, Alfred North. *Adventures of Ideas*. New York: The Free Press, 1967.

Whitehead, Alfred North. *Nature and Life*. New York: Greenwood Press, 1968.

Whitehead, Alfred North. *Process and Reality*. New York: The Free Press, 1978.

Whitehead, Alfred North. *The Concept of Nature: The Tarner Lectures Delivered in Trinity College November 1919*. Cambridge: Cambridge University Press, 1964.